创新创业教育系列丛书
2018年度国家出版基金资助项目

国家出版基金项目
NATIONAL PUBLICATION FOUNDATION

U0723211

大学生职业规划与创新教育

DAXUESHENG ZHIYE GUIHUA YU
CHUANGXIN JIAOYU

主 编 任晓剑 姚树欣

副主编（以姓氏笔画为序）

田万里 吕 宏 吕建国 齐振花 李 缨 张 莹
张 明 张 利 宋小霞 杨兴魁 赵小敏 徐丽萍
董吉贺

参 编（以姓氏笔画为序）

于 川 尹衍梅 方 莹 公 铭 闫 滨 陈鹏飞
李沐潼 李文娴 李绍妮 张 楠 张茂红 张华萃
杨晓斐 赵丽丽 胡名刚 贾 琰 郭 婷 温 静
程春梅 谢 聪 路 敏

北京
国家行政学院出版社

图书在版编目（CIP）数据

大学生职业规划与创新教育 / 任晓剑, 姚树欣主编
. -- 北京：国家行政学院出版社, 2017.8
ISBN 978-7-5150-2009-9

Ⅰ. ①大⋯ Ⅱ. ①任⋯ ②姚⋯ Ⅲ. ①大学生－职业
选择－研究②大学生－创造教育－研究 Ⅳ. ①G647.38
②G640

中国版本图书馆 CIP 数据核字(2017)第 208122 号

书　　名　大学生职业规划与创新教育
作　　者　任晓剑　姚树欣
责任编辑　杨逢仪
出版发行　国家行政学院出版社
　　　　　（北京海淀区长春桥路 6 号 100089）
电　　话　（010）68920640　68929037
编 辑 部　（010）68928761　68929009
网　　址　http://cbs.nsa.gov.cn
经　　销　新华书店
印　　刷　北京长阳汇文印刷厂
版　　次　2017 年 8 月第 1 版
印　　次　2017 年 8 月第 1 次印刷
开　　本　787mm×1092mm　　1/16
印　　张　15.5
字　　数　330 千字
书　　号　ISBN 978-7-5150-2009-9
定　　价　38.00 元

前言 FOREWORD

"志不立，天下无可成之事"，古今中外成功者必然是有"志"者。随着我国高校毕业生就业制度的改革和高等教育规模的扩大，大学生就业形势发生了新的变化。对在校大学生进行职业生涯规划教育，引导他们及早对自己的职业生涯进行设计，意义重大。

创新是一个民族进步的灵魂，是一个国家兴旺发达的动力，也是一个人在工作乃至事业上永葆生机和活力的源泉。回顾历史长河，从钻木取火到蒸汽机的发明，从烽火台的狼烟到现代互联网技术，一部人类文明史就是一部不断超越、不断创新的历史。《国家中长期教育改革和发展规划纲要（2010—2020）》明确指出要"着力提高学生服务国家人民的社会责任感、勇于探索的创新精神和善于解决问题的实践能力"和"着力提高学生的学习能力、实践能力、创新能力"，可见，创新精神的培养和创新能力的提高已经上升为未来教育发展的战略目标。2015年3月5日，李克强总理在全国"两会"所做的政府工作报告中提出要推动"大众创业、万众创新"，一时间人们特别是青年"双创"的热情得到极大激发，中国社会的"双创"热潮迅速兴起。在这样的背景下，创新与创业思维的培养成为亟待解决的问题。意识是行动的先导，只有在认识上到位，在学习、工作和生活中养成善于运用创新思维的方式方法解决问题的习惯，后续才能真正付诸行动，在实战中发挥真正的效用。

为进一步提升大学生的自我职业规划和创新能力，我们组织活跃在大学就业指导工作第一线的骨干教师，结合教学实际情况，针对大学生的现实需求，策划并编写了本书。

本书在编写过程中，针对大学生这一群体的特点，总结了多年从事毕业生就业工作的经验，参考了国内外职业规划及创新教育的成熟做法。在内容编排上，注意系统性、全面性和实用性。

全书分为职业规划篇和创新篇。职业规划篇主要阐述了大学生如何规划自己的职业生涯，包括大学生职业生涯规划概述、大学生自我认识、大学生职业素质与管理能力、大学生职业生涯规划的实施。创新篇主要阐述了大学生如何进行创新，其中包括创新与创新思维、突破思维定式、创新方法与技巧、训练创新思维与培养创新能力，对大学生创业所需的基础知识进行了讲述，并提供了大量阅读性、趣味性较强的案例，能够有效引发大学生的学习热情和思考兴趣。

本书由山东女子学院的任晓剑和姚树欣担任主编。由于编写人员水平有限，教材中难免存在疏漏之处，敬请广大读者批评指正，以便进一步修改完善。

编　者
2017 年 7 月

目录 CONTENTS

职业规划篇

第一章　大学生职业生涯规划概述 ·· 2

　　第一节　大学阶段生涯规划与管理 ··· 6

　　　　一、学业规划与发展 ·· 6

　　　　二、大学生涯规划 ·· 11

　　第二节　职业生涯的内涵 ··· 18

　　　　一、职业生涯的概念 ·· 18

　　　　二、职业生涯发展阶段 ·· 21

　　第三节　职业生涯规划的内涵 ·· 22

　　　　一、职业生涯规划的概念 ··· 22

　　　　二、职业生涯规划的内容 ··· 22

　　　　三、职业生涯规划的分类 ··· 24

　　　　四、职业生涯规划的作用 ··· 25

　　第四节　大学生职业生涯规划应注意的问题 ·· 27

　　　　一、瞄准市场，考虑社会需求 ··· 27

　　　　二、认清自我，考虑性格因素 ··· 27

　　　　三、深入实际，注意行业分析 ··· 27

　　　　四、树立理想，考虑生活理念 ··· 28

　　　　五、针对个性，考虑特长兴趣 ··· 28

六、正确评价，考虑专业能力 ·· 28

七、因人而异，考虑职业标准 ·· 28

八、认识自我，考虑职业目标 ·· 29

九、适应社会，考虑多种因素 ·· 29

思考与练习 ·· 29

第二章　大学生自我认知 ·· 31

第一节　兴趣与职业 ·· 33

一、职业兴趣与作用 ·· 34

二、霍兰德的兴趣理论 ·· 35

三、职业兴趣探索 ·· 47

四、职业兴趣的培养 ·· 50

第二节　性格与职业 ·· 51

一、性格与职业选择 ·· 51

二、气质与职业匹配 ·· 62

第三节　能力与职业 ·· 67

一、能力 ·· 67

二、大学生职业能力提升 ·· 74

第四节　价值观与职业 ·· 77

一、价值观及其作用 ·· 78

二、职业价值观 ·· 79

三、职业价值观探索 ·· 82

思考与练习 ·· 86

第三章　大学生职业素质与管理能力培养 ·· 88

第一节　大学生职业素质培养 ·· 89

一、职业素质的概念 ·· 89

二、大学生应具备的职业素质 ·· 90

三、培养职业素质的方法 ·· 91

第二节　大学生管理能力培养 ·· 95

一、大学生自我管理能力 ·· 95

二、大学生时间管理能力 ·· 98

思考与练习 ·· 102

第四章　大学生职业生涯规划的实施 ·· 103

第一节　影响职业规划的因素 ·· 104

一、个人因素 ………………………………………… 104
二、社会因素 ………………………………………… 108
第二节 职业生涯规划的原则 …………………………… 110
一、全面性原则 ……………………………………… 110
二、挑战性原则 ……………………………………… 110
三、清晰性原则 ……………………………………… 110
四、动态性原则 ……………………………………… 111
五、持续性原则 ……………………………………… 111
六、择己所爱的原则 ………………………………… 111
七、择己所长的原则 ………………………………… 111
八、择世所需的原则 ………………………………… 111
第三节 大学生职业生涯规划的步骤 …………………… 113
一、自我评估 ………………………………………… 113
二、环境和生涯机会评估 …………………………… 113
三、职业目标选择 …………………………………… 113
四、制定职业发展路径 ……………………………… 114
五、实施 ……………………………………………… 114
六、评估、反馈与修正 ……………………………… 114
第四节 大学生职业生涯规划模板 ……………………… 115
一、封面 ……………………………………………… 115
二、扉页 ……………………………………………… 115
三、目录 ……………………………………………… 116
四、正文 ……………………………………………… 116
第五节 大学生职业生涯规划实例 ……………………… 119
思考与练习 …………………………………………………… 130

创 新 篇

第五章 创新与创新思维 …………………………………… 132
第一节 创新 ……………………………………………… 134
一、创新的概念 ……………………………………… 134
二、创新的特点和性质 ……………………………… 135
三、创新的原则 ……………………………………… 136

四、创新的过程 ……………………………………………… 138

第二节　思维 ………………………………………………… 139

一、思维的概念 ……………………………………………… 139

二、思维的过程 ……………………………………………… 140

三、思维的类型 ……………………………………………… 141

四、思维的特点 ……………………………………………… 143

第三节　创新思维 …………………………………………… 145

一、创新思维的概念 ………………………………………… 145

二、创新思维的本质 ………………………………………… 146

三、创新思维的环境条件 …………………………………… 147

四、创新思维的应用 ………………………………………… 148

思考与练习 …………………………………………………… 151

第六章　突破思维定式 ……………………………………… 152

第一节　思维定式概述 ……………………………………… 153

第二节　常见思维定式 ……………………………………… 156

一、权威思维定式 …………………………………………… 156

二、书本思维定式 …………………………………………… 158

三、从众思维定式 …………………………………………… 160

四、经验思维定式 …………………………………………… 161

第三节　突破思维定式 ……………………………………… 163

一、突破思维定式的内涵 …………………………………… 163

二、突破思维定式的方法 …………………………………… 164

思考与练习 …………………………………………………… 168

第七章　创新方法与技巧 …………………………………… 170

第一节　创新方法的概念 …………………………………… 171

第二节　常用创新方法 ……………………………………… 172

一、模仿创新法 ……………………………………………… 172

二、创意列举法 ……………………………………………… 173

三、类比创新法 ……………………………………………… 175

四、头脑风暴法 ……………………………………………… 177

五、六顶思考帽法 …………………………………………… 180

六、检核表法 ………………………………………………… 181

七、和田十二法 ……………………………………………… 183

八、组合创新法 ……………………………………………… 186

九、逆向转换法 ……………………………………………… 187

十、移植创新法 ……………………………………………… 188

十一、TRIZ 理论法 ………………………………………… 190

十二、5W2H 法 ……………………………………………… 191

十三、创造需求法 …………………………………………… 192

第三节 常用创新技巧 …………………………………………… 196

一、颠覆常识 ………………………………………………… 196

二、消除偏见 ………………………………………………… 198

三、挑战权威 ………………………………………………… 199

四、打破规则 ………………………………………………… 199

五、领先时间 ………………………………………………… 200

六、否定自我 ………………………………………………… 200

七、扩展视角 ………………………………………………… 203

八、解开枷锁 ………………………………………………… 203

思考与练习 ……………………………………………………… 204

第八章 训练创新思维与培养创新能力 …………………………… 208

第一节 训练创新思维 …………………………………………… 209

一、柯尔特思维工具 ………………………………………… 209

二、训练创新思维的方法 …………………………………… 215

第二节 培养创新能力 …………………………………………… 221

一、培养创新能力的方法 …………………………………… 221

二、常用创新能力 …………………………………………… 223

思考与练习 ……………………………………………………… 230

附 录 霍兰德职业索引代码——职业兴趣代号与其相应职业的对照 … 232

参考文献 ………………………………………………………………… 237

职业规划篇

第一章

大学生职业生涯规划概述

本章导读

"成功等于1%的灵感加上99%的努力",爱迪生的这句名言一直被认为是取得成功的金科玉律,只要付出汗水就有收获。但是这只是前半句话,这句话的后半句是这样说的:"但那1%的灵感是最重要的,甚至比那99%的汗水都要重要。"爱迪生是在1929年2月11日82岁生日时说的这句话,后来为了消除人们对他这句话的误解,他进一步解释说:"如果拥有1%的灵感,可以引发更高一级的智慧,经过努力,就能够结出硕果。如果没有灵感,再努力也是白搭。"

人人都想事业有成,有的人成功了,但有的人并没有如愿以偿,原因何在?怎么样才能获得事业成功?职业发展规划为你的事业成功提供了方法和理论的指导。职业规划好比那1%的灵感,可以引发更高一级的智慧;职业规划也好比航海中的指南针,任凭风高浪急,只要有指南针指引方向,终会到达山花烂漫的彼岸。

学习目标

1. 了解大学生涯规划与管理的内涵。
2. 了解职业生涯与职业生涯规划的内涵。
3. 熟悉职业生涯规划的作用和意义。
4. 熟悉大学生职业规划应注意的问题。

导入案例

杨澜：人生需要规划

提起杨澜，很多人都说她太幸运了。从著名节目主持人到制片人，从传媒界到商界，她一次次成功地实现了她人生的转型。杨澜是幸运的，但这种幸运，并非人人都有，也不是人人都能驾驭的。它需要睿智的眼光、独到的操控能力，是职业经历累积到一定程度厚积薄发而来的。就像杨澜自己说的那样："一次幸运并不可能带给一个人一辈子好运，人生还需要你自己来规划。"

第一次转型：央视节目主持人

在成为央视节目主持人以前，杨澜是北京外国语学院的一名大学生，还是一个有些缺乏自信的女生，甚至曾因为听力课听不懂而特别沮丧。直到后来听力水平提高了，才逐渐恢复了自信。她说："我经常觉得自己不是一个有才华和极端聪明的人。"可这一切并没有影响到杨澜后来的成功。勤勉努力的她，不仅大胆直率，看问题也通常有自己独特的视角。

1990年2月，中央电视台《正大综艺》节目在全国范围内招聘主持人。杨澜以其自然清新的风格、镇定大方的台风及出众的才气逐渐脱颖而出。但是，由于她长得不是太漂亮，在第六次试镜时还只是在"被考虑范围之列"。杨澜知道后，就反问导演："为什么非得只找一个女主持人，是不是一出场就是给男主持人做陪衬的？其实女性也可以很有头脑，所以如果能够有这个机会的话，自己就希望做一个聪明的主持人。""我不是很漂亮，但我很有气质。"就是因为杨澜这些话，彻底打动了导演。毕业后，杨澜正式成为《正大综艺》的节目主持人。直到现在，杨澜也一直坚持主持人不一定非得漂亮，女人的头脑更重要的观点。

四年央视主持人的职业生涯，不仅开阔了杨澜的眼界，更确立了她未来的发展方向：做一名真正的传媒人。

第二次转型：美国留学生

1994年，当人们还惊叹于杨澜在主持方面的成就时，她又做出了一个令人惊讶的决定：辞去央视的工作，去美国留学。

在事业最辉煌的时候选择急流勇退，这就意味着她要放弃目前所拥有的一切，包括触手可得的美好未来。但资助她留学的正大集团总裁谢国民先生说了这样一句话："我觉得一个节目没有一个人重要。"这给杨澜留下了很深的印象。

26岁的时候，杨澜远赴美国哥伦比亚大学，就读国际传媒专业。有一次，杨澜写论文写到半夜两点钟，好不容易敲完了，没有来得及存盘，电脑就死机了。杨澜当时就哭了，觉得第二天肯定交不了了。宿舍周围很安静，除了自己的哭声，只有宿舍管道里的老鼠在爬来爬去。但最后，她还是擦干眼泪，把论文完成了。谈起这段生活，杨澜说："有些人遇到的苦难可能比别人多一点儿，但我遇到的困难并不比别人少，因为没有一件事是轻而易举的，需要经历的磨难委屈，一样儿也少不了。"

业余时间，她与上海东方电视台联合制作了《杨澜视线》——一个关于美国政治、经济、社会和文化的专题节目，这是杨澜第一次以独立的眼光看世界。她同时担当策划、制片、撰稿和主持的角色，实现了自己从最底层"垒砖头"的想法。40集的《杨澜视线》发行到国内52家省市电视台，杨澜借此实现了从一个娱乐节目主持人向复合型传媒人才的过渡。

更重要的是，在这期间，她认识了先生吴征。作为事业和生活上的伙伴，在为她拓展人际关系网络和事业空间方面，吴征可以说居功至伟。他总是鼓励杨澜尝试新的东西：宁可在尝试中失败，也不能在保守中成功！正是吴征的帮助，使得杨澜未来的道路越走越宽。

第三次转型：凤凰卫视主持人

1997年回国后，杨澜开始寻找适合自己的机会。当时，凤凰卫视中文台刚刚成立，杨澜便加盟其中。1998年1月，《杨澜工作室》正式开播。

凤凰卫视的两年，在杨澜的职业发展上起了重要作用。她不仅积累了各方面的经验和资本，也同时预留了未来的发展空间。

在凤凰卫视，杨澜不只是主持人，还是《杨澜工作室》的当家人，自己做选题，自己负责预算，组里所有的柴米油盐，她都必须精打细算。这种经济上的拮据，对杨澜来说是一个非常好的锻炼，使她知道如何在最低的经费条件下，把节目尽量完成到最好的程度。

在随后的两年时间里，杨澜一共采访了120多位名人。这些重量级的人物也构成了杨澜未来职业发展的一部分，不少人在节目之后仍和她保持着密切的联系。这种联系除了会给杨澜带来一些具体的帮助之外，精神上的获益也不可忽视。同时，与来自不同行业、不同背景的嘉宾交流，也让她获得了丰富的信息量。

两年后，杨澜已经有了质的变化。她拥有了世界级的知名度、多年的传媒工作经验，以及重量级的名人关系资源，对于她而言，进军商界所欠缺的只是资本而已。而吴征，正是深谙资本运作的高手。

第四次转型：阳光卫视的当家人

1999年10月，杨澜辞去了凤凰卫视的工作。从凤凰卫视退出之后，杨澜曾一度沉寂。2000年3月，她突然收购了良记集团，更名为阳光文化网络电视控股有限公司，成功地借壳上市，准备打造一个阳光文化的传媒帝国。

与大多数商人的低调不同，杨澜选择了始终站在阳光卫视的前线。在报纸、杂志、网站上，经常可以看到关于杨澜的报道。她从一个做传媒的人变成了一个传媒名人。这种对传媒资源运用的驾轻就熟，使得她的阳光卫视一开始就有了许多优势。

但杨澜创业不久，就遇到了全球经济不景气，杨澜立刻感觉到了压力。她几乎天天都想着公司的经营。由于市场竞争的压力，杨澜将公司的成本缩减了差不多一半，并逐渐剥离了亏损严重的卫星电视与香港报纸出版业务，同时她还将自己的工资减了40%。

2001年夏，杨澜作为北京申奥的"形象大使"参加了在莫斯科成功申奥的活动。同年，她的"阳光文化"与四通合作成立"阳光四通"，开始进军网络和IT业。

这一切都给公司所有员工带来了信心。终于，阳光文化在2003年取得了盈利，摆脱了近两年的亏损。之后，阳光文化正式更名为阳光体育，杨澜同时宣布辞去董事局主席的职务，全身心地投入到了文化电视节目的制作中。

第五次转型：重回电视圈

2006年年底，杨澜正式宣布放弃从商，重回文化圈。回归之后，她又相继和东方卫视、凤凰卫视、湖南卫视合作，主持了《杨澜视线》《杨澜访谈录》《天下女人》等节目。从体制内到体制外，从主持人转变为独立电视制片人，从娱乐节目到高端访谈，再到探讨女性成长的大型脱口秀节目。这一次转型，又令人耳目一新。

2007年7月，杨澜不算完满的5年商业之旅画上了句号，开始了职业环境和职业路径的转换。杨澜宣布：将她与吴征共同持有的阳光媒体投资集团权益的51%无偿捐献给社会，并在香港成立非营利机构——阳光文化基金会。同时辞去了包括阳光媒体投资董事局主席在内的所有管理职务。此举意味着，杨澜已从商场抽身而退，重回她所熟悉擅长的文化传播和社会公益事业。这样的职业路径转换是社会大众未曾预料到的，这是杨澜结合自身的职场优势和职业环境分析进行的一次职业角色的转变。杨澜参与公益事业由来已久，曾担任过国内各种大型慈善活动的形象大使。在文化界，杨澜获得过的荣誉不少——中国第一届主持人金话筒奖、泛亚地区20位社会与文化领袖、北京2008年奥运会形象大使等。但是商战显然不是她的强项。这与她自身的职业性格相关，职场上的风云多少要受到职业性格的影响。性格适应职业环境则有利于职业路径的发展，反之则对她的职业路径有负面作用。所以找准一个人的职业路径，要结合自身的职业性格和职业环境进行综合分析，由此得到的结论才是符合职业发展方向的。

近年来，杨澜活跃于多个电视栏目中，除《杨澜访谈录》《天下女人》外，还与乐视合作出品了致力于传播年轻人健康生活方式的生活服务类日播栏目《天呐女人》，她本人也在国内外屡获各项大奖，如2013年5月，她在纽约佩利媒体中心被授予女性"开拓者"荣誉，成为首位MAKERS项目"开拓者"奖项的非美国本土获奖者，同年还被福布斯评为全球最具影响力的100位女性之一；2017年5月，在首届"品牌女性颁奖盛典"上，被授予"2008—2017中国十大功勋品牌女性"称号。

评析

杨澜的职业规划是建立在她自身所处的职业环境基础上的。针对未来职业方向做出的职业生涯规划，在职业发展二维图形中，存在飞多高和飞多远两个维度，飞多远是基础，是你的强项和兴趣，飞多高往往是个人努力和客观环境综合后的结果，尤其要受到外界环境的影响。杨澜的故事告诉我们，职业发展必须要先认识自己，认识自己的能力、兴趣和外界环境的关系，力争主导环境，而不是被环境所主导。

大学生最终要步入社会，进入职场，因此，是否有自己清晰而明确的职业发展方向、发展目标和发展战略，是大学生能否立足于社会和人生事业成败的关键。同时，大学生也处于职业生涯的探索阶段，大学生应通过对自身和外界环境的了解，为自己确立职业方向、职业目标，选择职业道路，确定行动时间和行动方案。所以，认真、科学、合理地做好职业生涯规划是非常重要和必要的。

第一节　大学阶段生涯规划与管理

一、学业规划与发展

学业规划是大学阶段生涯规划的核心和重点。大学阶段生涯规划得如何，直接关系到毕业时的择业、就业，关系到未来的职业生涯发展和事业成功，因此，明确大学期间各阶段的主要特征、任务、奋斗目标，进行有效的自我规划和管理是非常重要的。

（一）大学期间生涯阶段划分及生涯发展任务

发达国家通常很重视对学生进行职业生涯教育。职业生涯教育是从小学开始，很多中学生在上大学之前就有很好的职业生涯意识，甚至已经确立自己未来的职业生涯目标。

2006年，国家教育发展研究中心职业生涯教育项目组提出了适合我国国情，从小学到大学各个阶段的职业生涯教育目标（见表1-1）。

由表1-1中可见，大学阶段的主要生涯发展任务是获得与未来职业相关的专业知识和技能。目前我国的职业生涯教育是从大学阶段才开始，所以，在大学四年里不仅要学习专业知识和技能，还要补上在中小学阶段"落下的功课"，也就是说，大学生职业生涯规划教育的目标应该涵盖职业生涯的认知、技能、态度等各个方面的教育目标。

表1-1　从小学到大学各阶段的职业生涯教育目标

所处阶段	职业生涯教育目标
小学低年级	・了解生活、职业、社会常识 ・学会生活自理 ・形成良好的学习习惯

所处阶段	职业生涯教育目标
小学高年级	• 了解"职业与生活""职业与社会"的一般常识 • 了解成人的实际工作活动状况 • 认识各职业群体的基本要求 • 形成初步的生存意识和职业期望
初中	• 掌握将来从事社会职业所需要的基础知识和基本技能 • 形成正确的劳动观念和人生观 • 具有根据自身个性做出职业生涯选择的能力
高中	• 了解"职业与人生""职业与创业"基本常识和相关实践体验 • 了解社会各产业现状与前景 • 了解社会发展的实际要求 • 形成走向社会自强发展的信心与能力 • 树立服务社会的职业理想与创业意识
职业教育	• 形成扎实的专业知识、丰富的职业知识、文化基础知识及社会知识 • 具有理论联系实际的能力
高等教育	• 学习专业知识，培养专业技能，提高专业水平 • 形成就业创业所需的社会知识结构

大学四年可以分为四个阶段，每个阶段都有各自的职业生涯发展任务（见表1-2）。

表1-2 大学生生涯发展阶段及其任务

阶段	时间跨度	生涯发展任务
预备期	入学—大一下学期	• 树立职业生涯意识，了解职业与社会、生活的关系 • 掌握职业生涯规划的方法 • 自我探索和环境探索 • 形成初步的职业期望 • 搜集和评价职业信息 • 确定职业生涯目标 • 制定个人职业生涯规划（长期、短期）
分化期	大二上学期—大三下学期	• 学习专业知识、技能 • 根据需要选修、辅修课程，拓展技能领域 • 参加培训、考证，增强就业竞争力 • 发展个性，提高综合素质 • 继续搜集和评价职业信息 • 参加实习、社会实践活动 • 修改自己的职业生涯战略

阶段	时间跨度	生涯发展任务
求职期	大四上学期—签约	· 搜集和分析招聘信息 · 准备求职材料、训练求职技巧 · 求职应聘，与用人单位签约
过渡期	大四下学期—签约—离校	· 根据签约单位的文化与岗位的具体要求，有针对性地进行知识、技能、综合素质的补充训练

（二）大学阶段生涯规划特征与任务

1. 一年级——认识自我，认知专业

大学一年级是大学生涯的起步阶段，也是大学生活重要的打基础时期。一年级大学生从中学升入大学，其所处的社会环境、社会地位、学习方式、生活方式都发生了比较明显的变化。在转变过程中，大学生往往会在心理上、思想上和行为上，产生诸多的不适应，表现为自主意识增强，但自理能力较差；自我期望很高，但自制能力较差；情感丰富，但理智力较差。由中学时代对大学的美好想象到亲身体验大学生活的现实，大学生常常会因实际上的差异而产生复杂的心理矛盾，并且这些冲突和矛盾会在日常的学习生活中反映出来。有相当多的新生入学后认为中学追求的目标实现了，产生了"船靠码头车到站"的想法，学业上放松要求；有的对大学学习方法、学习规律缺乏正确的认识和合理的把握，学习上感到吃力；也有的对学习上可能遇到的挫折和困难准备不足，因而显得很不适应，以致产生许多烦恼。

大一学生要初步了解职业，特别是自己未来想从事的职业或与自己所学专业对口的职业，提高人际沟通能力。具体方法包括与高年级的同学尤其是毕业班学长交流，询问就业情况；参加学校、院系和班级开展的各种活动，在活动中锻炼自己的沟通能力；加强外语学习，为顺利通过四级考试做准备；学习计算机基本应用知识，掌握运用计算机和网络辅助自己学习的能力；为将来可能的就业、创业、考研、出国等求职选择做好资料收集及课程准备。大一新生应端正认识，走出对大学认识的误区，认真、刻苦、努力地学习，树立明确具体的目标（如拿奖学金、通过英语四级或六级、考研、出国等），并为实现自己的目标而不懈努力。

一年级大学生活的主要任务是要尽快融入新的集体，认识自我并彰显个人独特的个性，抓好基础课的学习。这一时期的主要规划任务是：

（1）尽快熟悉大学，要充分利用新生入学教育阶段的各种活动，了解学校的发展历史和办学特色，了解所在院系的发展状况以及所学专业人才培养的规格与要求。

（2）要尽快了解和熟悉大学学习生活的特点，努力适应大学学习的方式和方法，掌握大学学习的基本规律，为学业的进一步深化打下良好基础。

（3）要初步了解职业，特别是要加深对本专业的培养目标和就业方向的认识，增

强学习专业知识的自觉性，并初步了解将来所从事的职业，为将来制定职业目标打下基础。

（4）要通过科学认知的方法和手段，如借助于职业兴趣测验和性格测验以及周围人对你的评价等，对自己的职业兴趣、气质、性格、能力、职业价值观等进行全面认识，清楚自己的优势与特长、劣势与不足。

（5）要利用各种讲座、辅导、培训等机会，加强对自我的认识，把握自己的成才目标，增强使命感和责任感，对自己的职业理想进行初步的规划。

2. 二年级——寻找定位，确定目标

大学二年级是大学生基础性学习的重要阶段，也是大学生充实自身力量，发展个人兴趣爱好的重要阶段。这一时期大学生群体开始出现不同发展趋向上的分化，品学兼优的学生及特长学生崭露头角，各种"问题"学生也开始出现。二年级大学生由于对大学环境已经基本熟悉和适应，专业知识、社会知识也进一步得到深化，普遍存在着一种适应感和自信感，自我独立和自我表现的倾向开始突出，兴趣爱好开始向广度发展，思想更为活跃，对未来充满憧憬，除课程学习以外，开始渴求通过多种渠道开拓新的知识领域和业余文化生活阵地。这一时期多数学生开始完成自我期望的价值定向，世界观、人生观基本形成。在品德修养方面，多数同学开始重视个人修养，法纪观念、自我约束和自我控制能力有所增强。但也有一部分同学开始放松对自己的要求，不太重视基础文明修养，组织纪律观念淡漠，易发生违纪违法事件。

大二学生应考虑清楚未来是考研还是就业，并了解有关的社会实践活动，确定参加哪些活动以提高自身的基本素质。即可以通过参加学生会或各种社团，锻炼自己的各种能力，也可以开始尝试兼职，检验自己的知识技能；最好能在假期长时间从事与自己未来职业或本专业有关的工作，提高自己的责任感、主动性和受挫能力，并积累职业经验，参加英语口语能力和计算机应用能力培训，通过英语和计算机的相关证书考试，并开始有选择地辅修其他专业的知识充实自己。这一时期的主要规划任务是：

（1）要将主要的精力和时间用于学业方面，关注本专业的发展前沿、学科动态，养成勤奋刻苦、自立自强的作风。这一时期是为将来报考研究生、继续深造积蓄力量的关键时期。

（2）要增强法制纪律观念，培养自我管理、自我教育的能力，防止因适应感、自信感带来的松懈情绪和懒散现象的滋生与蔓延。

（3）可以通过参加学生会或社团等组织，锻炼自己的各种能力，同时检验自己的知识技能，如参与学生会工作，提高自己的责任感、组织协调能力；除了掌握扎实的基础知识和精深的专业知识外，还要拓宽专业知识面，掌握或了解与本专业相关、相近的若干专业知识和技术，并根据个人兴趣与能力修订个人的职业生涯规划。

3. 三年级——明确方向，提高技能

大学三年级是大学生全面拓展自身素质的重要阶段，是由基础课学习向专业课学

习的过渡时期，也是大学生思想观念更趋成熟、职业理想进一步明确的时期。三年级大学生应该具有更强的历史使命和社会责任感，思维能力明显增强，都希望自己像成人一样待人处事，比较自觉地进行这方面的训练，喜欢参加社会活动，兴趣爱好相对集中，希望通过实际锻炼增长自己的才干，并且许多人已成为学生会或各种社团组织的骨干。在学业方面，更加注重专业的发展、职业的定向和本专业毕业生的就业情况，注重实践环节和各种实用技能的掌握。

大三学生应把目标锁定在提高求职技能、收集公司信息，并确定自己是否要考研究生。加强专业学术论文写作锻炼，大胆提出自己的见解，锻炼自己独立解决问题的能力和创造性思维的能力；参加和专业有关的暑期实习；和高年级同学交流求职、工作的心得体会；了解收集就业信息的渠道，了解往年的求职就业情况。这一时期的主要规划任务是：

（1）要通过各种实践环节和课内课外的学习机会，进一步全面、客观地认识和了解社会，正确地认识和了解自己。

（2）搞好专业知识的学习。大学三年级是专业知识学习的关键时期，这一阶段要注重理论与实践的结合，特别是要注重对本专业领域新知识、新技术的学习和掌握。

（3）要积极参加与专业技能相关的各种资格认证的考试，对于一些重要的职业资格证书，要根据自己的职业定向努力去获取，以增强自己在未来职业选择中的竞争力。

（4）要进一步明确自己的职业定向，职业目标应更加具体化，并努力在校内外的实践中使自身的职业能力进一步得到强化和提高。

4. 四年级——积极求职，成功就业

大学四年级即是大学生由学校走向社会转折阶段，也是大学生走向社会、开始新生活的全面准备时期。处于大四阶段的毕业生，其总体状况可以概括为思想活跃、独立性强、跃跃欲试、心绪不定。毕业班的大学生独立性明显增强，职业定向已处于完成阶段，社会责任感提高，成就感强烈，但实现抱负的紧迫感与适应社会的忧虑感同在。经过几年大学的专业学习和各种活动的锻炼，大学毕业生基本具备了服务社会的知识和能力。但许多毕业生对自己的知识能力估计过高，理想的自我与现实的自我存在矛盾。还有的毕业生缺乏面对现实的勇气，存在畏难心理，渴望成功的同时，又不愿去艰苦的环境中经受磨炼，缺乏艰苦奋斗、开拓进取的意志和勇气。

到了大四，该找工作的找工作，该考研的考研，该出国的出国，不能再犹豫不决。大部分学生的目标应该锁定在找一份满意的工作上。这时，可先对前三年的准备做个总结：首先检验自己已确立的职业目标是否明确，前三年的准备是否充分；然后，开始进入求职阶段，积极参加招聘活动，在实践中检验自己的积累和准备。最后，制作一份适合自己的简历，积极准备面试，为找到一份满意的工作做全面准备。积极利用学校提供的条件，了解就业指导中心提供的用人单位资料信息，强化求职技巧，进行模拟面试等训练，尽可能地在有较为充分准备的情况下施展演练。这一时期

的主要规划任务是：

（1）要完成自己的职业意向定位。要使自己的职业理想建立在现实的基础之上，应通过认真规划、设计和不断修订自己的职业定向，努力缩短理想自我与现实自我的距离，以期达到社会需要、自我需要与现实条件的协调一致。

（2）要认真完成大学后阶段的学习任务。毕业实习、毕业设计和毕业论文等课业任务，是大学所学知识的综合运用，是对大学生专业知识和专业技能掌握情况的综合检验，也是大学生提高自身专业素养、完成大学学业的关键一环。

（3）要做好求职择业的各项准备，在"双向选择"中实现成功就业。要积极参加各种就业创业培训，进行自我包装和推荐，广泛收集需求信息，主动出击，抓紧时间及时择业、就业。

（4）要抓紧大学阶段的最后时光，为即将开始的职业生涯有针对性地进行"充电"。在职业岗位确定后，要抓紧时间对职位要求的能力素质进行准备，对自己的不足要进一步完善和充实，以便能够更快地适应岗位要求。

二、大学生涯规划

对大学阶段的生涯进行有效的规划及管理，最重要的就是完成从"校园人"到"职业人"的过渡，以利于大学生毕业后较快地适应职场、适应社会。菲力普·加德纳等人曾经专门研究大学毕业生在工作时容易遇到的问题，指出，大学毕业生难以适应职场的问题很普遍，问题涉及的方面包括将学业知识应用于现实情境；团队工作技能；领导团队；目标设定，时间管理；理解职业价值观和伦理道德；处理冲突和批评，起草项目计划。其中自我管理技能和人际关系技能方面是大学生的薄弱环节，这部分知识和技能恰恰是在大学期间的学习中最不被重视的，因此，重视和加强大学生涯规划及管理是非常重要的。

大学生涯规划与管理主要包括目标管理、时间管理、学业管理、健康管理、实践管理等。

（一）目标管理

目标管理是美国著名管理学家德鲁克提出的。1954年，他在《管理实践》一书中，首先提出"目标管理与自我控制"的主张，随后在《管理——任务、责任、实践》一书中对此作了进一步阐述。德鲁克认为，并不是有了工作才有目标，而是相反，有了目标才能确定每个人的工作。目标管理是以相信人的积极性和能力为基础的。

树立起远大的志向后，它的实现不是一蹴而就的。因而需要将其进行分解。根据实际情况进行合理取舍和科学的组合，使其清晰化、具体化，形成有具体步骤的可操作实施的方案。

1．目标的分解

目标的分解是制订计划、实现目标的第一步。它根据观念、知识、能力差距，将远大目标分解为有时间规定的长期、中期、短期目标，直至将目标分解为某一特定时间段内可以实施的具体计划和方案。目标分解是将目标清晰化、具体化的过程，是将目标量化成可操作的实施方案的有效手段。

目标分解的方法有两种：一是按时间分解为人生目标、长期目标、中期目标和短期目标。二是按性质分解为外职业生涯目标和内职业生涯目标。

按时间分解是最常见的目标分解方法。具体方法就是将最终目标分解为若干个长期目标，然后再将每一个长期目标继续分解为多个中期目标。最后，再进一步分解为短期目标。

依据性质因素可将目标分解为外职业生涯目标和内职业生涯目标。美国职业心理学家埃德加·施恩最先将职业生涯分为外职业生涯和内职业生涯，相应的职业生涯目标也可以分为外职业生涯目标和内职业生涯目标（见表1-3）。

表1-3　外职业生涯目标和内职业生涯目标

外职业生涯目标	·岗位目标：管理领域的总经理、副总经理、部门经理；技术领域的总设计师、主任设计师；行政级别的副科、正科、副处、处级、副局、局级 ·技术等级目标：如助理工程师、工程师、高级工程师、教授级高级工程师、助教、讲师、副教授、教授，以及技术工人的等级 ·社会影响目标：如"本地区的劳动模范""在本行业有一定知名度""成为国内某领域的知名专家""成为国际知名专家" ·重大成果或技术目标：如负责一项大型工程建设，出版一部有影响力的学术专著等 ·其他方面：如收入目标、接受培训情况、社会地位、生活状态和方式
内职业生涯目标	·知识获取目标：要获取的知识种类、层次、程度 ·技能和能力提高目标：要形成或提高的技能、能力的种类或层次 ·经验积累目标：要积累的经验的种类、时间长度和达到的层次 ·自我感：对自我的认同，个人成就感，包括对在群体中地位变动的预期 ·其他目标：如自主程度

在今天的中国，随着改革开放和经济体制转型的深入，人们在意识形态上也在经历一场悄悄的变革，自我意识上升到前所未有的高度，人人期望成功，渴望实现自我价值。但是，人们的价值观念的多样化，导致职业生涯目标的多样化、对职业成功的理解多样化。现在社会有相当一部分人热衷于追求外职业生涯目标——职位晋升越快越好、收入越高越好、行业内的名气越大越好。然而内职业生涯目标——一个人素质的提升、经验的积累、自我成就感的获得，却没有得到同等程度的重视。这种认识误

区不在于他们对外职业生涯目标的追求，而在于对内职业生涯目标的忽略。事实上，内、外职业生涯目标同样重要，不可偏废，应该将内、外职业生涯很好地结合在一起：

（1）提高：等级层次、能力、专业水平、声望（地位）自主权、创业、自我控制。

（2）学习：获取新的技能、新能力。

（3）生理和生存的需求：赚钱（购买力）就业技能。

（4）心理：满足、认知、自尊和自我实现。

2．目标的选择

目标经过分解之后，可能有众多的子目标等待我们做出安排，因而有必要做出选择。目标的选择有三种状态：

（1）保留。就是将规划阶段内对总体目标贡献最大的、必须马上予以实现的子目标进行排序、筛选并确定下来的过程。在不同的情况下，同一个目标在不同人眼里的重要性是不同的。我们在目标选择过程中，要针对自己的实际情况和外界客观条件做出取舍。

（2）放下。放下不等于放弃，放下是目标的重要程度和迫切程度，对于那些对总体目标有贡献，但是在资源有限的情况下暂时不那么重要和迫切的目标先暂时搁置起来，待时间允许、条件成熟的时候，再重新予以考虑。

（3）放弃。放弃就是完全抛弃，彻底放弃一部分对总体目标贡献不大甚至与其相违背的目标。

3．目标的组合

在同一时期内，你可能有几个意欲实现的目标，例如作为一名大学生，你希望在毕业之际收获更多，就要从上大学之初规划好自己的发展道路。如果你的目标是将来做一名在技术上过硬的工程师，你需要学好专业课程，参加相关的等级考试和认证，深入企业生产一线去实习。此外你可能还有其他的目标，例如学习外语、发展一项兴趣爱好、课余时间做一份兼职……这些目标应该组合在一起，哪些可以先做、哪些可以后做、哪些可以同时进行，应该事先统筹规划好。首先，理想的目标和现实的目标应该组合好，例如有自主创业计划的人，对现有的工作不能不管不顾。其次，职业目标和生活目标应该组合在一起，事业和家庭要尽量做到两全其美、相辅相成。职业生涯目标应该放在更广阔的生活场景中进行考察，包括学习、休闲、亲情、爱情、精神信仰等。这些目标都是职业生涯目标的一部分，仅仅片面地考虑职业目标，不仅是短视的，而且为将来的发展留下隐患。例如，"工作狂"比常人更容易获得事业上的成功，但是他们的健康和婚姻有时很容易亮红灯。

目标组合的方法有两种：时间上的组合和功能上的组合。

（1）时间上的组合。时间上的组合又分为并进和连续两种，并进是指同时着手两个现行目标，既可以理解为做好本职工作的同时，学习某项专业技能，也可以理解为两种工作目标或学习目标同时进行。例如，有的同学在大学期间发现对自己所学专业并不是非常感兴趣，于是他在不放弃现有专业的前提下，利用课余时间选修了一门辅修课程，或者攻读双学位，为自己长远的规划做好准备。

连续是指对各个目标进行排序，实现一个目标后再进行下一个目标，连接而有序地实现各个目标。各个目标之间按照时间先后联系起来，一环扣一环，层层递进。例如，有的同学在大学期间希望加入党组织，入校之初便向党组织提交入党申请书，表明自己的入党意向，随后参加入党积极分子培训班、向老党员学习、向组织汇报自己的思想等，并严格按照党员的标准要求自己，为入党做好准备。

（2）功能上的组合。功能上的组合又分为因果关系组合、互补关系组合以及全方位的组合三种。

①因果关系组合，是指很多具有因果关系的子目标之间的组合。通常情况下，内职业生涯目标是外职业生涯目标实现的前提，能力目标的实现有助于经济目标的实现。

②互补关系组合，是指有些没有明显因果关系但却存在互补关系的子目标之间的组合。例如，专业知识的积累和社会工作实践之间存在互补关系，二者共同促进人才培养目标的实现。

③全方位的组合。在我们一生的发展过程中，不但要追求个人事业的成功，还要力求家庭生活和个人事业的均衡协调发展。例如，美国学者汉森（Hansen）1997年提出的完整生活计划（ILP）是一个全面的职业生涯规划模型。ILP涵盖与职业生涯规划相关的多方面目标：爱情、学习、劳动、闲暇和公民身份等在生活中的作用。只有兼顾生活的诸多方面，才能获得更大的发展潜力。

（二）时间管理

对于时间你需要规划，一些大学生不善于管理时间，闲的时候不知道怎么打发时间，只觉得无聊，忙的时候又好像热锅上的蚂蚁。管理时间，首先，要有长远目标和短期计划，短期计划的最终目的要指向长远目标的实现。短期计划又分月计划、周计划甚至每一天的计划等。做计划的时候应该合理分配每件事情所占时间的比例。《高效能人士的七个习惯》的作者史蒂芬·柯维认为，每种事情都有"重要性"和"紧急性"两个维度，在你的计划里就要优先考虑既重要又紧急的事情。其次，花少量时间处理紧急而不重要的事情。再次，花较多的时间做不紧急却很重要的事情。最后，对于既不重要也不紧急的事情就可以暂时不做考虑。如果你没有计划，或者你的计划里凡事不分轻重缓急，那么很可能你每天面对的都是紧急的事，每天都疲于应对紧急的事，你就没有时间做重要的事，这是个恶性循环。大学生应该养成良好的习惯，合理地管理好自己的时间。

二八法则（the 80/20 principle），又称为帕累托法则、帕累托定律、最省力法则或不平衡原则。此法则是由意大利经济学家帕累托提出的。二八法则认为：原因和结果、投入和产出、努力和报酬之间本来存在着无法解释的不平衡。若以数学方式测量这个不平衡，得到的基准线是一个80/20关系。一个典型的模式表明，80%的产出源自20%的投入，80%的结论源自20%的起因，80%的收获源自20%的努力。生活与工作中，普遍存在着二八现象：经济学家说，20%的人手里掌握着世界上80%的财富；社会学家说，20%的人身上集中了人类80%的智慧，他们一生卓越；管理学家说，一家企业或一个组织往往是20%的人完成80%的工作任务，创造80%的财富。这说明少量的原因、投入和努力会有大量的收获、产出或回报。只有几件事情是重要的，大部分都微不足道。

要善于利用二八法则来提高效率。人们总是容易在一些事情的处理上拖拖拉拉，不幸的是，大多数人拖延不做的正是那些最重要、最有价值的10%或20%的工作，也就是那些"举足轻重的少数事情"。相反，他们终日为80%毫无价值的事情而忙碌，为"无足轻重的多数事情"而奔波。生活中随处可以看到这样的人，他们似乎终日奔波忙碌，实际上却毫无作为，自然也不会为人们所称道。原因就在于他们总是忙于应付那些微不足道的、琐碎庸常的小事，却耽搁了对自己、对公司都真正举足轻重的工作。

你每天要做的最有价值的工作，往往也是最困难、最复杂的。但是，一旦你有效地完成了这些工作，它们带给你的回报也是十分惊人的，因此，如果你手边有20%重要的工作，就决不要先去做那80%微不足道的事情。开始工作前，不妨先问问自己："这个任务是属于那20%的高价值部分呢，还是属于剩下那80%的低价值部分？"只要想到自己即将开始处理并将善始善终地完成一项重要工作，你就会动力十足，不再有片刻迟疑。事实上完成一项重要工作所需的时间，和完成一项琐碎的工作所需要的时间基本上是相同的。它们之间的区别在于：前者能给你一种自豪感和满足感；相反，用同样的时间和精力完成一项平庸的工作，你只能得到极少的满足感，甚至毫无成就感可言。

时间管理实际上是对人生的管理和规划，它的实质内容就是控制做事情的顺序。时间管理能帮助你决定下一步做什么。虽然你有权利自由选择下一步做什么，但是，能否对事情的轻重程度做出甄别，却在很大程度上决定了你的生活和工作成功与否。

（三）学业管理

大学生学业管理，是指大学生对与其事业（职业）目标相关的学业所进行的安排。具体来讲，是指大学生通过对自身特点（性格特点、能力特点）和社会未来需求的深入分析和正确认识，确定自己的事业（职业）目标，进而确定学业发展方向。然后结合自己的实际情况（经济条件、学习状况、生活现状、家庭情况等）制订学业发展计划并实施。换言之，学业管理就是大学生通过解决学什么、怎么学、用什么学、什么时候学等问题，以确保自身顺利完成学业，为成功实现就业或开辟事业打好基础。

如果大学生没有进行有效的学业管理，大学生的时间、精力就会处于荒废和散乱之中，很容易进入与学业无关的琐事中，虚度美好光阴。相反，能够有效地进行学业管理的学生能够合理调节自己的日常学习，自己做的每一件事情都是实现未来目标的一部分，对学业的顺利完成做到心中有数，热情高涨，也使得他们从"要我学"变为"我要学"，由被动变为主动。

学业管理主要包含三个方面：

1. 学业目标的确立

首先，分析自己的兴趣爱好，认定自己想做什么。古今中外，因兴趣之火花而点燃成功之火把的事例不胜枚举，兴趣是理想产生的基础，但目前很多大学生的兴趣模糊，甚至没有。所以一定要认定自己的兴趣爱好是什么，选择自己喜欢的专业方向和研究领域进行奋斗和学习。

其次，分析自己的能力和特长，确定自己能干什么。能力是一个人综合素质在现实行动中的表现。任何职业都要求从业者掌握一定的技能，具备一定的条件，所以学生应该结合自己的兴趣爱好，在认定自己想干什么的基础上确定已经具备的能力和应该开发、培养的潜在能力。

最后，根据现代社会的发展前景和方向，确定社会需求是什么，选择符合社会需求又最适合发挥优势的专业方向和研究领域。同时充分听取他人意见以及各种有关规划的事例，并联系自己所在学校的教育方式、背景，做出好的决策。

2. 制订学习计划

制订出总的学业目标以后，要对其进行自上而下的分解，即制订学习计划。这可以按照以下的思路进行：在校期间总的学习目标—每学年的学习目标—每学期的学习目标—每月的学习目标—每周的学习目标—每日的学习目标。从而使自己的学业计划落实到学习生活的每一天，确保学业计划的严格执行。

3. 学业评估和激励

在实施过程中，应及时地对环境和条件做出评价和估计，对自己的执行情况做出评估。在市场经济条件下，由于现实生活中种种不确定因素的存在，使得学业规划的设计具有一定的弹性。我们应该及时反省和修正自己的学业目标，变更实施措施与计划，做到定期评估：每年、每学期、每月、每日检查、评估，进而分析原因和障碍。找出改进的方法和措施。激励措施能将人的潜能和积极性激发出来，惩罚可以有效地防止惰性的产生，因而有必要制定出完成阶段目标后对自己的奖励和惩罚措施。

（四）健康管理

我们的健康状况与个人对健康的认识、周围环境、医疗保健、个人的生物学因素和生活方式以及自我进行的保健有着密切的关系。其中生活方式是由我们自己来掌控的。我们能够通过对自己生活方式的调整，适当采取保健措施，来达到最大限度促进自身健康的目的。健康管理就是基于个人健康档案基础上的个性化健康事务管理服务，它是建立在现代营养学和信息化管理技术模式上，从社会、心理、环境、营养、运动的角度来对每个人进行全面的健康保障服务，它帮助、指导人们成功有效地把握与维护自身的健康。

心理健康是大学生健康管理的重要方面。学习是大学生的主要活动，只有心理健康的学生才能够进行正常的学习，在学习中获得智力与能力，并将学得的智力与能力用于进一步的学习中。由于在学习中能充分发挥智力与能力的作用，就会产生成就感，由于成就感不断得到满足，就会产生乐学感，如此形成良性循环。人总要与他人交往并建立一定的人际关系。大学生的人际关系主要涉及亲子关系、师生关系和同伴关系等方面。学生处理错综复杂的人际关系的能力直接体现了其心理健康水平。心理健康的人了解自己，并悦纳自己。"人贵有自知之明"，心理健康的人能正确客观地认识自我，了解自己的能力、性格、需要。他们既不自卑，也不盲目自信；他们经常进行自我反思，能看到自己的长处，更能容纳自己的不足，并寻求方法加以改进。心理健康的人能正确地认识自我、检验自我和控制自我。

（五）实践管理

一句关于实践的谚语是这样说的："我听到的会忘掉，我看见的能记住，我做过的才真正明白。"大学所学的专业知识，归根到底都是为了实践，只有实践才能体现知识的价值和知识的拥有者——人才的价值。然而并不是从法律系毕业就能当一名律师或法官，并不是从医学院毕业就能够当一名医生。有的大学生在学校里考试成绩很好，就自以为知道得很多，其实他们学到的也许是过时的知识。更有学生完全迷失了方向，甚至不知道自己已经知道了什么，该知道什么。对于这个问题，只有实践才能澄清事实的真相。

很多大学生在大四找工作要写求职简历的时候，才努力地回忆自己在大学期间的工作经历和社会实践，面对用人单位的各种要求无所适从。匆忙上阵的结果只能是手忙脚乱，忙中出错，招招被动。有的大学生考研、出国、找工作兼顾，目标始终不确定。还有一部分大学生认为车到山前必有路，没有就业的紧迫感和主动意识。相反，有一部分大学生经过冷静思索能比较早地定下目标，找什么样的工作，转行或是不转，想去什么样的用人单位，利用各种渠道搜集相关用人单位的信息，将用人单位的要求与自己的条件进行对比，从中找出差距，利用做兼职、社会实践甚至自学去缩小差距。一位参加过面试的大学生这样回忆道："我到了大四才下定决心找工作，而很多同学早在大二、大三就已经着手做准备了。有的注重自己在知名企业里的实习经历；有的学习商务英语，在训练自己口语的同时，不断增强自己的交流能力，这些方面我做得尤其不够。我在参加雀巢公司面试的时候，有位中央财经大学的毕业生在自我介绍时说自己曾在兼职期间担任过西门子公司中国区总裁的秘书，我能明显感觉到面试官对他的青睐和照顾。我所熟悉的极为用心准备求职的同学都有此类的经历。"

当然，有社会实践的经历并不意味着你就驶上了求职的快车道。仅仅是为了履历而打工的做法并不可取，大学生不要追求表面的东西，而要踏踏实实地做些事情，从中得到真正意义上的锻炼。有的同学的求职简历很花哨，说自己干了多少社会工作，其实任何伪装都逃不过那些面试官锐利的双眼。用人单位关心的是你在所从事的社会工作中是怎么干的，取得了什么成果，深入程度如何，只要深入地追问下去，就可以发现你是不是为了履历而打工，而为了打工而影响正常的学习则更不可取。

第二节　职业生涯的内涵

一、职业生涯的概念

职业是自我展现的重要领域。大学生的职业生涯规划不仅影响个体的心理健康，也影响个人一生的发展。做职业生涯规划要先了解什么是职业生涯规划及工作、职业、生涯、职业生涯等与职业生涯发展规划相关的概念。在日常生活中，我们常常把工作、职业与职业生涯混为一谈，以为工作就是职业，从事了某种职业就拥有了职业生涯。诚然，工作、职业与职业生涯是密切相关的概念，但它们并不完全是一回事。

（一）工作

工作是指在某一行业中的具体职位，是有目的、有结果、需要投入时间和精力并持续一定时间的活动。例如，教师的教学工作。工作不仅是谋生的手段，也可以满足人的多种需要，见表1-4。

表1-4　工作可以满足人的不同需求

经济需求	社会需求	心理需求
物质需求的满足 对未来发展的安全感 可用于投资的流动资产 可以保证休闲和自由时间的资产 购买物品和服务 成功的证明	一个与人们会面的地方 潜在的友谊 人际关系 工作者与家庭社会地位 受人尊重的感觉 责任感 被人需要	自我肯定 角色认定 秩序感 可信赖感 胜任感 自我效能 投入感 个人评价

（二）职业

职业是介于工作和生涯之间的概念，是由一系列相似的职位组成的一个特定的专业领域，即指一系列的工作，例如教师、医生、律师就是职业。

什么是职业？职业在《现代汉语词典》中的解释是"个人在社会中所从事的作为主要生活来源的工作"。按照这种解释，职业就是"工作＋收入"，它强调的是职业作为一种谋生手段来满足人的基本需求。但这仅是职业的狭义概念。

国内外学者从不同的角度出发对职业的概念进行了论述。

美国教育家、哲学家杜威把职业概括为：职业不是别的，而是可以从中得到利益的一种活动。

美国社会学家塞尔兹认为，职业是一个人为了不断地取得收入而连续从事的具有市场价值的特殊活动，这种活动决定着从事它的那个人的社会地位。

日本职业专家保谷六郎认为，职业是有劳动能力的人为了生活而发挥个人能力，向社会做贡献而连续从事的活动。

我国学者姚裕群认为，职业是一个中性的概念。从社会学的角度而言，职业是指人们为了谋生和发展而从事的相对稳定、有收入的、专门类别的社会劳动。就个人的角度而言，职业则是指个人扮演的一系列工作角色。

综上所述，职业是参与社会分工，利用专门的知识和技能，为社会创造物质财富和精神财富，获取合理报酬作为物质生活来源，并满足精神需求的工作。

通过职业，每个人得以发挥潜能、扮演社会角色、实现生活理想、享受工作的快乐，甚至实现自我。职业活动让人们拥有了远比经济价值更加丰富的内容，如才能的发挥、权力、地位、名誉等。

（三）职业生涯

1. 生涯

生涯不仅是工作和职业。"生涯"一词由来已久，在中文里，"生"原意为"活着"，"涯"原意为"边际"，"生""涯"连起来是一生的意思。在英文里，"生涯"是career，意思是指古代的战车，在西方人的概念里，使用"生涯"一词就如同赛场竞技，含有未知、冒险、克服困难的精神，后来逐渐引申为道路，即人生的发展道路。

目前大多数学者所接受的"生涯"定义来自于美国心理学家唐纳德·舒伯（Donald Super）：生涯是生活中各种事件的演进方向和历程，它综合了个人一生中的各种职业与生活的角色，由此表现出个人独特的自我发展历程。

2. 职业生涯

职业生涯是指个体从正式进入职场开始，直到退出职场这段时间内的与工作有关的经历、态度、需求、行为等过程，是一个人的终身职业经历，包括就业的形态、工作的经历及与职业相关的活动等。在职业心理学领域，职业生涯这一概念有两种经典性定义：舒伯认为，人的一生所经历的职业及非职业活动都应视为职业生涯的内容，职业生涯除了职业角色外还包括各种生活角色；美国组织行为专家道格拉斯·霍尔（Douglas T. Hall）主张，职业生涯只包括一个人一生中与其职业相关的活动与经验。前一种是广义的定义，在时间范围上与生涯的概念等同；后一种是狭义的定义，认为职业生涯仅从任职前的职业学习和培训开始直至退休。但无论哪种定义，都淡化了职业作为谋生的作用，而指向个体的生命意义。在这里，职业成为个体实现个人价值、追求理想生活的重要途径。

与职业不同，职业生涯是一个发展的概念，是一个动态的过程。它不仅包括一个人的过去、现在和未来那些可以实际观察到的、连续从事的职业发展过程，还包括个人对职业生涯发展的见解和期望。具体地讲，职业生涯是以心理开发、生理开发、智力开发、技能开发、伦理开发等人的潜能开发为基础，以工作内容的确定和变化，工作业绩的评价、工资待遇、职称职务的变动为标志，以满足需求为目标的工作经历和内心体验的经历。

职业生涯是多方面相互作用的结果，每个人的职业生涯发展轨迹不尽相同，但是就其内在特性而言，具有以下几个特点：

（1）发展性。职业生涯是生活中各种事态发展演进的动态过程，具有一定的逻辑性。

（2）阶段性。职业生涯有着不同的发展阶段，在不同的阶段有着不同的任务和目标，各个阶段之间具有递进性。

（3）独特性。每个人都拥有自己的职业理想、职业抱负、职业选择和职业条件，因而有着区别于他人的、独特的生涯历程。

（4）整合性。职业生涯除了职业角色外，还包括任何与工作有关的经验和活动，而不仅局限于工作或职位。

（5）互动性。职业生涯是个人与他人、个人与环境、个人与社会互动的结果。个体自我认识的深化、个体的主观能动性、个体掌握的技能，对于职业生涯发展有着重要影响。

3. 外职业生涯和内职业生涯

美国著名职业指导专家施恩（Edgar H. Schein）教授最早把职业生涯分为外职业生涯和内职业生涯。他指出，外职业生涯是指经历一种职业（由教育开始，经工作期，直到退休）的道路，包括职业的各个阶段：招聘、培训、提拔、奖惩、解雇、退休等。内职业生涯更多地注重所取得的成功或满足的主观感情及工作事务与家庭义务、个人消遣等其他需要的平衡。

（1）外职业生涯。外职业生涯是指从事职业时的工作单位、工作地点、工作内容、工作职务与职称、工作环境和工资待遇等因素的组合及其变化过程。它的构成因素通常是由别人认可和给予的，也容易被别人否认和收回。外职业生涯发展是以内职业生涯发展为前提条件的。

（2）内职业生涯。内职业生涯是指从事一个职业时所需具备的知识、观念、心理素质、经验、能力、身体健康状况、内心感受等因素的组合及其变化过程。它的各项因素的取得，可以通过别人的帮助得以实现，但主要还是依靠自身的努力追求得以实现。与外职业生涯的构成因素不同，内职业生涯的构成因素一旦取得，别人便不能收回或剥夺。内职业生涯是真正的人力资本所在，提高内职业生涯而取得的工作成绩会转化为外职业生涯。

二、职业生涯发展阶段

关于职业生涯发展阶段的划分，不同的学者有不同的看法。金兹伯格提出幻想期、尝试期和现实期的三阶段理论；修谱提出试探期、创立期、维持期和衰退期的四阶段理论；格林豪斯提出职业准备、查看组织、职业生涯初期、职业生涯中期和职业生涯晚期的五阶段理论；施恩依据不同年龄段面临的主要问题和主要工作任务，将职业生涯划分为成长幻想探索阶段、进入职场阶段、基础培训阶段、早期职业的正式成员资格阶段、职业中期阶段、职业中期危险阶段、职业后期阶段、衰退和离职阶段、退休阶段的九阶段理论。下面详细介绍一下萨帕（Super）的五阶段理论。

美国职业指导专家萨帕把职业生涯发展过程划分为五个阶段：

（1）成长阶段（0~14岁）。这个阶段属于认知阶段，以幻想、兴趣和喜好为主要考虑因素。这个阶段的后期，能力因素开始凸显出来。这一阶段的主要任务是自我发展、认识世界、培养兴趣爱好，对职业有初步的了解。

（2）探索阶段（15~24岁）。在这一阶段的后期（22~24岁），个体开始进入职场，进行实习，考虑从事何种职业。这一时期的主要任务是教育培训、锻炼能力、了解职业，形成自己的职业倾向。

（3）确立阶段（25~44岁）。这一阶段可以分为两个时期：前期（25~30岁）的主要任务是选择、调整，个体通过探索阶段的尝试，选择自己从事的职业，如果觉得选择的职业不合适，就会进一步调整，直至选择了合适的职业；后期（31~44岁）的主要任务是稳定、提升，个体选择了合适的工作，希望寻求工作稳固，在工作中做出成绩。

（4）维持阶段（45~64岁）。这个阶段的主要任务是维持、提升，个体工作中往往已经取得了一定的成绩，获得了一定的地位，希望在维持现状的基础上，获得进一步的提升。

（5）衰退阶段（65岁以后）。这一阶段职业生涯接近尾声或已退出职业领域，主要任务是寻求新的替代角色，以满足退休后新的需求。

第三节　职业生涯规划的内涵

　　大学生从毕业走上工作岗位到退休，其职业生涯时间跨度大约为40年。职业生涯大约占据了人生的一半时间，而这一半时间是人生最精彩的时间，职业生涯成功与否直接关系到人生的价值和生命的意义。

一、职业生涯规划的概念

　　职业生涯规划的概念源于20世纪60年代的西方发达国家，20世纪90年代传入中国。在西方发达国家，职业生涯规划起步很早，人们从幼儿园开始就接受职业生涯规划教育。在我国，系统的职业生涯规划教育和辅导体系尚处于探索阶段。

　　美国著名管理学者哈罗德·孔茨和西里尔·奥康奈对规划的定义是："规划是为实施既定方针所必需的目标、政策、程序、规则、任务委派、采取的步骤、使用的资源及其他要素的复合体，它们通常要有必要的安全和经营预算的支持。"由此可见，规划的本质在于选择目标及实现目标的最佳方案。

　　职业生涯规划，简称生涯规划，又叫职业生涯设计，是指个人与组织相结合，在对个人职业生涯的主客观条件进行测定、分析、总结研究的基础上，结合自身的条件和现实环境，确立自己的职业生涯目标，选择职业道路，制订相应的培训、教育和工作计划，并按照职业生涯发展的阶段实施具体行动以达到目标的过程。

　　职业生涯规划的目的绝不只是协助个人按照自己的资历条件找到一份工作，更重要的是帮助个人真正了解自己，并详细评估内外部环境的优劣、机会与限制，为自己定下事业大计，筹划未来，拟订一生的、合理可行的职业生涯发展方向。由于职业生涯贯穿人的一生，因此，对职业生涯的规划，就是为自己的未来人生绘制理想的蓝图。

二、职业生涯规划的内容

　　职业生涯规划，简称职业规划，是个体在对内外环境因素综合分析的基础上，确定自己的职业发展目标，并选择实现这一目标的发展道路，制订相应的教育、培训和工作行动计划，包括职业定位、目标设定、通道设计三部分内容。

　　我们进行职业生涯规划是要解决职业生涯发展过程中"干什么""在哪里干""如何干""以什么心态干"四个问题，即"四定"：定向、定点、定位、定心。

（一）定向

　　定向，就是确定职业规划的方向。这是进行职业规划的基础，只有确定好了一个明确的方向，我们才能有针对性地做好各方面的准备。定向，首先，是依据个人的职业倾向，即个人喜欢从事的职业，当然这里讲的职业不是指具体的工作岗位，而是指职业域。其次，积极准备，以确保职业规划的有效性。当前就业形式越来越严峻，只有在就业方向上占有先机、做好准备，才能顺利就业。成功总是青睐有准备的人。

（二）定点

定点，就是确定自己未来工作发展的地域。我国区域发展存在着很大的差距，东部沿海地区是带动经济发展的有力支柱，中西部地区发展相对较慢。大部分大学生毕业都愿意去经济发达的东部就业，就近几年的就业趋势来看，东部沿海地区一直都是大学生择业的首选区域。在国家实行"中部崛起""西部大开发"之后，中部和西部的发展步子明显加快了，但还是不及东部沿海地区在毕业生心目中的地位。在新一个就业浪潮来临之前，毕业生应根据个人性格、发展前景、家庭条件、专业素养等方面综合考虑自己的就业去向，不能盲目跟风。

（三）定位

定位，就是在择业中摆正自己的位置。刚刚毕业的大学生忌眼高手低、急功近利，给自己的定位首先要符合刚毕业的身份。成为世界大公司的CEO，是每个职场人追求的梦想，但对于刚进入职场的大学生来说，要从最底层做起，不能好高骛远。其次，要符合自己的能力。刚毕业的学生缺少的就是经验和专业技能，要踏踏实实、沉下心来学习岗位技能。"万般带不去，唯有业随身"，有了这份"业"在，不愁找不到工作。在高等教育大众化背景下，大学生已不再是天之骄子，我们必须把自己从象牙塔内解放出来，放下身段，勤学技能。最后，工资待遇不能要求过高。缺少经验、能力不强，凭什么要求高的工资待遇？曾有个月薪3 000元的女孩，编写的稿件错误百出，老板责问她，她却回了句："一个月才3 000块，你还想怎么样？！"她的言下之意是假如你给我8 000元，我就能把事情做得很好。但问题是你在拿3 000元时，要体现出8 000元的价值，老板才愿意买单。但是我们的定位也不能太低，过低则在职业发展过程中无法实现自身价值，也不利于职业的进一步发展。

（四）定心

定心，就是在职业发展中要适应变化，调整自己的心态。成功与失败从来都是相伴而行，万事没有绝对，谁也不能料定一直在不断变化发展的事情最后会是成功还是失败，我们能做的就是将未知的失败的可能性不断地缩小。荣辱不惊，坚定地朝着设定的目标前行，好的心态是面对变化、实现成功的重要因素。心志只会在种种磨炼中不断坚强，所以个人的性情也是做职业规划的重要考虑因素。

案例分享

聚美优品的CEO陈欧是个家喻户晓的人物，他是一名具有代表性的大学生创业者。说起他，很多人都会想到他的一句话——我是陈欧，我为自己代言。其实每个人刚开始创业时都不会是一帆风顺的，陈欧也不例外，他的创业生涯要从他第一个创业项目GG游戏平台开始说起。16岁的陈欧考上了新加坡南洋理工大学，那个年纪的少年，多半是意气风发的时候，他酷爱打游戏，技术也在长年累月中逐渐成熟。作为一个游戏爱好者，陈欧觉得自己可以在游戏领域开始自己的创业人生，凭借着自己高超的游戏技术和高端的专业技能，他克服了很多障碍，终于开发出了GG游戏平台，并深受青少年喜爱。据陈欧自己回忆，当初在经济最窘迫的时候，为了节省成本，降低花销，他不得不每天都吃最便宜的鱼丸面。起初在最困难的时期他也彷徨过，但是为什么他还是坚持下来了，选择继续完成自己的梦想呢？这个问题每个人都有不同的见解，不过值得肯定的是，陈欧自始至终都知道自己应该干什么，他抓住了像他那个年龄段的人的心理需求，认为自己的想法是有价值的，所以才会排除一切困难，站在了世人的面前。今日，我们又看见了一个不一样的陈欧，他自己创立品牌，在另一个不一样的领域又一次征服了大众。我想，每个女性都会知道聚美优品，这是陈欧在事业上又迈进一步的最有力的标志。

一个人的才能有先天的成分，但更重要的是在后天生活环境中不断挖掘出来的。一个有梦想、有动力、有规划的人，不可能一生碌碌无为，相反，他会在某一个领域达到一个相当的高度，这就是"规划"的魅力。陈欧之所以能成功，不排除他抓住了大众消费的心理，但更重要的是他的规划方向十分明确，再加上他的智慧、性格、专业素养等因素，他才会一路辉煌。

三、职业生涯规划的分类

为了更好地实行职业生涯规划，适应不同的需求，职业规划可分为人生规划、长期规划、中期规划和短期规划四种类型。

（一）人生规划

人生规划是时间跨度最长的规划，设定整个职业生涯的发展目标，如规划成为一名资深律师、成为拥有数亿资产的公司董事长等。人生规划是职业生涯规划的最终目标，往往需要终其一生才能实现。人生规划涵盖求学阶段的学业规划、进入职场的职业规划、退休后的生活规划等阶段。人生规划由于时间跨度长，在发展过程中影响因素多，存在很多不可预料的变化，需要经常总结、反馈、完善和加强，以保持大方向不发生改变。

（二）长期规划

长期规划一般是5~10年，主要规划较长远的发展目标，如规划成为一家大公司部门经理、创办的企业规模达到多少等。长期规划时间也较长，影响因素也较多，其发展过程中需要考验我们的耐心、智力和应变能力。长期规划从属于人生规划，长期规划目标的完成有利于人生发展目标的实现。

（三）中期规划

中期规划一般是2~5年的发展目标，如毕业后考上研究生、创办一家公司等。中期规划时间相对较短，只要规划的目标切实可行，一直努力，还是比较容易实现的。

（四）短期目标

短期目标是指2年之内的发展目标，如学习阶段规划2年内掌握某种专业知识、获得奖学金、获得优秀学生干部称号等。短期规划时间短，可变因素较少，如果能集中精力，努力实践，目标往往能够实现。对于较难完成的目标，如果划分成几个短期目标，一个目标一个目标地完成，在一定程度上会减轻压力，也有利于实现最终目标。

四、职业生涯规划的作用

（一）职业生涯规划能够帮助个人确定职业发展的目标和方向

职业规划能帮助一个人全面、客观地认识自己，了解自己的特点和兴趣，评估自己的能力、优势和不足；能够使一个人客观分析环境，了解环境需求，把握发展机遇。在设计和规划过程中，通过对客观环境的分析，明确自我职业发展的方向，正确选择职业目标，并运用适当的方法，采取有效的措施，克服职业生涯发展中的困难和障碍，使自己的才能得到充分发挥，从而获得职业上的成功，实现人生的理想。

（二）职业生涯规划能够鞭策个人努力工作

从某种意义上来讲，职业生涯规划为自己树立了一个灯塔，唯有有了明确的目标才能奋勇航行。当你一步一步实现这些目标和规划时，成功感和自豪感会油然而生，这种激励会进一步促进自己向更高的目标前进。同时，自己的思维方式和工作方式，也会随着经验的积累而不断完善和发展。

（三）职业生涯规划有助于个人抓住重点

日常工作忙碌繁杂，没有制定职业生涯规划的人很容易深陷其中，看不清周围环境的变化，迷失了目标与方向。职业生涯规划的一个重要作用就是让一个人合理安排日常工作，评价工作的轻重缓急，抓住工作重点。一个人要想成就一份事业，只有树立了明确的目标，抓住了工作重点，才能有意识地围绕工作重点下最大的功夫，提高成功的概率。

（四）职业生涯规划能够激发个人潜能

职业生涯规划帮助规划者集中精力、全神贯注地在优势方面发挥才能，避免因无关紧要的小事消耗过多的精力。一个人的潜能是无限的，需要充分地去挖掘，唯有善于激发个人潜能，才会努力学习，从而实现能力的锻炼和提高。

（五）职业生涯规划能够有效协调事业发展与家庭生活

良好的职业生涯规划可以帮助规划者从更高的角度来看待职业生活中的各种问题和选择，将各个分离的时间结合在一起，相互联系起来，共同服务于职业生涯发展目标，使职业生活更加充实和富有成效。同时帮助规划者综合考虑职业生活同个人追求、家庭目标等其他生活目标的平衡，避免顾此失彼。

案例分享

结合兴趣能力，选择职业方向

高敏是某世界500强外企新进员工。谈到自己如何从成千上万名求职者中脱颖而出，成为为数不多应聘成功者中的一员时，高敏这样说道："我从高中就开始规划自己今后的生活了。"

"我高中时成绩一直不错，尤其是英语，加上我本身一直担任班长，沟通能力挺强的，喜欢接受挑战、乐于拼搏，不甘于平庸。于是，在高考完填报志愿时，我向父母表示，大学毕业后我想进入外企工作，努力成为一名优秀的管理者。我选择了报考对外经贸大学的国际经济与贸易专业。在大学期间，除了本专业的学习外，我还通过参与社会实践、申请参与名企实习等，不断积累实践经验，并在毕业后如愿拿到外企offer，顺利开启了我的职业生涯。"

评析

从高敏的案例中，我们可以看出，职业生涯的发展与她对专业、大学的选择密不可分。在高中阶段，高敏就结合自己的性格、能力、兴趣，分析了自身的优势所在，将自己的职业目标定位于外企的管理工作。当填报高考志愿时，她选择了与自己的职业目标最为接近的大学专业——国际经济与贸易，并选择了在这一专业领域中比较具有实力的对外经济贸易大学，通过专业的学习、社会实践，高敏最终实现了自己的职业梦想，顺利找到了理想中的工作。可以说，正是明确的职业规划意识、清晰的职业定位，为高敏填报高考志愿、选择大学专业指明了方向，也为她日后的职业发展奠定了坚实的基础。

第四节　大学生职业生涯规划应注意的问题

一、瞄准市场，考虑社会需求

选择职业不是大学生个人的单独行为，而是一种社会活动，必定要受到一定的社会制约。任何人选择职业的自由都是相对的、有条件的，必须根据市场需要和社会需求来规划职业生涯。大学生的职业生涯规划如果脱离市场的要求、不能适应社会的需要，就不能被社会所接纳，因此，大学生在对职业生涯规划时，要把社会与个人利益、社会的需要与个人的愿望有机地结合起来。要及时把握社会人才需求的动向，把社会需要作为自己职业生涯规划的出发点和归宿点，以社会对个人的要求为准绳，以个人对社会的期望为依据，既要看到眼前的利益，又要考虑长远的发展。既要考虑个人的因素，也要自觉服从社会需要。在创造社会价值的同时也要实现个人的人生价值，在实现个人价值中为社会做贡献，实现两者的有机统一和社会与自己的共同发展。

二、认清自我，考虑性格因素

在职业生涯规划过程中，大学生应正确认识自我，充分考虑自己的知识能力、性格和兴趣特长，特别要考虑自己的性格因素。要分析自己的性格属于哪种类型，是社会化的还是孤立的；是善于沟通的还是不善于交往的；在与人相处时是命令式的还是协调式的；等等。在确定职业目标及发展方向时，依据社会需要，结合自己的性格，选择适合自己的目标。同时，人的性格虽然不是容易改变的，但也是可以调适的。当自己的职业与自己的性格暂时不相适合时，要通过调适使自己的性格更适合自己的职业需要。如果经过调适仍不能适合，就要调整自己的职业生涯规划，使规划与自己的实际不断趋于适合，在动态中实现职业生涯规划目标。

三、深入实际，注意行业分析

行业状况对一个人的人生发展有着重要的影响。在当今的职业竞争中，人人都怕"入错行"。自主择业、人才流动的就业制度，为毕业生求职、择业提供了广阔的选择空间。但在现实生活中，我国目前各行业之间仍存在差异，即使同样的专业与职位，身处不同行业，在工作任务、工作条件、工资待遇等方面也是不平衡的，因此，在做职业生涯规划时，要深入实际了解各行业的发展现状和前景、面临的机遇和挑战、行业内的竞争与就业机会、行业收入水平等，为从事理想的职业奠定基础。

四、树立理想，考虑生活理念

人生理想、生活理念对一个人的职业生涯规划有重要作用。大学生在职业生涯规划时，要树立崇高的生活理想，既要考虑为社会的发展、国家的兴旺做贡献，实现人生的伟大理想，又要考虑自己希望过一种什么样的生活、想从生活中得到什么、什么对自己最重要，例如家庭幸福、安定、名声、事业成功或者金钱。人生理想与生活理念不同，职业生涯规划的目标就不同。大学生们应该根据自己的人生理想和生活理念来选择职业目标，用高尚的人生理想和生活理念来指导职业生涯规划，用合理的职业生涯规划来实现人生理想。

五、针对个性，考虑特长兴趣

所谓特长，是指个人的特殊才能。人们往往对自己感兴趣的东西学得比较好，做得比较好。如果一个人所从事的职业正好是他的兴趣和特长所在，他就会满腔热情投入工作之中，更容易获得事业的成功。在进行职业生涯规划时，大学生应该选择能够发挥自己特长的职业，这样才能在职业发展过程中拥有优势，抢占先机。学习知识时常说兴趣是最好的老师，对于职业而言，没有兴趣就不可能将自己的精力投入到职业中去，也就不可能取得职业的成功。

六、正确评价，考虑专业能力

专业能力是一个人选择职业的基础。在进行职业生涯规划时，每位大学生都应该正确评价自己。对自己的专业能力作一个适当的评估，不仅要思考职业理想是什么，还要考虑自己能做什么工作，依据自己的能力给自己一个准确的职业定位。尽可能地选择与自己相符的职业，"没有金刚钻就不揽瓷器活""没有打虎艺，就不上景阳冈"。同时，在职业生涯规划时，注重自身能力的培养，有意识有目的地锻炼、提高自己的各方面能力，用较高的能力为职业生涯规划创造条件，用科学的职业生涯规划来指导能力提高。

七、因人而异，考虑职业标准

什么是好工作，什么是不好的工作，其评价的标准因时而异、因地而异、因人而异。世界上没有十全十美的事业，没有十全十美的工作。从长远来看，任何一份工作都不可能是一成不变的好工作，任何一份工作都不可能是所有人都向往的好工作。所以，在职业生涯规划时，一定要充分考虑各种因素，正确把握职业标准，选择最适合自己的工作。一是要选择自己喜欢的工作。做自己喜欢的事情，选择自己感兴趣的职业，能使自己的才智和能力得到最大限度的发挥，而不应该盲目追求热门工作。随着社会的发展，今天的"冷门"可能会变成明天的"热门"，有的职业将来还可能被淘汰。二是要选择有利于自身发展的工作。在当今社会经济快速发展的新形势下，行业或企业的发展波动性较大，要从有利于自身发展的角度考虑所选职业。三是要选择力所能及的工作。每个人所向往的好工作可能很多，但能不能选择一份力所能及的工作却是决定事业成败的关键之一。选择力所能及的工作，既要考虑能否胜任这份工作，又要考虑能否得到这份工作。大学毕业生选择职业时，一定要转变就业观念，把握好工作的评价标准，调整好心态，选择一份适合自己的工作。

八、认识自我，考虑职业目标

在职业生涯规划中，职业目标选择不只是单纯找一家单位而已，选择职业目标的过程就是一个发现自我、认识自我的过程。在职业生涯规划时，正确评价自我，即认清自己的优点和缺点十分重要。古希腊哲学家柏拉图说过：只有科学地认识自我，正确地设计自我，严格地管理自我，才能站在历史的潮头去开创崭新的人生。人生的诀窍就是经营自己的长处。善于经营自己长处的人能使人生增值，而经营自己短处的人则会使人生贬值，因此，大学生在进行职业生涯规划时，要特别注意正确认识自我。要正确评价自我，就必须进行自我分析。自我分析的方式方法较多。例如，通过发掘自己的过去，了解自己真正的志向所在；在此基础上通过对"做过的事情""能做的事情"的分析，来制订职业生涯计划。自我分析是我们参与世事之开端，尽管它是一件较困难的事情，但对求职而言，分析自我即正确评价自己，是大学生的首要任务。

九、适应社会，考虑多种因素

大学生要清醒地认识到职业生涯规划是一个相当复杂的过程，制约职业生涯规划的社会因素很多。在制定职业生涯规划时，要考虑多种因素，即除了考虑自身的因素、自己的意愿外，还有社会的因素、体制的因素和专业的因素等。目前，我国高校的专业分布和社会上的职业分布并不是完全对应的，专业相对职业来说内容比较空泛。很多大学生缺乏必要的职业训练，很难一下子适应从学生转变为职业人的角色，不易找到职业的感觉，因此，要特别注意心态和能力的转变，以适应社会主义市场经济的要求。

思 考 与 练 习

1. 大学阶段的主要任务是什么？
2. 大学和高中的学习方式有哪些不同？
3. 大学期间生涯规划阶段如何划分及各阶段任务有哪些？

4．大学生生涯规划与管理主要包括哪些方面？如何进行管理？

5．结合自己的情况，思考一下该如何规划自己的大学生活。

第二章

大学生自我认知

本章导读

"知人者智，自知者明。"一个人职业生涯的成功需要建立在对自身兴趣、性格、能力等良好把握的基础上。如果一个人对自己认识明确、把握良好，在此基础上规划自己的职业生涯势必如顺风驶船。

如果将每个人的职业生涯比作一部精密的机器，那么对于这部机器而言，兴趣是发动机，性格是稳压器，价值观是导航仪，而能力则是燃料。只有这几个部分密切配合，这部机器才可能高速运转。哪怕是其中一个部件不配合，整部机器的运作都会受到影响。

人生最大的宝藏是自己，最大的事业是如何认知自我、经营自我、开发自我。在人生的道路上每个人都会遇到很多问题，其中最难的就是认识自己。成功的人生需要正确的规划，你今天站在什么位置不重要，重要的是下一步迈向哪里，而知道自己是谁，比知道自己去哪里更重要。在当今这个竞争激烈的社会，每个人都渴望成功，而职业的成功就是一个人一生中重要的成功。正确认知自我是一个人迈向成功职业生涯的第一步。

学习目标

1. 掌握自我兴趣认识的方法及其与职业的关系。
2. 掌握自我性格认识的方法及其与职业的关系。
3. 掌握自我能力认识的方法及其与职业的关系。
4. 掌握自我价值观认识的方法及其与职业的关系。

从卡车司机到世界之王

1997年,《泰坦尼克号》创造了全球18亿美元的票房,创造了史无前例的全球电影总票房纪录。2010年,号称史上最昂贵电影的《阿凡达》在全球公映39天后,终于打破《泰坦尼克号》保持13年的全球总票房纪录,至2017年,这两部影片多年来,始终保持在全球票房排行榜的第一名、第二名,《阿凡达》为27.88亿美元,《泰坦尼克号》为21.868亿美元,这两部影片出自同一位导演之手,那就是世界之王——詹姆斯·卡梅隆。

1954年8月16日,詹姆斯·卡梅隆出生在加拿大安大略省的一个中产阶级家庭,他的父亲是一名电气工程师,母亲是一名艺术家,这似乎注定他一生下来就具有工程和艺术两方面的才华。少年时的詹姆斯·卡梅隆曾经带领小伙伴们制造过抛石机、潜水艇。在艺术方面,他曾在家乡举办过画展,并且很小就开始写科幻小说。他十四岁时被大师斯坦利·库布里克的《2001太空漫游》惊呆了,连续看了10遍之多,从此萌发了制作电影的愿望。他开始用父亲的8mm摄影机拍摄一些简陋的影片。

中学毕业以后,詹姆斯·卡梅隆被加利福尼亚州立大学物理系录取。1977年,詹姆斯·卡梅隆看到经典科幻影片《星球大战》,由此确立了自己的人生方向并开始为此忙碌起来,从未接受过专业训练的他开始到处寻找机会成为电影人。

1980年,他得到了人生第一份电影方面的工作——为卡曼工作室的影片《星空大战》制作特技模型;第二年他就升职为这个工作室的另一部影片《恐怖星系》的第二小组导演和电影制作设计师。1981年,詹姆斯·卡梅隆的第一部导演作品《食人鱼2》问世,并取得了不俗的成绩。此后,除了前面提到的《泰坦尼克号》和《阿凡达》外,他所执导的《终结者》系列、《真实的谎言》《异形2》《第一滴血2》等,也都获得了很高的评价和票房,《阿凡达》的第二部至第四部,也将在2017—2019年陆续上映。

评析

从兴趣上,詹姆斯·卡梅隆14岁就对制作电影发生了兴趣并开始涉足,1977年在接触到《星球大战》后,更加明确了自己的发展方向。物理系大学生、机械修理工、卡车司机都成为他生命中的过客,电影才是他的终极理想。

在能力上,父母的遗传和教育给了他艺术的灵感和工程的严谨,加上他与生俱来的组织能力,造就了他在科幻电影方面无可比拟的优势。

在气质上、性格上,他具备了一位艺术家所应有的热情和冲动,甚至偏执和疯狂,并且充满想象力和创造力,他的作品中有两部都是以自己的梦境为原型进行拍摄的。

在价值观上,他一生都在追求完美,每部作品都讲究强烈的视觉冲击,他认为电影就要给人美的享受和震撼。

可以说，卡梅隆的职业生涯是成功的，他成功的秘诀就在于他选择了一条符合自身条件的发展道路，在这条道路上他一直充满激情并不断获得能量。

第一节 兴趣与职业

案例分享

案例一

小鹏是一名教育技术学专业的学生。他有这样的困惑："我不知道自己适合做哪方面的工作。我学的教育技术学，这个专业需要数学、计算机等课程的成绩很好，但我并不喜欢学数学这些纯理科的课程，所以学起来有些吃力。"

案例二

小明是个性格开朗活泼的姑娘，热衷各种社团活动，在校园的各种舞台上都活跃着她的身影，可是她却有这样的困惑："我不了解自己真正擅长什么，适合什么类型的工作。由于自己兴趣十分广泛，造成不知道哪类职业是自己最适合最喜欢的。"

案例三

小亮是个略显内敛的男孩，平时学习认真刻苦，人缘也很好，虽然很少担任活动组织者，但是对各种活动还算积极参与，他存在着这样的困惑："我找不到自己真正的兴趣，对现在所学专业究竟是否适合自己并不确定，但对所学专业又并不是特别烦，因为所学的专业非常有发展前途。对于道听途说的话，我很在意，比如我所学的专业是否更适合女生学，其他某某专业怎样怎样好等，都会使自己陷入困惑和迷茫。"

评析

以上三名同学存在的困惑，在大学生群体中可以说是普遍存在的。怀着热情和憧憬走进大学校门，但现实和理想的差距却让大学生迷茫找不到方向。有人觉得自己的兴趣十分模糊，有的兴趣过于广泛，还有人兴趣虽然很明确，却因为种种原因选择了一个与自己的兴趣不相符的专业。他们对此感到苦恼、困惑，有的转专业，有的甚至更极端，自暴自弃，荒废学业。他们迫切地想知道，怎样才能将自己的兴趣和未来的职业结合起来。更重要的问题是，怎样正确地认识自己、了解自己的兴趣，并将它与自己的专业和未来的职业相结合？这是大学生普遍面临的问题。

一、职业兴趣与作用

（一）兴趣及分类

兴趣是指建立在需要的基础上，带有积极情绪色彩的认知和活动倾向，是个人对其环境中的人、事、物所产生的喜爱程度，是个人力求认识、掌握某事物，并经常参与该种活动的心理倾向。当个人对某事物有兴趣时，会对它产生特别的注意力，对该事物感知敏锐、记忆牢固、思维活跃、情感浓厚、意志坚强。兴趣的发生和发展一般要经历这样一个过程：有趣—乐趣—志趣。美国芝加哥大学心理学教授米哈利·奇克森特米哈伊发现：当人们在专心致志地、积极地参与某种活动，忘记了时空和自己的时候，他们感到最为愉快和满足。

兴趣可以划分为职业兴趣和非职业兴趣。但几乎每一种兴趣都可以与某种职业联系起来。职业兴趣是一个人探究某种职业或者从事某种职业活动所表现出来的特殊个性倾向，它使个人对某种职业给予优先的注意，并具有向往的情感。

（二）职业兴趣在职业活动中的作用

1. 影响职业定向和职业选择

兴趣是最好的老师，是一种强大的精神力量。兴趣可以使人集中精力去获得你所喜欢的职业知识，启迪智慧并创造性地开展工作。当一个人对某种职业感兴趣时，他就能发挥全部身心的积极性；就能积极地感知和关注该职业的知识、动态，并且积极思考，大胆探索；就能情绪高涨、想象丰富；就能增强记忆效果，增强克服困难的意志。爱因斯坦还是四五岁的小孩时，就对罗盘发生了兴趣，认为"一定有什么东西隐藏在后面"，十二岁那年他从叔叔雅各布那里得到了关于欧几里得平面几何的小书，由此决定献身于解决"那广漠无限的宇宙之谜"，毕生从事物理学研究，创立了著名的"相对论"，为人类做出了杰出的贡献。

2. 促进智力开发，挖掘潜能

瑞典化学家诺贝尔对炸药很感兴趣，为了研究炸药，他一生未婚，几十次差点被炸死。1864年的一次实验，一下子炸死了五个人，其中有一个是他的弟弟，他的父亲也受了重伤，但痴迷于炸药研究的诺贝尔毫不退缩。有一次实验时，突然一声巨响，猛烈的爆炸使浓烟直冲云霄，人们失声喊道："诺贝尔完了！"谁知正在这时，从浓烟中冲出一个满脸鲜血的人，发疯似地跳跃着，高喊着："我成功了，我成功了！"就是凭着这种对科学的浓厚兴趣和执着探求，诺贝尔获得了255项发明专利，被人们誉为"炸药工业之父"，也成就了全球性的"诺贝尔奖"。

3. 提高工作效率

个人对某一方面的工作有兴趣，枯燥的工作也会变得丰富多彩、趣味无穷。因为兴趣可以通过工作动机促进个人能力的发挥，兴趣和能力的合理结合会大大提高工作效率（见表2-1）。古今中外在事业上取得成功的人，往往是由于强烈的兴趣的推动。可以说，谁找到了自己最感兴趣的职业，谁就有可能踏上通向成功的路。

表2-1　兴趣、才能发挥与工作状态

兴趣	发挥全部才能	工作状态
有	80%~90%	长时间、高效率
无	20%~30%	易疲劳和厌倦

4. 兴趣影响你的工作满意度和稳定性

一般来说，从事自己不感兴趣的职业很难让你感到满意，并由此导致工作的不稳定。兴趣是职场成功的重要因素，它能将你的潜能最大限度地调动起来，使你长期专注于某一方向，付出艰苦的努力，取得令人注目的成绩。

5. 能使人们的工作学习感到轻松愉快

世界发明大王爱迪生几乎每天都在实验室里辛苦工作十几个小时，在那里吃饭、睡觉，在旁人看来肯定苦不堪言，但他丝毫不以为苦，并宣称："我一生中从未间断过一天工作，每天都其乐无穷。"牛顿有一次做实验时错把手表当鸡蛋煮。我国地质学家李四光有一次在办公室写论文，他的女儿到办公室找他，他竟问："你是谁家的孩子？"杨振宁博士曾说过："什么叫'苦'？自己不愿意做，又因为外界压力非做不可，这才叫苦。做物理学的研究没有苦的研究，物理是非常引人入胜的，它对你的吸引力是不可抗拒的。"

二、霍兰德的兴趣理论

大多数的职业类型可以归结成六种类型，包括现实型（realistic type，R）、研究型（investigative type，I）、艺术型（artistic type，A）、社会型（social type，S）、企业型（enterprising type，E）、常规型（conventional type，C）。

个人兴趣是多方面的，不可能只集中在一个方面上，可能或多或少地表现在六个方面，只是偏好程度不同，因此，通常用最强的三种兴趣的字母代码来表示一个人的兴趣，这个代码就称为"霍兰德代码"（Holland Code）。这两个字母间的顺序表示兴趣的强弱程度，如SAI和AIS的人，具有相似的兴趣，但是他们对同一类型事务的兴趣强弱程度是不同的。

（一）现实型（R）人的特点（见表2-2）

• 喜欢具体的任务
• 使用工具的能力、动手能力强

- 喜欢从事体力工作、户外活动
- 更喜欢与物打交道
- 技术性行业工作人员
- 工程师、木匠、外科医生

表2-2 现实型人分析

类型	喜欢的活动	重视	职业环境要求	典型职业
现实型（R）	用手、工具、机器制造或修理东西。愿意从事实物性的工作、体力活动，喜欢户外活动或操作机器，而不喜欢在办公室工作	具体实际的事物，诚实，有常识	使用手工或机械技能，对物体、工具、机器、动物等进行操作，与"事物"工作的能力相比，与"人"打交道的能力更为重要	园艺师、木匠、汽车修理工、工程师、军官、外科医生、足球教练员

（二）研究型（I）人的特点（见表2-3）

- 喜欢探索和理解事物
- 平静、深邃、内敛
- 有智慧的
- 独立的
- 实验室研究员
- 科学家、禅师、智者

表2-3 研究型人分析

类型	喜欢的活动	重视	职业环境要求	典型职业
研究型（I）	喜欢探索和理解事物，喜欢研究那些需要分析、思考的抽象问题，喜欢阅读和讨论有关科学性的论题，喜欢独立工作，对未知问题的挑战充满兴趣	知识、学习、成就、独立	分析研究问题、运用复杂和抽象的思考创造性地解决问题的能力，谨慎缜密，能运用智慧独立地工作，有一定的写作能力	实验室工作人员、生物学家、化学家、心理学家、工程设计师、大学教授

（三）艺术型（A）人的特点（见表2-4）

- 喜欢自我表达
- 富有想象力、创造力

- 追求美、自由、变化
- 喜欢多样性与展示
- 艺术家、诗人、自由职业者

表2-4　艺术型人分析

类型	喜欢的活动	重视	职业环境要求	典型职业
艺术型（A）	喜欢自我表达，喜欢文学、音乐、艺术和表演等具有创造性、变化性的工作，重视作品的原创性和创意	有创意的想法，自我表达，自由，美	创造力，对情感的表现能力，以非传统的方式来表现自己；相当自由、开放	作家编辑、音乐家、摄影师、厨师、漫画家、导演、室内装潢设计师

（四）社会型（S）人的特点（见表2-5）

- 对人感兴趣
- 良好的人际交往技能，敏感的关系体验
- 服务他人、微笑
- 帮助别人解决问题
- 教师、护士、心理咨询师

表2-5　社会型人分析

类型	喜欢的活动	重视	职业环境要求	典型职业
社会型（S）	喜欢与人合作，热情关心他人的幸福，愿意帮助别人成长或解决困难、为他人提供服务	服务社会与他人，公正理解，平等，理想	人际交往能力，教导、医治、帮助他人等方面的技能，对他人表现出精神上的关爱，愿意担负社会责任	教师、社会工作者、牧师、心理咨询师、护士

（五）企业型（E）人的特点（见表2-6）

- 向人推销自己的产品或观点
- 追寻领导力与社会影响
- 有抱负，责任感强烈，勇于承担压力
- 言语说服能力强
- 销售人员、管理人员、政治家、律师、思想领袖

表2-6 企业型人分析

类型	喜欢的活动	重视	职业环境要求	典型职业
企业型（E）	喜欢领导和支配别人，通过领导、劝说他人或推销自己的观念、产品而达到个人或组织的目标，希望成就一番事业	经济和社会地位上的成功，忠诚，冒险精神，责任	说服他人或支配他人的能力，敢于承担风险，目标导向	律师、政治运动领袖、营销商、市场部经理、电视制片人、保险代理

（六）常规型（C）人的特点（见表2-7）

- 喜欢有条理、程序化的工作
- 忠诚、乐于执行与服务
- 有组织、有计划
- 细致、准确
- 会计、文秘、档案管理、信息整理

表2-7 常规型人分析

类型	喜欢的活动	重视	职业环境要求	典型职业
常规型（C）	喜欢固定的、有秩序的工作或活动，希望确切地知道工作的要求和标准，愿意在一家大的机构中处于从属地位，对文字、数据和事物进行细致有序的系统处理，以达到特定的标准	准确、有条理、节俭、盈利	文书技巧，组织能力，听取并遵从指示的能力，能够按时完成工作并达到严格的标准，有组织、有计划	文字编辑、会计师、银行家、簿记员、办事员、税务员和计算机操作员

知识链接

霍兰德职业倾向测验量表

本测验量表将帮助你发现和确定自己的职业兴趣和能力特长，从而更好地做出求职择业的决策。如果你已经考虑好或选择好了自己的职业，本测验将使你的这种考虑或选择具有理论基础，或向你展示其他合适的职业；如果你至今尚未确定职业方向，本测验将帮助你根据自己的情况选择一个恰当的职业目标。

本测验共有七个部分，每部分测验都没有时间限制，选择"是"得1分，选择

"否"不得分，但请你尽快按要求完成。

第一部分　你心目中的理想职业（专业）

对于未来的职业（或升学进修的专业），你也许早有考虑，它可能很抽象、很朦胧，也可能很具体、很清晰，不论是哪种情况，现在都请你把自己最想干的三种工作或最想读的三种专业，按顺序写下来。

1. ＿＿＿＿＿　＿＿＿＿＿　＿＿＿＿＿
2. ＿＿＿＿＿　＿＿＿＿＿　＿＿＿＿＿
3. ＿＿＿＿＿　＿＿＿＿＿　＿＿＿＿＿

第二部分　你所感兴趣的活动

下面列举了若干种活动，请就这些活动判断你的喜恶。喜欢的，请在"是"栏里打√；不喜欢的，请在"否"栏里打×。请按照顺序回答全部问题。

R. 现实型活动

1. 装配修理电器或玩具　□是 □否
2. 修理自行车　□是 □否
3. 用木头做东西　□是 □否
4. 开汽车或摩托车　□是 □否
5. 参加木工技术学习班　□是 □否
6. 驾驶卡车或拖拉机　□是 □否
7. 参加制图描图学习班　□是 □否
8. 装配修理机器　□是 □否
9. 参加机械和电器学习班　□是 □否

统计"是"一栏得分，计＿＿分

A. 艺术型活动

1. 素描、制图或绘画　□是 □否
2. 参加话剧或戏曲　□是 □否
3. 设计家具或布置居室　□是 □否
4. 练习乐器或参加乐队　□是 □否
5. 欣赏音乐或戏剧　□是 □否
6. 看小说或读剧本　□是 □否
7. 写诗或吟诗　□是 □否
8. 进艺术（美术或音乐）培训班　□是 □否
9. 练习书法　□是 □否

统计"是"一栏得分，计＿＿分

I. 研究型活动

1. 读科技图书或杂志　□是 □否
2. 在实验室工作　□是 □否

3. 改良水果品种，培育新的水果　　　　　　　　　□是　□否

4. 调查了解土和金属等物质的成分　　　　　　　　□是　□否

5. 研究自己选择的特殊问题　　　　　　　　　　　□是　□否

6. 解数学题或数学游戏　　　　　　　　　　　　　□是　□否

7. 上物理课　　　　　　　　　　　　　　　　　　□是　□否

8. 上化学课　　　　　　　　　　　　　　　　　　□是　□否

9. 上几何课　　　　　　　　　　　　　　　　　　□是　□否

10.　上生物课　　　　　　　　　　　　　　　　　□是　□否

统计"是"一栏得分，计____分

S.　社会型活动

1. 学校或单位组织的正式活动　　　　　　　　　　□是　□否

2. 参加某个社会活动或俱乐部活动　　　　　　　　□是　□否

3. 帮助别人解决困难　　　　　　　　　　　　　　□是　□否

4. 照顾儿童　　　　　　　　　　　　　　　　　　□是　□否

5. 出席晚会、联欢会、茶话会　　　　　　　　　　□是　□否

6. 和大家一起出去郊游　　　　　　　　　　　　　□是　□否

7. 想获得心理学方面的知识　　　　　　　　　　　□是　□否

8. 参加讲座或辩论会　　　　　　　　　　　　　　□是　□否

9. 观看或参加体育比赛和运动会　　　　　　　　　□是　□否

10.　结交新朋友　　　　　　　　　　　　　　　　□是　□否

统计"是"一栏得分，计____分

E.　企业型活动

1. 说服鼓动他人　　　　　　　　　　　　　　　　□是　□否

2. 卖东西　　　　　　　　　　　　　　　　　　　□是　□否

3. 谈论政治　　　　　　　　　　　　　　　　　　□是　□否

4. 制订计划，参加会议　　　　　　　　　　　　　□是　□否

5. 以自己的意志影响别人的行为　　　　　　　　　□是　□否

6. 在社会团体中担任职务　　　　　　　　　　　　□是　□否

7. 检查与评价别人的工作　　　　　　　　　　　　□是　□否

8. 结交名流　　　　　　　　　　　　　　　　　　□是　□否

9. 指导有某种目标的团体　　　　　　　　　　　　□是　□否

10.　参与政治活动　　　　　　　　　　　　　　　□是　□否

统计"是"一栏得分，计____分

C.　常规型活动

1. 整理好桌面和房间　　　　　　　　　　　　　　□是　□否

2. 抄写文件和信件　　　　　　　　　　　　　　　□是　□否

3. 为领导写报告或公务信函　　　　　　　　　　　□是　□否

4. 检查个人收支情况　　　　　　　　　　　　　□是　□否

5. 参加算盘、文秘等实务培训　　　　　　　　　□是　□否

6. 参加商业会计培训班　　　　　　　　　　　　□是　□否

7. 参加打字培训班　　　　　　　　　　　　　　□是　□否

8. 参加情报处理培训　　　　　　　　　　　　　□是　□否

9. 整理信件、报告、记录等　　　　　　　　　　□是　□否

10. 写商业贸易信　　　　　　　　　　　　　　　□是　□否

统计"是"一栏得分，计＿＿＿分

第三部分　你所擅长或胜任的活动

下面列举了若干种活动，对于其中你能做或大概能做的事，请在"是"栏里打√；反之，在"否"栏里打×。请按顺序回答全部问题。

R. 现实型能力

1. 　　　　　　　　　　　工具　　　　　　　　□是　□否

2. 知道万用表的使用方法　　　　　　　　　　　□是　□否

3. 能够修理自行车或其他机械　　　　　　　　　□是　□否

4. 　　　　　　　　　　　　　　　　　　　　　□是　□否

5. 能给家具或木制品刷漆　　　　　　　　　　　□是　□否

6. 能看建筑设计图　　　　　　　　　　　　　　□是　□否

7. 能够修理简单的电器用品　　　　　　　　　　□是　□否

8. 能修理家具　　　　　　　　　　　　　　　　□是　□否

9. 能修理收音机　　　　　　　　　　　　　　　□是　□否

10. 能修理水管　　　　　　　　　　　　　　　　□是　□否

统计"是"一栏得分，计＿＿＿分

A. 艺术型能力

1. 能演奏乐器　　　　　　　　　　　　　　　　□是　□否

2. 能参加二部或四部合唱　　　　　　　　　　　□是　□否

3. 能独唱或演奏　　　　　　　　　　　　　　　□是　□否

4. 能扮演剧中角色　　　　　　　　　　　　　　□是　□否

5. 能创作简单的乐曲　　　　　　　　　　　　　□是　□否

6. 会跳舞　　　　　　　　　　　　　　　　　　□是　□否

7. 能绘画、素描或书法　　　　　　　　　　　　□是　□否

8. 能雕刻、剪纸或泥塑　　　　　　　　　　　　□是　□否

9. 能设计板报、服装或家具　　　　　　　　　　□是　□否

10. 写得一手好文章　　　　　　　　　　　　　　□是　□否

统计"是"一栏得分，计＿＿＿分

I. 研究型能力

1. 懂得真空管或晶体管的作用　　　　　　　　　□是　□否
2. 能够列举三种蛋白质含量多的食物　　　　　　□是　□否
3. 知道一种放射性元素的"半衰期"　　　　　　　□是　□否
4. 会使用计算尺、计算器、对数表　　　　　　　□是　□否
5. 能找到三个星座　　　　　　　　　　　　　　□是　□否
6. 能够独立进行调查研究　　　　　　　　　　　□是　□否
7. 会使用显微镜　　　　　　　　　　　　　　　□是　□否
8. 能够解释简单的化学反应　　　　　　　　　　□是　□否
9. 理解人造卫星为什么不落地　　　　　　　　　□是　□否
10. 经常参加学术会议　　　　　　　　　　　　　□是　□否

统计"是"一栏得分，计____分

S. 社会型能力

1. 有向各种人说明解释的能力　　　　　　　　　□是　□否
2. 常参加社会福利活动　　　　　　　　　　　　□是　□否
3. 能和大家友好地相处、工作　　　　　　　　　□是　□否
4. 善于与年长者相处　　　　　　　　　　　　　□是　□否
5. 会邀请人、招待人　　　　　　　　　　　　　□是　□否
6. 能简单易懂地教育儿童　　　　　　　　　　　□是　□否
7. 能安排会议等活动顺序　　　　　　　　　　　□是　□否
8. 善于体察人心和帮助他人　　　　　　　　　　□是　□否
9. 帮助护理病人和伤员　　　　　　　　　　　　□是　□否
10. 安排社团组织的各种事务　　　　　　　　　　□是　□否

统计"是"一栏得分，计____分

E. 企业型能力

1. 　　　　　　　　　　　　　　　　　　　　　□是　□否
2. 工作上能指导和监督他人　　　　　　　　　　□是　□否
3. 做事充满活力和热情　　　　　　　　　　　　□是　□否
4. 有效利用自身的行为调动他人　　　　　　　　□是　□否
5. 　　　　　　　　　　　　　　　　　　　　　□是　□否
6. 曾作为俱乐部或社团的负责人　　　　　　　　□是　□否
7. 向领导提出建议或反映意见　　　　　　　　　□是　□否
8. 有开创事业的能力　　　　　　　　　　　　　□是　□否
9. 知道怎样做能成为一名优秀的领导者　　　　　　　　　　□是
10. 健谈善辩　　　　　　　　　　　　　　　　　□是　□否

统计"是"一栏得分，计____分

C. 常规型能力

1. 能熟练地打字　　　　　　　　　　　　　　　□是 □否

2. 会用外文打印机或复印机　　　　　　　　　　□是 □否

3. 能快速记笔记和抄写文章　　　　　　　　　　□是 □否

4. 善于整理保管文件和资料　　　　　　　　　　□是 □否

5. 善于从事事务性的工作　　　　　　　　　　　□是 □否

6. 会用算盘　　　　　　　　　　　　　　　　　□是 □否

7. 能在短时间内分类和处理大量文件　　　　　　□是 □否

8. 会使用计算机　　　　　　　　　　　　　　　□是 □否

9. 能搜集数据　　　　　　　　　　　　　　　　□是 □否

10. 善于为自己或集体做财务预算表　　　　　　　□是 □否

统计"是"一栏得分，计____分

第四部分　你所喜欢的职业

下面列举了多种职业，请逐一认真地看，如果是你感兴趣的工作，请在"是"栏里打√；如果是你不太喜欢、不关心的工作，请在"否"栏里打×。请按顺序回答全部问题。

R. 现实型职业

1. 飞机机械技术人员或机械师　　　　　　　　　□是 □否

2. 鱼类和野生动物专家　　　　　　　　　　　　□是 □否

3. 　　　　　　　　　　　　　　　　　　　　　□是 □否

4. 木匠　　　　　　　　　　　　　　　　　　　□是 □否

5. 测量工程师　　　　　　　　　　　　　　　　□是 □否

6. 无线电报务员　　　　　　　　　　　　　　　□是 □否

7. 园艺师　　　　　　　　　　　　　　　　　　□是 □否

8. 长途公共汽车司机　　　　　　　　　　　　　□是 □否

9. 火车司机　　　　　　　　　　　　　　　　　□是 □否

10. 电工　　　　　　　　　　　　　　　　　　　□是 □否

统计"是"一栏得分，计____分

S. 社会型职业

1. 街道、工会或妇联干部　　　　　　　　　　　□是 □否

2. 小学、中学教师　　　　　　　　　　　　　　□是 □否

3. 精神病医生　　　　　　　　　　　　　　　　□是 □否

4. 婚姻介绍所工作人员或职业介绍所工作人员　　□是 □否

5. 体育教练　　　　　　　　　　　　　　　　　□是 □否

6. 福利机构负责人　　　　　　　　　　　　　　□是 □否

7. 咨询员　　　　　　　　　　　　　　　　　　□是 □否

8. 团干部 □是 □否

9. 导游 □是 □否

10. 国家机关工作人员 □是 □否

统计"是"一栏得分，计____分

I. 研究型职业

1. 气象学家或天文学家 □是 □否

2. 生物学家 □是 □否

3. 医学实验室技术人员 □是 □否

4. 人类学家 □是 □否

5. 动物学家 □是 □否

6. 化学家 □是 □否

7. 数学家 □是 □否

8. 科学杂志的编辑或作家 □是 □否

9. 地质学家 □是 □否

10. 物理学家 □是 □否

统计"是"一栏得分，计____分

E. 企业型职业

1. 厂长 □是 □否

2. 电视片制作人 □是 □否

3. 公司经理 □是 □否

4. □是 □否

5. 　　　　员 □是 □否

6. 广告部长 □是 □否

7. 体育活动主管 □是 □否

8. □是 □否

9. 个体工商业者 □是 □否

10. 企业管理咨询人员 □是 □否

统计"是"一栏得分，计____分

A. 艺术型职业

1. 乐队指挥 □是 □否

2. 演奏家 □是 □否

3. 作家 □是 □否

4. 记者 □是 □否

5. 剧本写作人员或文学艺术评论家 □是 □否

6. 作曲家 □是 □否

7. 歌唱家 □是 □否

8. 摄影家或画家　　　　　　　　　　　　　　　　□是　□否

9. 电影电视演员　　　　　　　　　　　　　　　　□是　□否

10. 节目主持人　　　　　　　　　　　　　　　　□是　□否

统计"是"一栏得分，计＿＿分

C. 常规型职业

1. 会计　　　　　　　　　　　　　　　　　　　□是　□否

2.　　　　　　　　　　　　　　　　　　　　　　□是　□否

3. 税收管理员　　　　　　　　　　　　　　　　□是　□否

4. 计算机操作员　　　　　　　　　　　　　　　□是　□否

5. 簿记人员　　　　　　　　　　　　　　　　　□是　□否

6. 成本核算员　　　　　　　　　　　　　　　　□是　□否

7. 文书档案管理员或办公室秘书　　　　　　　　□是　□否

8. 打字员或校对员　　　　　　　　　　　　　　□是　□否

9. 法庭书记员　　　　　　　　　　　　　　　　□是　□否

10. 人口普查登记员　　　　　　　　　　　　　□是　□否

统计"是"一栏得分，计＿＿分

第五部分 你的能力类型简评

表2-8和表2-9是你在六个职业能力方面的自我评定表，与同龄者比较自己在每一个方面的能力，经斟酌再对自己的能力作评估。请在表中适当的数字上画圈。数字越大，表示你的能力越强（注意：请勿全部画同样的数字，因为人的每项能力不可能完全一样）。

表2-8 自我评定表

	R型	A型	I型	S型	E型	C型
	机械操作能力	艺术创作能力	科学研究能力	解释表达能力	商业洽谈能力	事务执行能力
特高	7	7	7	7	7	7
高	6	6	6	6	6	6
较高	5	5	5	5	5	5
中等	4	4	4	4	4	4
较低	3	3	3	3	3	3
低	2	2	2	2	2	2
特低	1	1	1	1	1	1

表2-9　与同龄者比较

	R型	A型	I型	S型	E型	C型
	体力能力	音乐能力	数学能力	交际能力	领导能力	办公能力
特高	7	7	7	7	7	7
高	6	6	6	6	6	6
较高	5	5	5	5	5	5
中等	4	4	4	4	4	4
较低	3	3	3	3	3	3
低	2	2	2	2	2	2
特低	1	1	1	1	1	1

第六部分　统计和确定你的职业倾向

请将第二部分至第五部分的全部测验分数，按前面已统计好的六种职业倾向得分填入表2-10，并作纵向累加。

表2-10　填写六种职业倾向

测试	R型	A型	I型	S型	E型	C型
第二部分						
第三部分						
第四部分						
第五部分						
总分						

请将表2-10中的六种职业倾向总分按大小顺序依次从左到右排列：
_____型_____型_____型_____型_____型_____型
最高得分_____你的职业倾向性得分_____最低得分_____

第七部分　你所看重的东西——职业价值观

这部分测验列出了人们在选择工作时通常会考虑的九种因素（见所附"工作价值标准"），现在请你在其中选出最重要的两项因素，并将序号填入下面相应空格中。

最重要：_____　　　　次重要：_____

最不重要：_____　　　　次不重要：_____

附：工作价值标准

1. 工资高、福利好
2. 工作环境（物质方面）舒适
3. 人际关系良好
4. 工作稳定有保障
5. 能提供较好的受教育机会
6. 有较高的社会地位
7. 工作不太紧张，外部压力小
8. 能充分发挥自己的能力特长
9. 社会需要与社会贡献大

至此，全部测验完毕。

现在，将测验得分居第一位的职业类型找出来，对照本书的附录，判断一下适合自己的职业类型。

课堂活动

迷路

一天，你开着车走在一座陌生城市的十字路口，发现之前朋友告诉你的标志不见了，于是你就迷路了。这时候，你会怎么做？

给你几个备选答案：

（1）买地图，找路标，自己查找——研究型。

（2）问路，向他人寻求帮助——社会型。

（3）自己开着车一圈一圈地找，直到找到目的地为止——现实型。

（4）打电话埋怨朋友：你怎么也不跟我说清楚——企业型。

（5）我从来没有这种类似的事情发生，在去一座陌生的城市之前，我一定会做足功课——常规型。

（6）既然迷路就迷路吧，随便走走玩玩也不错，大不了回家——艺术型。

三、职业兴趣探索

（一）自我兴趣探索

请具体、详细地回答下列问题，回答时特别注意问题的第二部分，即"为什么"感兴趣部分。如有可能，请与一位同伴相互讲述自己对问题的思考和回答，同伴可以提问，讲述的人发掘细节和原因。这个练习的目的是帮助你回忆并梳理日常生活中有关个人兴趣的一些代表性事件，增进自我觉察能力，因此，仔细思考和讲述的过程非常重要。

• 我的白日梦：请列举出三种你曾经非常感兴趣的职业。这些工作的哪些特征吸引着你？

_____

• 你喜欢谈论什么话题？试问自己：如果孤立无援的你被放逐到一个荒无人烟的岛上，与你同行的是一个只知道某个专业的人士，那么你希望他是什么样的人？

_____

• 你喜欢阅读什么类型的杂志？读哪方面的杂志，你能真正感兴趣？如果你正在书店里浏览，你倾向于停留在书店的哪类书架前？真正令你着迷的是哪方面的书？

_____

• 你喜欢浏览什么网站或网站的哪个板块？这些网站实际上属于哪个专业？哪些网站真正令你着迷？

_____

• 如果你正看电视，你会选择哪类节目？节目中什么吸引着你？

_____

• 你真正感兴趣的是哪个科目？为什么喜欢它（们）？

_____

• 如果你要写一部书，不是你的自传也不是别人的传记，你会写哪方面的书？

_____

• 我们生活中都有过一些时刻，因为专注于某件事，而忘记了休息时间。如果这种事情发生在你身上，会是什么事情让你如此全神贯注、废寝忘食？

_____

• 以上问题让你从中看到了哪些共同点？可以归纳为哪些主题或关键词？这些主题或关键词是否与霍兰德的六种类型相对应？

_____

对最后一个问题的回答有助于你总结和归纳前面所有的问题，并将你在日常生活中的一些表现和职业兴趣类型挂钩，所归纳出的主题和关键词是你今后在做职业决策时需要尽可能纳入的一些关键因素。

（二）你的岛屿旅游计划

恭喜你！你获得了一次度假游的机会，你将有机会去下列六个岛屿中的一个！唯一的要求是你必须在这个岛上生活半年以上。请不要考虑其他因素，仅凭自己的兴趣按顺序挑出你最想前往的三个岛屿。

岛屿R：自然原始的岛屿。岛上保留有原始森林，自然生态保持得很好，有各种各样的野生动物。岛上居民的生活状态还相当原始，他们以手工见长，自己种植花果蔬菜，修房屋，打造器物，制作工具，喜欢户外运动。

岛屿I：深思冥想的岛屿。岛上人迹较少，建筑物多僻处一隅，平畴绿野，适合夜观星象。岛上有多处天文馆、科技展览馆，崇尚和追求真知，常有机会与来自各地的哲学家、科学家、心理学家等交流心得。

岛屿A：美丽浪漫的岛屿。岛上充满了美术馆、音乐厅，有着众多的街头雕塑和街边艺人，弥漫着浓厚的艺术文化气息。当地的居民很有艺术、创新和直觉能力，他们保留了传统的舞蹈、音乐与绘画，许多文艺界的朋友都喜欢来这里找寻灵感。

岛屿S：友善亲切的岛屿。岛上居民个性温和、十分友善、乐于助人，社区均自成一个个密切互动的服务网络，人们重视互助合作，重视教育，关怀他人，充满人文气息。

岛屿E：显赫富庶的岛屿。岛上的居民善于企业经营和贸易，能言善道，以口才见长。岛上的经济高度发达，处处是高级饭店、俱乐部、高尔夫球场。来往者多是企业家、经理人、政治家、律师等，曾数次在这里召开财富论坛和其他行业巅峰会议。

岛屿C：现代、井然的岛屿。岛上建筑十分现代化，是进步的都市形态，以完善的户政管理、地政管理、金融管理见长。岛民个性冷静保守，处事有条不紊，善于组织规划，细心高效。

你最想前往的三个岛屿：＿＿＿＿＿＿＿＿＿＿＿＿＿＿＿＿＿＿＿＿＿＿＿

岛屿标志物及其含义：＿＿＿＿＿＿＿＿＿＿＿＿＿＿＿＿＿＿＿＿＿＿＿

岛屿关键词：＿＿＿＿＿＿＿＿＿＿＿＿＿＿＿＿＿＿＿＿＿＿＿＿＿＿＿

需要注意的是，这只是对你兴趣类型的一个初步判断。因为霍兰德理论比较复杂，加上社会期望和自我认识等原因，个人不能准确地判断自己的职业兴趣类型，因此最好通过职业兴趣测试来加以确认。

（三）职业兴趣整合

通过兴趣探索，同学们可能发现会对三种以上的职业感兴趣。人的精力毕竟是有限的，若要从这些感兴趣的职业中选择自己最喜欢的一个去从事，就要学会对职业兴趣进行整合，最重要的是对感兴趣的职业或专业的了解，如果拥有丰富的知识和经验，知道它们整合在一起是什么样子，那当然很好。但当没有足够的自信做到这一点时，我们就需要请教相关的专家，或者走进相关领域，以获得更多的相关信息。找出几个兴趣职业的交集，把它们整合起来。在整合过程中需要注意以下问题：

第一，不是所有人都需要整合，那些对自己的兴趣认识得非常清楚，或者对某一职业特别感兴趣的人就可以省去这一环节。

第二，兴趣探索是一个循环往复、不断深入调整的过程，不是仅仅通过几个游戏、几个测验就可以完成的。我们需要认识到兴趣的变化，同时在探索的过程中不要急功近利。要真正去了解职业兴趣，同时要采取一些行动，掌握一些方法和技巧，参加一些社会实践。

第三，兴趣探索是自我探索的重要内容，但也只是选择职业的部分依据，要想对自己有一个全面的了解，还需要完成后续的自我探索。我们对自己的职业兴趣要保持积极的态度，要把它当作对未来工作和学习的指导。

四、职业兴趣的培养

职业兴趣不是天生的，它的形成与人们所处的历史条件、实践活动和自身能力有密切的关系。影响职业兴趣的因素主要有家庭环境、社会舆论、受教育程度和职业需求。

在培养职业兴趣时，首先，要培养广泛的兴趣，重视培养间接兴趣。其次，要有中心兴趣。再次，积极参加职业实践，客观评价自己的能力，以确定职业兴趣。最后，要保持稳定的职业兴趣，培养切实的职业兴趣。对于大学生来说，还需做到以下几个方面：

（一）就业前拓宽职业认知面

在大学学习中要充分利用学校的资源，通过使用图书馆资源、旁听课程、搜索网络、听讲座、打工、参加社团活动、与朋友交流、使用电子邮件和电子论坛等不同方式接触更多的领域、更多的工作类型和更多的专家学者，寻找自己感兴趣的领域。

（二）夯实专业基础

应该逐渐培养自己对本专业的兴趣，学好专业课。一个专业里有很多不同的领域，也许你对专业里的某一个领域会有兴趣。目前，很多专业发展了交叉学科，两个专业的结合往往是新的增长点，多接触、多尝试，也许就会碰到自己真正感兴趣的方向。

（三）干一行，爱一行

在就业时，多数人并不能挑选到自己的理想职业，因此，大学生必须尽快调整职业期望值，适应就业环境，在不理想的职位上培养职业兴趣，照样能干出一番事业。正如美国钢铁大王卡内基说的那样："把没有意思的工作很有意思地去完成。"

（四）结合才能去发展兴趣

才能与兴趣相辅相成，相互促进。在大学生初次择业时，应以自己所拥有的才能，即擅长的知识和技能去选择职业。在这种最佳状态下，你的工作才能越做越有兴趣，才能使你成为职业精英。

第二节　性格与职业

性格也称为人格特质，是一个人在生活中对他人、对事、对自己、对外在环境所表现出来的一致性因应方式。每个人在其成长经历中，可能受到生理、遗传、家庭教养、文化、学习经验等因素的交互作用，从而形成自己的独特个性，在不同的情境中表现出特定的气质。

职业性格是指人们在长期特定的职业生活中所形成的与职业相联系的、稳定的心理特征。例如，有的人对待工作总是一丝不苟、踏实认真，在待人处事中总是表现出高度的原则性、果断、活泼、负责，在对待自己的态度上总是表现出谦虚、自信、严于律己，所有这些特征的总和就是他的职业性格。

一、性格与职业选择

（一）MBTI性格测试法简介

MBTI是当今世界上应用最广泛的性格测试工具，其全称为Myers Briggs Type Indicator，是一种自我报告式的性格评估工具，用以衡量和描述人们在获取信息、做出决策、对待生活等方面的心理活动规律和性格类型。其理论基础来源于瑞典心理学家荣格有关知觉、判断和人格态度的观点，由布莱格斯和她的女儿迈尔斯研究发展成为心理测评工具。MBTI用四维度偏好二分法来探索一个人的类型偏好，每个维度偏好二分法均由两极组成，是一种重要的人格测评工具。MBTI衡量的是个人的类型偏好的倾向性，是一种特定的行为和思考方式。这些偏好并无优劣之分，却形成了人与人之间的不同。

MBTI揭示了性格类型的多样性和由此导致的不同个体之间行为模式、价值取向的差异性。性格类型深刻影响着我们观察事物的角度、思考问题的方式、决策的动机、工作中的行事风格，乃至人际交往中的习惯与喜好。MBTI把个人在性格（内向型E与外向型I）、信息收集（感觉型S与直觉型N）、决策（思维型T与情感型F）、生活方式（判断型J与知觉型P）方面的不同偏好，分析出四大类十六种倾向组合。这四大类分别是情感主导型、思维主导型、直觉主导型、感觉主导型，每一大类都包含着四种性格类型。

（二）性格测试及MBTI模型解释

作为一种对个性的判断和分析，MBTI揭示了不同类型的人有不同的本能的自然的思维、感觉、行为模式，同一类型的人本能的自然的思维、感觉、行为模式又是何其相似，从而使我们明白为什么不同的人对不同的事物感兴趣，为什么不同的人擅长不同的工作，不能相互理解的人们是因为什么产生误解的。所以说，它的意义在于"解释人与人之间的差异现象"以及优化决策，并对决策流程"进行理性的干预"。下面通过更多的活动来帮助大家理解和判断自己的偏好。

对于测试游戏，首先需要说明的是，由于环境的限制，我们常常不能按照自己的天性所喜好的那样生活。为了让自己与社会或家人朋友的期望更契合，我们往往会改变自己的习惯或天性，就像在这个右利手居多的社会，许多左利手的人不得不改用右手。因此，在我们判断自己更倾向于哪一方的时候，要更关注于自己的第一反应，注意区分到底是出于天生的倾向还是出于社会的期望。

案例分享

自我测试

1. 我倾向从何处得到力量：

A. 别人。

B. 我自己的想法。

2. 当我参加一个同学聚会时，我倾向于：

A. 一旦我开始投入，也许就是最晚离开的那一个。

B. 当夜晚来临的时候，我就疲倦了，并且想回家。

3. 下列哪一种听起来比较吸引人？

A. 与我的BF（GF）到有很多人且社交活动频繁的地方。

B. 待在家中与我的BF（GF）做一些喜欢的事，例如看电影、美剧并享用我最爱的零食。

4. 在约会中，我通常：

A. 整体来说蛮健谈的。

B. 较安静并保留自己的想法。

5. 过去，我倾向结识我大部分的朋友：

A. 在餐桌上、工作中、社团活动中或当朋友介绍我给他们的朋友时。

B. 通过私人的方式，例如人人网、校内论坛或是由亲密的朋友和家人介绍。

6. 我倾向拥有：

A. 很多认识的人和很亲密的朋友。

B.一些很亲密的朋友和一些认识的人。

7. 过去，我的家人和我的舍友倾向对我说这些：

A. 你难道不可以安静一点吗？

B. 可以请你从你的世界中出来一下吗？

活动分析：

选择A多于B的人，更倾向于外倾型（E）；反之，则更倾向于内倾型（I）。能量获得途径（E-I维度）即能量倾向，你更喜欢将自己的注意力集中于何处？你从何处获得活力？你身边的一个朋友看上去热情大方、活泼外向，但他的性格可能是内倾的。外倾的人注意力和能量主要指向外部世界的人和事，并从与人的交往和行动中得到活力；内倾的人注意力和能量集中于自己的内心世界，从对思想、回忆和情感的反思中得到活力。

典型特征（见表2-11）：

表2-11　外倾型与内倾型的特征

外倾（E）	内倾（I）
关注外部环境	关注自己的内心世界
喜欢用谈话的方式进行沟通	更愿意用书面方式沟通
通过谈话形成自己的意见	通过思考形成自己的意见
用实际操作或讨论的方式学得最好	用思考、在头脑中"练习"的方式学得最好
兴趣广泛	兴趣专注
喜好与人交往，善于表达	安静而显得内向
先行动，后思考	先思考，后行动
在工作和人际关系中都很积极主动	当情境或事件对他们具有重要意义时会采取主动
听、说、想同时进行	先听，后想，再说
自由地表达情绪和想法	情绪和想法不轻易流露

外倾型的人，喜欢与人打交道，乐于参与外界活动，属于"party动物"，不愿独处。如果参与会议讨论，外倾型的人通常会先发言，而且表达的主题可能会非常宽泛，而他的观点往往是在交谈时形成的。如果有聚会参加，外倾型的人往往呼朋唤友，只要是待在人群中，他就会觉得精力充沛，从头玩到尾，最终仍会觉得意犹未尽。

内倾型的人，则往往喜静不喜动，他们多数情况下更关注自己的想法和感受，更热衷于独处。他们喜欢与知心朋友在一起的小范围活动，交际面较窄。参与会议讨论时，内倾型的人往往是最后一个发言，在别人发言时他们会用心聆听，仔细思索，深思熟虑后会将发言主题讲述得更加深刻。

需要提醒的是，MBTI中的"外倾、内倾"和我们平时说的"外向、内向"是不同的。

"外倾、内倾"是从能量朝向角度来区分的，这里并非说内倾者不善表达，而是说所表达的内容更关注内心。或者说，内倾者虽然不愿意与更多的人打交道，但是不代表他们的人际交往能力或人际关系差。

课堂活动

你会怎么做

为了能够让大家对本课程有更好的掌握，要求大家对本课程进行总结归纳，撰写本课程的大纲概要，并提出你自己对本课程的看法和理解，于下周一递交。你会于什么时间完成本报告？为什么？

请大家说说自己的想法。

活动分析：

采取行动方式（J-P维度）即行动方式，你如何与外部世界打交道？判断型的人喜欢将事情管理得井井有条，过一种有计划的、井然有序的生活，喜欢做出决定，完成后再继续下面的工作，生活通常会比较有规划、有秩序，喜欢把事情敲定下来，按照计划和日程安排办事对他们很重要，他们从完成任务中获得能量；知觉型的人喜欢以一种灵活、自发的方式生活，更愿意去体验和理解生活而不是去控制它，详细的计划或最后的决定会使他们感到被束缚，愿意对新的信息和选择保持开放的态度，直到最后一分钟。他们足智多谋，善于调节自己以适应当前场合的需要，并从中获得能量。

典型特征（见表2-12）：

表2-12 判断型和知觉型的特征

判断（J）	知觉（P）
有计划的	自发的
喜欢组织管理自己的生活	灵活
有系统，按部就班	随意
爱制订短期和长期计划	开放
喜欢把事情落实敲定	适应，改变方向
力图避免最后一分钟才做决定或完成任务的压力	不喜欢把事情确定下来，以留有改变的可能性。最后一分钟的压力会使他们感到活力充沛

判断型的人不喜欢意外的变化，他们乐于制订和执行计划，集中精力、按部就班地处理好一件事让他们感觉良好，如果计划被打乱他们会非常烦躁。

知觉型的人喜欢在体验中生活，喜欢在具有挑战性的问题面前寻找灵感。对他们来说，面对新环境或新情境，去适应它远比管理它要来得有趣。他们可能会因事情太多而无法完成，但往往能够灵活对待，善于抓住机会。

从这四个维度解释中，你能够知道你的性格属于什么类型吗？在下面的横线上写下自己的MBTI类型：

能量倾向：_____

接受信息：_____

处理信息：_____

行动方式：_____

值得说明的是，在MBTI的测评结果中，每个维度上一个人只能选择一种偏好，非A即B，但是不代表一个人是内倾型的就没有丝毫外倾型的特征。这就好比地球上有南北两极，我们也用东西南北来辨别方向，而实际上我们并没有全部都生活在南极或北极，而是遍布南北之间。

（三）职业性格探索测评结果与职业选择

我们在MBTI测试中分了四个维度，每个维度有两极，但人的性格是很复杂的，每个维度都会彼此影响。所以，MBTI中的四维八极正好组成了十六种人格类型，十六种MBTI类型也各有其职业倾向，见表2-13。

表2-13　MBTI类型及通常具有的特征与职业倾向对应表

代码	通常具有的特征	职业倾向
ISTJ	沉静，认真；贯彻始终，容易得人信赖而取得成功；讲求实际，注重事实，能够合情合理地去决定应做的事情，并且坚定不移地把它们完成，不会因外界事物而分散精力。以做事有次序、有条理为乐——不论在工作、家庭或者生活中，都重视传统和忠诚	首席信息系统执行官、行政管理、执法者、会计、天文学家、侦探、信用分析师；或者其他能够让他们可以利用自己的经验和对细节的注意完成任务的职业
ISFJ	沉静，友善；有责任感和谨慎；能坚定不移地承担责任。做事贯彻始终、不辞辛劳和准确无误。忠诚，替人着想，细心；往往记着他所重视的人的种种微小事情，关心别人的感受，努力创造一个有秩序、和谐的工作和家居环境	教育、健康护理（包括生理、心理）宗教服务、特殊教育教师、营养师、酒店管理；或者其他能够让他们运用自己的经验帮助别人的职业，这种帮助是协助或者辅助性的

代码	通常具有的特征	职业倾向
INFJ	探索意念、人际关系和物质拥有欲的意义和他们之间的关系。希望了解什么可以激发人们的动力，对别人有洞察力尽责，能够履行他们坚持的价值观念。有一个清晰的理念以谋取大众的最佳利益。能够有条理地、果断地去实践他们的理念	特殊教育教师、咨询服务（包括个人、社会、心理等）教学/教导、培训师、艺术、作家、网站编辑、仲裁人；或者其他能够促进他们情感、智力或精神发展的职业
INTJ	有具有创意的头脑、有很大的冲劲去实践他们的理念和达到目标，能够很快地掌握事物发展的规律，从而制订出长远的发展计划。一旦做出承诺，便会有条理地展开工作，直到完成为止。有怀疑精神，独立自主，无论为自己或为他人，都有高水准的工作表现	科学或技术领域、计算机、设计工程师、法律、首席财政执行官、精神分析师、建筑师、媒体策划；或者其他能够让他们运用智力创造和技术知识去构思、分析和完成任务的职业
ISTP	容忍、有弹性；是冷静的观察者，但当有问题出现时，便会迅速行动，找出可行的解决方法，能够分析哪些东西可以使事情进行顺利，能够从大量资料中找出实际问题的重心。很重视事件的前因后果，能够以理性的原则把事实组织起来，重视效率	熟练工种、药剂师、技术领域、农业、执法者、警官、消防员、军人；或者其他能够让他们动手操作、分析数据或事情的职业
ISFP	沉静，友善，敏感和仁慈；欣赏目前和他周遭所发生的事情。喜欢有自己的空间，在做事时能把握自己的时间。忠于自己所重视的人，不喜欢争论和冲突，不会强迫别人接受自己的意见或价值观	健康护理（包括生理、心理）商业、客户服务专员、服装或装潢设计师、厨师、护士；或者其他能够让他们运用友善、专注于细节等特质的职业
INFP	理想主义者，忠于自己的价值观及自己所重视的人，外在的生活与内在的价值观配合，有好奇心，能很快看到事情可行与否，能够加速对理念的实践。试图了解别人、协助别人发挥潜能。适应力强，有弹性；如果和他们的价值观没有抵触，往往能包容他人	咨询服务（包括个人、社会、心理等）大学教师（人文类）艺术、翻译、人力资源管理、服装设计师；或者其他能够让他们运用创造力和符合他们的价值观的职业
INTP	对任何感兴趣的事物都要探索出一个合理的解释。喜欢理论和抽象的事情，喜欢理念思维多于社交活动。沉静，满足，有弹性，适应力强。在他们感兴趣的范畴内，有非凡的能力去专注而深入地解决问题，有怀疑精神，有时喜欢批评，善于分析	科学或技术领域、风险投资家、金融分析师、音乐家、知识产权律师、大学教师（经济学）；或者其他能够让他们基于自己的专业技术知识去独立、客观地分析问题的职业

续表

代码	通常具有的特征	职业倾向
ESFP	有弹性，容忍；讲求实际，专注及时的效益。对理论和概念上的解释往往感到不耐烦，希望以积极的行动去解决问题。专注于"此时此地"，喜欢主动与别人交往，喜欢物质享受，能够通过时间达到最佳的学习效果	市场、熟练工种、商业、企业家、执法者、应用技术、职业运动员、教练、土木工程师、股票、保险经纪人；或者其他能够让他们利用行动关注必要的细节的职业
ESTP	外向，友善，包容；热爱生命、热爱人，爱物质享受。喜欢与别人共事，在工作上，能用常识、注意实际现实的情况，使工作富趣味性。富灵活性、即兴性，易接受新朋友和适应新环境。与别人一起学习新技能可以达到最佳的学习效果	健康护理（包括生理、心理）教学/教导、教练、儿童保育、熟练工种、销售、演员；或者其他能够让他们利用外向的天性和热情去帮助那些有实际需要的人的职业
ENFP	热情而热心，富于想象力；认为生活是充满可能性的。能够很快地找出事件和资料之间的关联性，而且有信心依照他们所看到的模式去做。很需要别人的肯定，乐于欣赏和支持别人。即兴而富于弹性，信赖自己的临场表现和流畅的语言能力	咨询服务（包括个人、社会、心理等）教学/教导、宗教、艺术、广告客户管理、平面设计师；或者其他能够让他们利用创造和交流去帮助、促进他人成长的职业
ENTP	思维敏捷，机灵；能激励他人，警觉性高，勇于发言。能随机应变地应对新的和富于挑战性的问题。善于引出在概念上可能发生的问题，然后很有策略地加以分析。善于洞察别人。对日常例行事物感到厌倦。甚少以相同的方法处理同一事情，能够灵活地处理接二连三的新事物	科学家、管理者、技术员、艺术家、大学校长、广告创意总监、投资银行家；或者其他能够让他们有机会不断迎接新挑战的工作
ESTJ	讲求实际，注重现实，注重事实。果断，能很快做出实际可行的决定。能够制订计划和组织人员完成工作，尽可能以最有效率的方法达到目的。能够注意日常例行工作的细节。有一条清晰的逻辑标准，会有系统地跟着去做，也希望别人跟着去做。会以强硬态度去执行计划	管理者、公司首席执行官、行政管理、执法者、军官、教师（贸易工商类）预算分析师、药剂师；或者其他能够让他们运用逻辑和组织完成任务的职业
ESFJ	有爱心、尽责，合作；渴望有和谐的环境，而且有决心营造这样的环境。喜欢与别人共事以能准确地、准时地完成工作。忠诚，即使在细微的事情上也能如此。能够注意别人在日常生活中的需要而努力满足他们。渴望别人赞赏他们和欣赏他们所做的贡献	教育、健康护理（包括生理、心理）宗教、理货、采购、零售、旅游管理；或者其他能够让他们运用个人关怀为他人提供服务的职业

代码	通常具有的特征	职业倾向
ENFJ	温情，有同情心，反应敏捷和有责任感；高度关注别人的情绪、需要和动机，能够看到每个人的潜质，喜欢帮助别人发挥自己的潜能，能够积极地协助他人和组织的成长。忠诚，对赞美和批评都能很快做出回应。社交活跃，在一组人当中能够惠及别人	宗教、艺术、教学/教导；公司培训师、电视制片人、社会工作者、杂志编辑、作家；或者其他能够让他们帮助别人在情感、智力和精神上成长的职业
ENTJ	坦率、果断；乐于作为领导者，很容易看到不合逻辑和缺乏效率的程序与政策，从而设计一种能够全面的制度去解决一些组织上的问题。喜欢有长远的计划，喜欢有一套目标。往往博学多闻，喜欢追求知识，又能把知识传给别人。能够有力地提出自己的主张	管理者、公司首席执行官、政治家、领导者、房产开发商、投资者、教育咨询顾问；或者其他能够让他们运用实际分析、战略计划和协调组织完成任务的职业

值得注意的是，职业倾向的描述都是从大的类别或经典职业来描述的，从图表中理解自己的职业倾向时，不要陷入类别名称的描述，重要的是看到这一类别职业的特点。另外，在现实中，工作名称千差万别，即使职位名称相同，也可能因为公司的要求不同，处理的事务也不同，所以最重要的是知道适合自己性格类型的职业有哪些特点，这样才能帮助自己选择工作。

||| 小测试

MBTI 职业性向测试

第一部分

1．你倾向通过以下哪种方式收集信息：

（N）你对有可能发生之事的想象和期望。

（S）你对目前状况的实际认知。

2．你倾向相信：

（N）你的直觉。

（S）你直接的观察和现成的经验。

3．当你置身于一段关系中时，你倾向相信：

（N）永远有进步的空间。

（S）若它没有被破坏，不予修补。

4. 当你对一个约会觉得放心时，你偏向谈论：

（N）未来关于改进或发明事物和生活的种种可能性。例如，你也许会谈论一个新的科学发明，或一个更好的方法来表达你的感受。

（S）实际的、具体的、关于"此时此地"的事物。例如，你也许会谈论品酒的好方法，或你即将参加的新奇旅程。

5. 你是这种人：

（N）喜欢先纵观全局。

（S）喜欢先掌握细节。

6. 你是这种类型的人：

（N）与其活在现实中，不如活在想象里。

（S）与其活在想象里，不如活在现实中。

7. 你通常：

（N）偏向于去想象一大堆关于即将来临的约会的事情。

（S）偏向于拘谨地想象即将来临的约会，只期待让它自然地发生。

第二部分

8. 你倾向如此做决定：

（F）首先依你的心意，然后依你的逻辑。

（T）首先依你的逻辑，然后依你的心意。

9. 你倾向比较能够察觉到：

（F）当人们需要情感上的支持时。

（T）当人们不合逻辑时。

10. 当你和某人分手时：

（F）你通常让自己的情绪深陷其中，很难抽身出来。

（T）虽然你觉得受伤，但一旦下定决心，你会直截了当地将过去恋人的影子甩开。

11. 当与一个人交往时，你倾向于看重：

（F）情感上的兼容性：表达爱意和对另一半的需求很敏感。

（T）智慧上的兼容性：沟通重要的想法；客观地讨论和辩论事情。

12. 当你不同意情人的想法时：

（F）你尽可能地避免伤害对方的感情；若是会对对方造成伤害的话，你就不会说。

（T）你通常毫无保留地说话，并且对情人直言不讳，因为对的就是对的。

13. 认识你的人倾向形容你为：

（F）热情和敏感。

（T）富有逻辑和明确直接。

14. 你把大部分和别人的相遇视为：

（F）友善及重要的。

（T）另有目的。

第三部分

15. 若你有时间和金钱，你的朋友邀请你到国外度假，并且在前一天才通知，你会：

（J）必须先检查你的时间表。

（P）立刻收拾行装。

16. 在第一次约会中：

（J）若你所约的人来迟了，你会很不高兴。

（P）一点儿都不在乎，因为你自己常常迟到。

17. 你偏好：

（J）事先知道约会的行程；要去哪里、有谁参加、你会在那里多久、该如何打扮。

（P）让约会自然地发生，不做太多事先的计划。

18. 你选择的生活充满着：

（J）日程表和组织。

（P）自然发生和弹性。

19. 哪一项较常见：

（J）你准时出席而其他人都迟到。

（P）其他人都准时出席而你迟到。

20. 你是这种喜欢的人：

（J）下定决心并且做出最后肯定的结论。

（P）放宽你的选择面并且持续收集信息。

21. 你是此类型的人：

（J）喜欢在一段时间里专心于一件事情直到完成。

（P）享受同时进行好几件事情。

上述三部分的答案，每组取占多数的字母。然后把这些字母组合起来，便代表不同的个性。每一个人都可以在其中对号入座。

也许经过性格探索之后，你会对自己产生怀疑甚至自暴自弃，在此要着重强调的是，性格类型本身并没有优劣之分。了解自己的性格类型，是为了让我们更好地扬长避短；了解他人的性格类型，可以促进我们更好地达成一致。对于任何职业性格的探索结果，重要的是理解和完善，而非改变和对抗。

你可以通过性格类型来理解和原谅自己，但是不能以此作为逃避现实的借口；你还可以让自己的性格和行为倾向发生改变，但那确实是一个"能量消耗"的过程，也确实是一个你可以承担的过程。

MBTI测评只是发现职业性格方法中的一种，我们在探索自己的性格时，不要拘泥于一种方法或者一种评测，可以通过行为评定、投射分析、测评问卷等多种方式来进行探索。

其中测评问卷法也叫量表法，是一种常用的评定性格的方法，特点是向被试者提出一系列经过标准化的问题，要求被试者根据自己的情况做出回答。现在国内外常用的量表测试有明尼苏达多项人格问卷（MMPI）、艾森克个性问卷（EPQ）、YG性格问卷、16种人格因素测试（16PF）等。

行为评定法，是通过你的老师、家长、同学、朋友分别对你的性格进行描述，进行360度评估。我们眼中的"自己"常和别人眼中的"自己"不一样，甚至有很大差别。用这样的方法，可以让我们突破自己认识的局限，对自己有更全面的认识。

（四）大学生职业性格培养

1. 客观培养

高校相关职能部门及相关专业老师应当担负起大学生职业个性培养的重任，从而在大学生的职业生涯中起到助推器的作用。高等教育工作者要牢牢抓住课堂教育教学这条主线来教育广大学生如何调整好自己的职业心态，培养适应职业和社会的整体能力，提高立足于职场和社会的综合素质。

首先，要努力培养大学生的自我意识，使学生克服个性上的缺点，强化个性优势。其次，在教育教学中要注意不断地渗入心理调适和心理适应训练，使学生认识到自身不适合职业发展的个性和心态，并加以调试和修正。最后，在教育教学中务必树立承认个性差异存在的意识，有针对性地结合大学生的个性差异和不同特点，分别给予正面引导和教育。

在大学生职业个性的培养方面应当注意以下几点：

（1）教育大学生深刻认识提升个性心理品质对于职业发展与事业成功的重要价值。在某种程度上，一个具有自由个性、健全人格、良好心态的人，才是充满活力、富有潜力的人，才是一个全面发展的人。

（2）教育大学生积极参加社会实践，增强同学之间的交流。个人的成长及个性的发展离不开社会环境和社会实践。

（3）教育大学生养成自律的品格和自省的习惯，通过自我反省、自我约束，达到提高自我、完善自我的目的。

（4）教育大学生积极主动地参加职业实践活动，通过一定的实践活动认识社会、了解职业，培养自身的职业个性和职业兴趣。

（5）教育大学生关注职业适宜性，不断调整和修正自己个性发展的方向。

（6）积极培养大学生的良好性格特征，完善职业个性。

2. 主观培养

大学生自我个性的剖析与定位是其职业生涯实现主观愿望的前提条件。在此，大学生应该明白一个道理：任何人都不可能适应所有职业，同时任何职业也不可能都适合于每个人。由于人与人之间存在着生理、心理、行为、性格、教育背景、家庭环境等方面的诸多差异，所以大学生要想在职业生涯中充分实现自身价值和尽情展现个人才华，就必须清晰地审视自己，做好自我个性的剖析与定位。然后根据自身的特点和定位来规划自己的职业生涯，最终走向成功。在大学生进行自我个性的剖析与定位的同时，职业实践和必要的教育培训是职业能力与职业个性培养和发展的前提。

自我教育在性格形成中是变被动为主动的过程。自我教育要明确意识到社会和学校对自己提出的要求，产生严格锻炼自己的愿望，并确定榜样与理想作为自我教育的目标；要了解自己的优缺点，确定自我教育的途径与方法，如克服暴躁、不耐心、不谦虚或意志薄弱、没恒心、不果断等缺点，并制订个人教育计划，规定好做什么，怎样做。

首先，职业个性的培养要以健全人格的培养为基本前提。人格具有稳定性，它反映出一个人在一定条件下经常表现的习惯性行为，反映出一个人的兴趣、爱好、态度、价值观等的一致性和典型性。青年大学生处于可塑性强的心理敏感期，培养大学生健全的人格就显得尤为重要。健全的人格是大学生谋求职业发展的前提，只有正常的心理和健全的人格才能促使人有效地控制自己的情绪，正确处理人际关系，正确对待可能出现的各种矛盾，能够经常保持豁达的胸怀和愉快的心境；只有健全的人格才能够更好地发挥创造力，才具有创造性的思维方式，才能在本职岗位上做出优异的成绩；只有具备健全人格的大学生才能够处理好职业与学习的关系，才能够在日常学习、生活和工作中注意培养自己的职业兴趣和职业个性，才能够提高自身综合素质，才能够正确地实施自己的职业生涯规划。

其次，进行职业实践可以提高职业能力。具有针对性的教育与培训是提高职业能力的重要途径，可以充分发挥大学生的主观能动性，激发他们的职业兴趣，从而大大提高学习效率，促进职业个性的培养效率。只有通过职业实践，才能对职业本身有更深刻的认识和了解，才能在态度上有所转变，才能明确自己的社会价值，才能更好地塑造自己的职业个性，为自己的职业生涯规划提供重要保证。

总之，大学生职业个性的培养是当前高校教育的一大任务，事关大学生一生的职业发展。而职业个性的培养是高校教育者和大学生齐心协力的过程，成熟的职业个性可以引导大学生发掘自我潜能，增强个人实力，提高竞争力，正确认识自身的个性特质、现有与潜在的资源优势，帮助自己正确地进行个人价值定位，树立明确的职业发展目标与职业理想，从而更好地实现自己的职业目标和理想。

二、气质与职业匹配

（一）气质类型与职业匹配

气质是指人与生俱来的心理活动发生时表现在力量的强弱、变化的快慢、稳定性、指向性等心理特征的总和。气质类似于我们平时常说的人的"脾气""秉性"。现代气质学说将气质分为多血质、黏液质、胆汁质和抑郁质四种类型。

气质是人们的个性中最稳定的因素,在选择职业时,一定要注意自己的气质类型。特别是在一些特殊职业中,例如政府机要人员、公关人员、飞行员等,气质类型是决定录用的重要标准之一。尽管气质没有好坏之分,但气质却能影响一个人的工作效率。特别是在一些需要经受高度身心考验的职业中,气质不仅关系到工作的效率,还关系到事业的成败。气质类型与职业活动的匹配,见表2-14。

表2-14 气质与职业活动的匹配

类型	特点	适合的职业	代表人物
胆汁质	直率、热情、精力旺盛,情绪容易激动,心境变化剧烈;反应快,但往往容易粗心大意。脾气暴躁,冲动时不可遏制,但情绪也容易平息。意志坚强,做事果断,易冒失,胆大,爱冒险;外向,为人热情,但过于直率,易与人发生冲突,但有事后即忘的特点	记者、作家、图案设计师、实业家、急救护士、企业外勤人员、业务员、营销员等外向型工作者。一般与细致性工作无缘。对工作不够专注,喜欢跳槽,经常更换单位,渴望成为自由职业者	张飞、李逵、鲁智深、李白、巴甫洛夫、白求恩、拿破仑等
多血质	活泼,好动,敏感,反应迅速,注意力容易转移。热情、有同情心、灵活,活泼好动,健谈,兴趣广泛,但兴趣与注意力均容易转移;情绪发生快且多变,但情绪强度低,脾气温和;外向,情绪外露,表情丰富,好交际,对新环境适应快	比较适应的职业有:政治、外交、商贸、律师等领域和类型。对经商、计划广告等一类的职业适应性也很强,而与机械性、重复性、操作性的职业不匹配	孙悟空、贾宝玉、郭沫若等
黏液质	安静,稳重,反应缓慢,沉默寡言,情绪不易外露,善于忍耐;反应慢,刻板,思维言语及动作均迟缓;安静,沉稳,不善言谈,兴趣不广但专一,注意力的稳定性好但转移能力差;脾气温和,感情比较淡漠;内向,内心活动很少外露,不喜欢过多的交往活动,对新环境适应得慢;自我控制能力强,做事执着	学术、教育、研究、医师等内向型职业,对政治、外交、商贸、律师等外向型职业也较适合。他们中很多人以其独特才能驰骋在写作、漫画、艺术、服装设计、广告宣传、新闻报道等领域。最适合的工作岗位是策划及一般事务类	沙僧、陈景润、牛顿、达尔文、爱因斯坦、爱迪生等

续表

类型	特点	适合的职业	代表人物
抑郁质	行动迟缓，多愁善感；感受性强，观察细腻，善于察觉常人不易注意的细枝末节，反应慢，动作迟缓；情绪的敏感性极强，常表现出多愁善感和敏感多疑的特点，而且情绪反应强烈，体验深刻且持久，但情感内抑，很少表露于外；内向，不善交际，性情孤僻；为人处世谨慎，对挫折及困难易产生畏惧心理	企业事务管理、记账、资金统计、工资管理、教育培训等工作。一般不适合从事社会管理、营销、演讲等外向型职业	林黛玉、果戈理、达尔文、柴可夫斯基等

（二）职业气质测试

小测试

气质类型测试

下面60道题大致可确定你的气质类型。若与你的情况"很符合"记2分，"较符合"记1分，"一般"记0分，"较不符合"记-1分，"很不符合"记-2分。

1. 做事力求稳妥，一般不做无把握的事。
2. 遇到可气的事就怒不可遏，想把心里话全说出来才痛快。
3. 宁可一个人干事，也不愿很多人在一起。
4. 到一个新环境很快就能适应。
5. 厌恶那些强烈的刺激，如尖叫、噪音、危险镜头等。
6. 和别人争吵时，总是先发制人，喜欢挑衅别人。
7. 喜欢安静的环境。
8. 善于和人交往。
9. 羡慕那种善于克制自己感情的人。
10. 生活有规律，很少违反作息制度。
11. 在大多数情况下情绪是乐观的。
12. 碰到陌生人觉得很拘束。
13. 遇到令人气愤的事，能很好地自我克制。
14. 做事总是有旺盛的精力。
15. 遇到问题总是举棋不定、优柔寡断。

16. 在人群中从不觉得过分拘束。

17. 情绪高昂时，觉得干什么都有趣；情绪低落时，又觉得什么都没有意思。

18. 当注意力集中于一事物时，别的事很难使我分心。

19. 理解问题总比别人快。

20. 碰到危险情境，常有一种极度恐怖感。

21. 对学习、工作怀有很高的热情。

22. 能够长时间做枯燥、单调的工作。

23. 符合兴趣的事情，干起来劲头十足，否则就不想干。

24. 一点小事就能引起情绪波动。

25. 讨厌做那些需要耐心、细致的工作。

26. 与人交往不卑不亢。

27. 喜欢参加热烈的活动。

28. 爱看感情细腻、描写人物内心活动的文艺作品。

29. 工作学习时间长了，常感到厌倦。

30. 不喜欢长时间谈论一个问题，愿意实际动手干。

31. 宁愿侃侃而谈，不愿窃窃私语。

32. 别人总是说我闷闷不乐。

33. 理解问题常比别人慢些。

34. 疲倦时只要短暂地休息就能精神抖擞、重新投入工作。

35. 心里有话宁愿自己想，不愿说出来。

36. 认准一个目标就希望尽快实现，不达目的，誓不罢休。

37. 学习、工作同样一段时间后，常比别人更疲倦。

38. 做事有些莽撞，常常不考虑后果。

39. 老师讲授新知识、技术时，总希望他讲得慢些，多重复几遍。

40. 能够很快地忘记那些不愉快的事情。

41. 做作业或完成一件工作总比别人花时间多。

42. 喜欢运动量大的剧烈体育运动，或者参加各种文艺活动。

43. 不能很快地把注意力从一件事情转移到另一件事情上去。

44. 接受一项任务后，就希望把它迅速解决。

45. 认为墨守成规比冒风险要好。

46. 能够同时注意几件事情。

47. 我烦闷的时候，别人很难使我高兴起来。

48. 爱看情节起伏跌宕、激动人心的小说。

49. 对工作抱认真严谨、始终一贯的态度。

50. 和周围人的关系总是相处不好。

51. 喜欢复习学过的知识，重复做能熟练做的工作。

52. 希望做变化大、花样多的工作。

53. 小时候会背的诗歌，似乎比别人记得更清楚。

54. 别人说我"出语伤人"，可我并不觉得这样。

55. 在体育活动中，常因反应慢而落后。

56. 反应敏捷，头脑机智。

57. 喜欢有条理而不甚麻烦的工作。

58. 兴奋的事常使我失眠。

59. 老师讲新概念，常听不懂，但弄懂了以后很难忘记。

60. 假如工作枯燥无味，马上就会情绪低落。

评分标准（表2-15）：

A. 如果某一项或两项的得分超过20分，则为典型的该气质。

B. 如果某一项或两项以上得分在20分以下、10分以上，其他各项得分较低，则为一般该项气质。

C. 若各项得分在10分以下，但某项或几项得分较其余项为高（相差5分以上），则为略倾向于该项气质（或几项的混合）。

D. 一般来说，正分值越高，表明该项气质特征越明显；反之，正分值越低或得负分值，表明越不具备该项气质特征。

表2-15　气质类型评分表

类型	每一项的得分															合计
胆汁质	2	6	9	14	17	21	27	31	36	38	42	48	50	54	58	
多血质	4	8	11	16	19	23	25	29	34	40	44	46	52	56	60	
黏液质	1	7	10	13	18	22	26	30	33	39	43	45	49	55	57	
抑郁质	3	5	12	15	20	24	28	32	35	37	41	47	51	53	59	

第三节　能力与职业

案例分享

小李是校漂族，已经毕业一段时间却依然留在学校，她的困惑是："我想去工作，但是没有市场上需要的技能啊！"无论是刚毕业的学生还是失业的人，在考虑如何找到一份新工作的时候，都常常有这样的想法。

老张是一个具有三十年工龄的技术工人，企业面临倒闭，他的烦恼是："我已经在现在的工作岗位上干了这么多年，我不会做别的。"这是希望换份新工作的人常有的表达。

评析

成千上万的求职书和训练班都单一地集中在"怎样"的阶段：怎样写简历、怎样面试、怎样协商薪酬，仿佛"怎样"是成功求职的全部问题所在。美国著名职业咨询专家理查德·尼尔森·鲍利斯说过，如果想得到的工作只是你渴望的50%，你只会付出50%的努力；你一心一意想得到的工作会使你付出全部努力。对某事的渴望越强烈，越能改变你的求职结果，甚至你的生活。首先要明确你能满怀热情施展的技能是什么。每一个人都有技能，从孩提时代，人就懂得使用技能了，像人们常说的"一个记忆奇才""灵巧的手""擅长与人相处""对色彩有相当的鉴赏力"，根本就不存在什么"没有技能"一说，"技能"是最易被误解的词语之一。

课堂活动

夸夸我自己

假设这是在面试中，招聘官让你介绍一下你自己。请你用一分钟的时间来推销自己，强调突出自己的优点和特长，设法给对方留下深刻印象。先给一分钟思考准备时间。请3人一组，一人扮演求职者，一人扮演招聘人员，一人扮演观察员。轮流交换角色，分享自我推销和聆听的感受。

一、能力

（一）什么是能力

能力就是指顺利完成某一活动所必需的心理条件，是直接影响活动效率，并使活动顺利完成的个性心理特征。能力总是和人完成一定的活动联系在一起的。人的能力是在活动中形成、发展和表现出来的。能力按照其获得的方式（先天具有与后天培养），可以分为"能力倾向"和"技能"两大类。能力倾向是指上天赋予每个人的特殊才能，如音乐、运动能力等，是与生俱来的，不过也有可能因未被开发而荒废，因此，这是一种潜能。

能力和兴趣是两个截然不同、相互独立的概念，兴趣表明你喜欢某事，表达了你的偏好，而能力表明能做某事，即你胜任与否。

还有一个与能力相关的重要概念，就是自我效能感。所谓自我效能感，是指个人对自己的能力，以及运用该能力将得到何种结果所持的信心或把握程度。研究发现，在实际生活和工作中，对个人行为起决定作用的往往不是实际能力的高低，而是个人的自我效能感。

（二）能力结构

能力是由多种心理品质所构成的系统，具有复杂的结构。心理学家对人类能力的结构提出了许多假设，其中影响比较大的是美国哈佛大学教授霍华德·加德纳1983年提出的多元智能理论。多元智能理论揭示了一个更为宽广的智能体系，明确了多元智能的存在。加德纳提出，人类至少有七种不同的智能：言语—语言智力、逻辑—数理智力、视觉—空间智力、音乐—节奏智力、身体—动觉智力、交往—交流智力和自知—自省智力，如图2-1所示。这七种智力在个人的智力结构中处于同等重要的地位，每个人都同时拥有这七种智力，但它们在每个人身上以不同的方式、不同的程度组合，从而使得每个人的智力各具特点。

图2-1 多元智力

"天生我材必有用。"如果一个人能将自己独特的天赋充分发挥出来，那么，每个人都可以是出色的。能力探索，就是发现自我的智能优势，找到自己的能力结构。

人与人之间在能力上存在着明显的个体差异，如智力差异等，因此，职业规划必须基于个体的能力，方可扬长避短。

小测试

职业能力倾向测验

职业能力自评为5级量表：A. 强；B. 较强；C. 一般；D. 较弱；E. 弱。测试分为9组，每组均相应测试一项职业能力。每组均有6题，按上述5个等级为各题打分。A. 能力强的打1分；B. 较强的为2分；C. 一般的为3分；D. 较弱的为4分；E. 弱的为5分。累计各项得分之后，合计总分。题目见表2-16。

表2-16 职业能力自评

（a）第一组能力

项目	A. 强	B. 较强	C. 一般	D. 较弱	E. 弱
善于表达自己的观点					
阅读速度快，并能抓住中心内容					
清楚地向别人解释难懂的概念					
对文章字词段落和篇章的理解分析和综合的能力					
掌握词汇量的程度					
中学时你的语文成绩					
小计分数					
合 计					

（b）第二组能力

项目	A. 强	B. 较强	C. 一般	D. 较弱	E. 弱
做出精确的测量（如测长、宽、高等）					

项目	A. 强	B. 较强	C. 一般	D. 较弱	E. 弱
解算术应用题					
笔算能力					
心算能力					
使用工具（如计算器）的计算能力					
中学时你的数学成绩					
小计分数					
合计					

（c）第三组能力

项目	A. 强	B. 较强	C. 一般	D. 较弱	E. 弱
美术素描画的水平					
画三维度的立体图形					
看几何图形的立体感					
想象盒子展开后的平面形状					
玩拼板（图）游戏					
中学时你的美术成绩					
小计分数					
合计					

（d）第四组能力

项目	A. 强	B. 较强	C. 一般	D. 较弱	E. 弱
发现相似图形中的细微差异					
识别物体的形状差异					
注意到多数人忽视的物体的细节部分					

项目	A. 强	B. 较强	C. 一般	D. 较弱	E. 弱
检查物体的细节					
观察图案是否正确					
中学时善于找出数学作业的细小错误					
小计分数					
合计					

(e) 第五组能力

项目	A. 强	B. 较强	C. 一般	D. 较弱	E. 弱
快速而正确地抄写资料（如姓名、数字等）					
阅读中发现错别字					
发现计算错误					
在图书馆很快地查找编码卡					
发现图表中的细小错误					
自我控制能力（如较长时间抄写）					
小计分数					
合计					

(f) 第六组能力

项目	A. 强	B. 较强	C. 一般	D. 较弱	E. 弱
劳动技术课中做操作机器一类的活动					
玩电子游戏或瞄准打靶					
在体操、广播操一类活动中身体的协调灵活性					
打球姿势平衡度					
打字比赛或算盘比赛					

项目	A. 强	B. 较强	C. 一般	D. 较弱	E. 弱
闭眼单腿站立的平衡能力					
小计分数					
合计					

(g) 第七组能力

项目	A. 强	B. 较强	C. 一般	D. 较弱	E. 弱
灵巧地使用手工工具（如榔头、锤子）					
灵巧地使用很小的工具（如镊子、缝衣针等）					
弹乐器时手指的灵活度					
动手做一件小手工艺品					
很快地削水果（如苹果、梨）					
修理、装配、拆卸、编织、缝补等一类的活动					
小计分数					
合计					

(h) 第八组能力

项目	A. 强	B. 较强	C. 一般	D. 较弱	E. 弱
善于在陌生的场合发表自己的意见					
善于在新场所结交新朋友					
口头表达能力					
善于与人友好交往，并协同工作					
善于帮助别人					
擅长做思想工作					
小计分数					
合计					

（i）第九组能力

项目	A. 强	B. 较强	C. 一般	D. 较弱	E. 弱
善于组织单位或班级的集体活动					
在集体活动或学习中，时常关心他人的情况					
在日常生活中能经常动脑筋，想出别人想不到的好点子					
冷静果断地处理突然发生的事情					
在你曾做过的组织工作中，你认为自己的能力属于哪级					
善于解决同事或同学之间的矛盾					
小计分数					
合计					

　　能力等级评定办法：以各组总计得分除以6，得该组所测职业能力最后得分，把每一组的评定等级填入表2-17中。根据你的能力等级评定得分，可以判断你的能力属于哪个等级。

　　5个等级含义："1"为强，"2"为较强，"3"为一般，"4"为较弱，"5"为弱。评定等级的得分可能有小数点，如等级2.2，表示此种能力水平稍低于较强水平，高于一般水平。

表2-17　能力等级评定

组别	相应职业能力	合计分数	能力等级评定分（合计分数÷6）	你的能力等级属于
第一组	语言能力			
第二组	数理能力			
第三组	空间判断能力			
第四组	觉察细节能力			
第五组	书写能力			
第六组	运动协调能力			
第七组	动手能力			
第八组	社会交往能力			
第九组	组织管理能力			

二、大学生职业能力提升

（一）大学生核心职业能力

自我决策能力是一个人独立思考、果断处事和独立完成某项工作的能力。对于即将毕业走向社会的大学生来说，面临求职择业的各种各样的选择，这些最终都要靠自己决定，这就是对自我决策能力的一次检验。在未来的工作中，每一件事情、每一个问题以及它们的变化进展都不可能像在学校那样有老师给你做指导，而必须靠自己迅速做出决定，及时予以处理，因此，具有良好的自我决策能力对大学生就业是十分重要的。

适应社会能力，适应社会和改造社会是对立统一的两个方面。现实生活往往不尽如人意，五彩纷呈的现实生活往往使刚刚步入社会的大学毕业生眼花缭乱，很不适应。大学毕业生面对现实生活中的消极现象常常产生不安、不满的情绪，而通常以改造社会为己任的大学生却忽视了适应社会这个前提。人类文明总是在继承与创新的矛盾运动中发展的。适应社会，正是为了继承社会赋予我们的职责和使命。适者生存，生存正是为了发展。对社会、对环境的适应，应该是主动地、积极地适应，而不是消极地等待对困难的反应，更不是对消极现象的认同，大学生只有具备较强的社会适应能力，走向社会后才能尽可能地缩短自己的适应期，充分发挥自己的聪明才智。

实践操作能力是人们把知识转化为物质力量的依靠，是专业工作者必须具备的一种能力。在现实生活中，尤其是在教学、科研、生产第一线，大学生实践操作能力的强弱，将直接影响到其作用的发挥。比如，作为一名教师，只有丰富的知识是不够的，还要有把自己的知识传授给学生的能力，因此，大学生应注意克服只注重理论学习，轻视实践操作的倾向。一名大学毕业生如果在实践操作上有过硬的本领，一定会受到用人单位的青睐。

表达能力是指运用语言阐明自己的观点、意见或抒发感情的能力，主要包括口头表达能力和书面表达能力。一个人要想让别人了解你、重视你，更好地发挥自己的才能，其前提就是要有表现自己的能力，要准确表现自己，就离不开出色的表达能力。不仅是在参加工作走向社会后才会强烈地意识到这一点，在求职择业的时候就会有深切的感受。比如撰写求职信、自荐信、个人材料，回答招聘人员提问，接受用人单位的面试等，每一个环节都需要较强的表达能力。

虽然不是每个大学毕业生都会从事管理工作，但是在实际工作中每个从业者都会不同程度地需要组织管理才能。现代社会的职业表明，不仅领导干部、管理人员应当具备组织管理才能，其他专业人员也应当具备。随着时代的发展，纯"书生型"的人才已不能适应社会的需要。近年来，许多用人单位在录用大学毕业生时，在同等条件下，往往会优先考虑那些曾担任过学生干部、具有一定组织管理能力的毕业生，这正反映了时代的客观要求。

（二）大学生职业能力提升途径

针对当今的就业形势，大学生应当依据各自特点有选择地培养职业能力，注重实践性、操作性技能的培养，在实践中锻炼自己的动手与创新能力，并充分利用学校里的教育资源，抓住机遇；从各种渠道吸收知识和方法，开阔视野，接触众多领域，找到自己的兴趣所在；注重理论联系实际，培养独立思考与解决问题的能力，学会自修之道，深入理解知识体系，懂得融会贯通和举一反三。

1. 提高专业能力的途径和方法

掌握专业的基本概况和发展动态。在学好专业前，应该多向老师、学长、前辈们请教，多通过图书馆、资料室等查阅相关资料，了解专业基础课、专业课程、主要技能、行业发展现状、发展趋势和就业方向等，只有做到心中有数，在学习专业的过程中才能做到有的放矢。

（1）学好专业基础课。学好任何一个专业都必须有一定的基础知识积淀，专业基础课是指同专业知识、技能直接联系的基本课程。它包括专业理论基础课和专业技术基础课。例如，汉语言文学专业的《文学概论》是专业基础课；工民建专业的专业基础课有《理论力学》，专业技术基础课有《画法几何及建筑制图》等。它们均是学习专业课程的基础课程，只有先掌握了这些知识，才能更好地学习专业理论和实践知识。

（2）学好专业必修课程。专业必修课是指某一专业必须学习掌握的课程。此类课程是保证培养专门人才的根本。另外，大学生可以根据自己的爱好、就业意向、人才市场需求等。综合考虑，挑选出专业必修课中的主要理论知识和实践技能，通过协助导师完成课题、进行暑期社会实践和兼职等形式来加深对专业必修课中的主要理论知识和实践技能的掌握程度。

2. 提高非专业能力的途径和方法

（1）非专业素质是基础。优秀的专业素质应该建立在优秀的非专业素质基础之上，二者是相互促进、相辅相成的。国内的调查中，用人单位将环境适应能力、人际交往能力、自我表达能力等非专业素质表现排在前三名，甚至排在专业能力和外语能力等专业素质前面。美国和英国的调查明确强调了态度、合作技能、基本性格、创造力、信心等非专业素质。非专业素质的培养要发挥个人的主观能动性，充分利用学校提供的环境和机会，实现全面发展的目的。

（2）增加社会实践，强化个人爱好。社会实践方面，大学生活是一个五彩缤纷的世界，各种社团异彩纷呈，大学生应该在认识自我的基础上，参加一到两个学生社团来锻炼交际能力、沟通能力、表达能力、组织管理能力，在活动参与过程中要注意气质的培养、形象的塑造。另外，平时还要利用课余时间、节假日来加强演讲、口才、社交、礼仪、管理学、心理学等理论知识的学习，做到理论与实践相结合。个人爱好方面，歌曲、舞蹈等是社会交往的必备，也是招聘单位考查大学生的重要方面，因此大学生应该有意识地培养几个爱好，并强化训练，特别是针对自己的薄弱环节，弥补自己才艺方面的不足，不少才艺是完全可以在短期内培养出效果的。

（3）注重品格培养、塑造迷人风采。大学生的非专业品格，由道德品格、健康品格和文化品格三方面来展现。

①道德品格的培养。没有规矩不成方圆。大学生，作为国家的公民，应该培养自己遵守公民基本道德规范，这是实现人生价值、奉献社会的基础。公民基本道德规范中最重要的是诚信守法、尊重他人、关心社会、热爱生命，博大的胸怀、诚信的品格和高尚的追求等道德品质无论对于做人还是立业而言都是必需的。道德品格不是与生俱来的，要靠接受教育，要靠理性的力量，更要靠大学生本人的身体力行。古人云："勿以恶小而为之，勿以善小而不为"，作为大学生，就应该下决心严格要求自己，用几年时间把自己培养为一个道德高尚的人。

②健康品格的培养。健康不是一切，但没有健康就没有一切。现代意义的健康品格，已经不仅仅局限于身体，还包括心理，更包括对社会环境的适应，能够与别人和睦相处、和谐生活。生活中，有竞争就有成与败，做选择就会有得与失。心理的不健康无非就是忧成败、患得失。大学生应该在加强身体锻炼的同时，自强不息，多向先进学习，向优秀学习，严格要求自己，树立正确的世界观、人生观，做到我们中国人所说的仁者不忧、勇者不惧。

③文化品格的培养。文化品格是指一个人接受和继承人类文明成果的广度与深度。几千年来，人类科学的、技术的、哲学的、文学的、艺术的成就博大精深、浩瀚如海，在现在这样一个知识经济时代，最糟糕的、带有侮辱性的称谓，莫过于"没有文化"。大学生应该珍惜青春，通过图书馆、网络等媒介如饥似渴地汲取文化营养，充实自己的人生。

3. 规划职业生涯，掌握面试技巧

如果把一个人的职业生涯比作一次旅行，那么出发之前最好先设定旅游线路，这样既不会错过梦想已久的地方，也不会千辛万苦却到了并不喜欢的景点。大学生中普遍存在对自身职业规划的忽视，导致了大学生在就业过程中的盲目和挫折。近年来，职业生涯规划受到前所未有的重视。大学生必须明白，专业不等于职业，职业不等于行业，要主动进行职前教育和培训，做好自我评估，了解自己感兴趣的行业，选择职业目标，规划职业生涯。

人生处处是推销，懂得一些实用技巧，有利于推销自己，特别是在面试时，要讲究技巧，如服饰和仪表要与身份和求职职位相称；简历制作要新颖得体、简洁明了、突出自己的核心优势和与应聘职位对应的经历和资质；作口头自我介绍时不要单纯地复述自己的简历，回答问题时应显得清楚、坦诚和独特，遇到一些特殊问题时要善于变通，不能被一些条条框框所束缚。其实用人单位一般也不关注这些条条框框，而是将注意力集中在应聘者是否有能力胜任工作上面，有些没上过大学的人照样被有大学文凭限制的职位录用。为加强这方面的技巧，可以看些有关管理、人际沟通与交往、

形象塑造和求职方面的书，这样就可借鉴别人成功的间接经验，拓宽视野，使自己少走弯路。

非专业素质与能力应立足于平时的积累、培养和锻炼，临阵磨枪只是权宜之计。在面试中，非专业素质与能力起着十分重要的作用，但这并不意味着毕业生可以放弃专业，而是应在尽可能掌握专业知识的基础上去提升自己的非专业素质与能力，智力因素与非智力因素并重，智商与情商、逆商兼顾，实现专业素质与非专业素质协调发展，提高综合素质，从而提高自己在就业市场的整体竞争力。

今天站在哪里并不重要，最重要的是你下一步迈向哪里。职业生涯规划对于每个人来说都是必不可少的，对于大学生尤为重要。大学时代可谓人生中的黄金时代，也是一个人的性格形成和能力发展的重要阶段。所以，大学生们要做好职业生涯规划，结合自己的职业生涯目标，使自己的大学学习更加有效，力争赢在起跑线上。

第四节　价值观与职业

案例分享

小木在北京一所大学读金融，今年已经大四了，学习成绩优秀，综合素质颇高。小木的家乡在东部沿海城市，父母是一般的工薪阶层，她是家中独女，所以父母很期望女儿毕业后能回到自己身边。家乡虽然不大，但是经济形势蒸蒸日上，说起来也是很有发展潜力的。家乡的一家机关事业单位向正在择业的小木抛出橄榄枝，工资待遇虽然一般，但是收入稳定，压力不大。与此同时，香港的一家国际金融机构也向小木发出了邀请，这家金融机构的薪资不菲，待遇优厚，但工作任务繁重，工作生活压力都很大，人事变动也是常有的事，周围正忙着找工作的同学都很羡慕小木，可小木却陷入了选择的烦恼：究竟是找一份收入一般但稳定且离家近的工作，还是找一份工作辛苦但薪水高更可以在专业上有所发展的工作呢？

评析

如果是你，你会怎么选择？为什么？

每个人都想找到一份好工作，那什么样的工作才是"好"工作？一千个人心里有一千个好工作的标准。我们每个人每天都在做着各种选择题，穿什么衣服？看什么书？学什么专业？找什么工作？选A还是B？选左还是右？鱼与熊掌，你想要哪个？即便你想顺其自然，那也是选择的一种。

是什么左右了我们的选择，让我们的答案互不相同？那就是价值观，它带着我们在交叉路口做出不同的选择。小木的纠结与其说是对两个选择权衡不定，不如说是他对自己的价值观还没有真正了解。只有搞清了自己的价值观，才会选到"称心如意"的工作。

🎞 课堂活动

价值观想象

1. 如果我有100万美元，我将_____。
2. 在生活中我最想得到的是_____。
3. 如果我只剩下24小时的生命，那我将_____。
4. 我将给我的孩子的忠告是_____。
5. 如果在一场大火中我只能救出一件东西，那么它将是_____。

一、价值观及其作用

（一）什么是价值观

价值观是指一个人对周围的客观事物（包括人、事、物）的意义、重要性的总评价和总看法。一方面表现为价值取向、价值追求，凝结为一定的价值目标；另一方面表现为价值尺度和准则，成为人们判断事物有无价值及价值大小的标准。

价值观就是我们在生活和工作中所看重的原则、标准或品质。它指向我们一生中最重要的东西，因此它也是一套自我激励机制。

个人的价值观一旦确立，便具有相对稳定性。但就社会和群体而言，由于人员更替和环境的变化，社会或群体的价值观念是不断变化的。传统价值观念会不断地受到新价值观的挑战。事物在人的心目中的主次、轻重的排列次序，构成了价值观体系。价值观和价值观体系是决定人的行为的心理基础。

所以，价值观具有稳定性和持久性、历史性和选择性以及主观性等特点。

（二）价值观的作用

价值观对人们自身行为的定向和调节起着非常重要的作用。价值观决定人的自我认识，它直接影响和决定一个人的理想、信念、生活目标和追求方向。

马斯洛的需求层次理论阐述了人有五个层次的需求：生理需求、安全需求、归属需求、尊重需求和自我实现的需求，如图2-2所示。只有当低层次的需求得到基本满足后，个人才有可能关注并致力于满足更高层次的需求。这些需求是强大的内在驱动力，我们所做的一切正是为了满足这些需求，在我们的生活中就体现为我们的价值观。

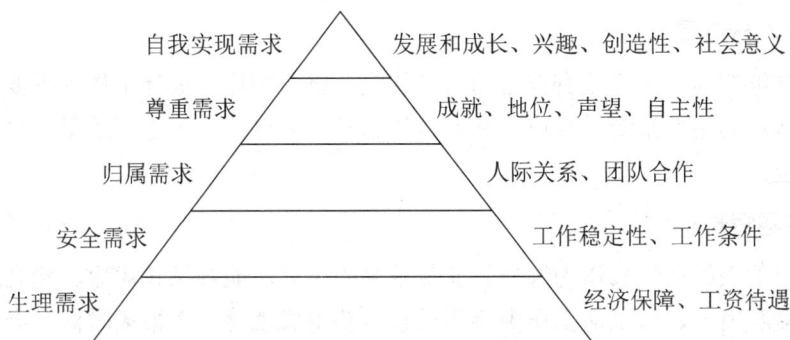

图2-2 不同层次的需求所对应的价值观

有人会比较重视工作能给自己带来多少收入，有些人会更多地考虑要做自己喜欢的工作。这两者的不同在很大程度上可以归结于他们所处的需求层次不同，前者在"生理""安全"的层次上，而后者则是在较低层次需求得到满足的情况下，追求"归属感""自我尊重""自我实现"的实现。

简单地说，价值观就是个过滤器，它决定了什么对你最重要，什么是你愿意积极争取的，什么是即使免费给你都不想要的，以此来激励你的行动。

二、职业价值观

职业价值观是价值观的重要组成部分，是人生目标和人生态度在职业选择方面的具体表现，也就是一个人对职业的认识和态度以及他对职业目标的追求和向往。职业的不同在很大程度上决定了人们的社会和经济地位的明显差异。所以人们对某种社会地位的仰慕，也就是对这一社会地位所占有的职业的仰慕，由此影响并形成了个人对职业的态度，产生了价值观。理想、信念、世界观对于职业的影响，集中体现在职业价值观上。

我们在选择职业的时候，总是希望某种职业能够满足自己的物质和精神两方面的需求。而由于时代不同，职业的社会评价也会有所不同。另外，职业价值观的形成还受地域、家庭的影响。比如，战争时期，军人的地位很高，社会上一度出现过从军热；在经济备受重视的年代，成为一位企业家、创业者又成为很多年轻人的愿望和目标。

（一）职业价值观的类型

根据不同的划分标准，人们对职业价值观的种类划分也不同。美国心理学家洛特克在其所著的《人类价值观的本质》一书中提出十三种价值观：成就感、审美追求、挑战、健康、收入与财富、独立性、爱、家庭与人际关系、道德感、欢乐、权利、安全感、自我成长与社会交往。

我国学者阚雅玲将职业价值观分为以下十二类：

1．收入与财富

工作能够明显有效地改变自己的财务状况，将薪酬作为选择工作的重要依据。工作的目的或动力主要来源于对收入和财富的追求，并以此改善生活质量，显示自己的身份和地位。

2．兴趣特长

以自己的兴趣和特长作为选择职业最重要的因素，能够扬长避短、趋利避害、择我所爱、爱我所选，可以从工作中得到乐趣，获得成就感。在很多时候，会拒绝自己不喜欢、不擅长的工作。

3．权力地位

有较高的权力欲望，希望能够影响或控制他人，使他人照着自己的意愿 去行动；认为有较高的权力地位会受到他人尊重，从中可以得到较强的成就感和满足感。

4．自由独立

在工作中能有弹性，不想受太多的约束，可以充分掌握自己的时间和行动，自由度高，不想与太多人发生工作关系，既不想治人也不想治于人。

5．自我成长

工作能够给予人受培训和锻炼的机会，使自己的经验与阅历能够在一定的时间内丰富和提高。

6．自我实现

工作能够提供平台和机会，使自己的专业和能力得以全面运用和施展，实现自身价值。

7．人际关系

将工作单位的人际关系看得非常重要，渴望在一个和谐、友好乃至被关爱的环境下工作。

8．身心健康

工作能够免于危险、过度劳累，免于焦虑、紧张和恐惧，使自己的身心健康不受影响。

9．环境舒适

工作环境舒适宜人。

10．工作稳定

工作相对稳定，不必担心经常出现裁员和辞退现象，免于经常奔波找工作。

11．社会需要

能够根据组织和社会的需要响应某一号召，为集体和社会做出贡献。

12．追求新意

希望工作的内容经常变换，使工作和生活显得丰富多彩，不单调枯燥。

（二）职业价值观与职业选择

职业专家通过大量调查，从人们的理想、信念和世界观角度把职业分为九大类，并将个人适合的职业类型与之相对应，见表2-18。

表2-18　职业价值观与职业类型

类型	特点	相应职业类型
自由型（非工资工作者型）	不受别人指使，凭自己的能力拥有自己的小"城堡"，不愿受人干涉，想充分施展本领	室内装饰专家、图书管理专家、摄影师、音乐教师、作家、演员、记者、诗人、作曲家、编剧、雕刻家、漫画家等
经济型（经理型）	他们断然认为世界上的各种关系都建立在金钱的基础上，包括人与人之间的关系，甚至父母与子女之间的爱也带有金钱的烙印。这种类型的人确信金钱可以买到世界上所有的幸福	各种职业中都有这种类型的人，商人为甚
支配型（独断专行型）	相当于组织的"一把手"，飞扬跋扈，无视他人的想法，为所欲为，且视此为快乐	进货员、商品批发员、旅馆经理、饭店经理、广告宣传员、调度员、律师、政治家、零售商等
小康型	追求虚荣，优越感也很强。渴望有较高的社会地位和名誉，希望受到众人尊敬。欲望得不到满足时，由于过于强烈的自我意识，有时反而很自卑	记账员、会计、银行出纳、法庭速记员、成本估算员、税务员、核算员、打字员、办公室职员、统计员、计算机操作员等
自我实现型	不关心平常的幸福，一心一意想发挥个性，追求真理。不考虑收入、地位及他人对自己的看法，尽力挖掘自己的潜力，施展自己的本领，并视此为有意义的生活	气象学家、生物学家、天文学家、药剂师、动物学家、化学家、科学报刊编辑、地质学家、植物学家、物理学家、数学家、实验员、科研人员等
志愿型	富有同情心，把他人的痛苦视为自己的痛苦，不愿干哗众取宠的事，把默默帮助不幸的人视为快乐	社会学者、导游、福利机构工作者、咨询人员、社会工作者、社会科学教师、护士等
技术型	性格沉稳，做事组织严密、井井有条，并且对未来抱平常心态	木匠、农民、工程师、飞机机械师、野生动物专家、自动化技师、机械工、电工、火车司机、公共汽车司机、机械制图师等

续表

类型	特点	相应职业类型
合作型	人际关系较好，认为朋友是最大的财富	公关人员、推销人员、秘书等
享受型	喜欢安逸的生活，不愿从事任何挑战性的工作	无固定职业类型

工作价值观通常都与某种职业紧密相连，当你认为某项很重要的价值在你的工作中缺失的时候，那就要考虑一下现在的工作是否和你匹配，你是否能够接受这种缺失。

与工作相关的价值观包括以下几点：

（1）晋升。指希望按照预期的步骤被提升，或直接步入一个更高级的职位，避开没有发展前途的工作。

（2）机遇。希望能用自己的能力去解决问题，这能带给你成就感。

（3）交通便利。希望工作地点离家近，来回不需要太长时间。

（4）灵活机动的时间。不必每天朝九晚五，只要能够保证工作完成即可，你可以较自由地支配和安排时间。

（5）福利。希望自己的工作能够提供除了报酬以外的福利，如交通补助等。

（6）在职学习。希望有培训机会，学习新的技能和思想，以便从事一项更高级的工作。

（7）愉快的工作伙伴。希望和令人愉快的人在一起工作，他与你有共同的兴趣和观点，易于相处。

（8）固定的工作地点。希望工作地点稳定，不做"空中飞人"。

三、职业价值观探索

职业价值观测试对于个人选择职业类型和职业发展方向，以及企业招聘、选拔和培养具有重要的指导意义。通过测验，你可以大致了解自己的职业价值观念倾向。

（一）职业价值观的探索与应用

课堂活动

价值观拍卖

假设你正在参加一次有关工作、生活价值观的拍卖活动，所有拍卖物品的底价都是500元，每次竞拍报价需要以至少100元但不超过1 000元的幅度上升。每种物品只能由一个人购得。现在你手里有5 000元。请浏览表2-19中所示的拍卖品清单，然后决定你将如何参与竞拍。请好好把握这一生仅有的一次机会！

表2-19　拍卖表

生活价值	为此项分配的金额	最高报价	成交价
家庭			
健康			
自由			
安全感			
成功			
爱			
和谐			
探险			
自然			
创造价值			
信仰			
物质保障			
成就			
名誉			
独立自主			
服务他人			
多样性			
创造性			
挑战性			
人际交流			
担负责任			
发展与成长			

请列出你最想购买的物品以及你愿意为之付出的最大金额。

价值	最高报价

总计：¥5 000.00

（二）职业价值观的变化与澄清

从舒伯的生涯发展理论和马斯洛的需求层次理论中可以看出，个人由于所处的生涯发展阶段、社会环境的不同，需求会发生改变，再加上我们身处的是一个多元社会，在不同阶段，我们的价值观是不一样的。

价值观在人们的职业生涯发展中往往起到极其重要的、决定性的作用，每个人都有自己独特的价值观，而且不论喜欢与否，生活中重要的人物或者生活经历都会对我们产生影响。重要的不是去评判这些价值的对错，而是去考虑它们给自己的生活和职业发展带来的影响，并适时做出调整。比如，著名歌星席琳·迪翁在其歌唱事业的巅峰时期退出乐坛相夫教子，就是由于她在丈夫生病住院后深刻地认识到，与家人相处的时光是有限的，而且家庭远比其他任何事都更重要更宝贵，这才促使她在职业发展的道路上做出了重大选择。

所以，我们需要认识到，很少有工作能够完全满足一个人所有重要的价值观，我们总要不断地做出妥协甚至放弃，这是不可避免的，也是必要的。价值观是可以发生变化的。而我们也发现，对价值的取舍和排序的过程是艰难的，甚至在做完了一项工作后，仍然不清楚自己想要的到底是什么。出现混乱是正常的，因为大学生还处在形成个人价值观的生涯探索期。因此，对于价值观，我们有必要进一步探索、澄清、反思。价值澄清需要投入时间和精力，但是它更有利于为自己的全面发展进行谋划。

小测试

澄清自我价值观的测试

1. 请完成下面十二个句子，答案将帮助你澄清价值观，让你看清什么是你生活中最重要的。注意：回答时，不需要考虑任何的客观因素（有利或不利因素）。

（1）列出五件你最爱做的事：_____

（2）在这个世界上，你想要改变哪一件事？你想改变你居住的城市中的哪一件事？关于你自己，有哪件事想改变？＿＿＿＿＿＿＿＿＿＿＿＿＿＿＿＿＿

（3）如果你还有三个月的生命，你特别想学会的是：＿＿＿＿＿＿＿＿＿＿＿＿

（4）如果你有无限的财富，你根本就不必工作。＿＿＿＿＿＿＿＿＿＿＿＿＿＿

（5）你听过、读过最好的观念是：＿＿＿＿＿＿＿＿＿＿＿＿＿＿＿＿＿＿＿

（6）你最关心的事是：＿＿＿＿＿＿＿＿＿＿＿＿＿＿＿＿＿＿＿＿＿＿＿＿

（7）你幻想最多的事是：＿＿＿＿＿＿＿＿＿＿＿＿＿＿＿＿＿＿＿＿＿＿＿

（8）你的父母最希望你能：＿＿＿＿＿＿＿＿＿＿＿＿＿＿＿＿＿＿＿＿＿＿

（9）你生命中最大的喜悦是：＿＿＿＿＿＿＿＿＿＿＿＿＿＿＿＿＿＿＿＿＿

（10）你是怎样的人？＿＿＿＿＿＿＿＿＿＿＿＿＿＿＿＿＿＿＿＿＿＿＿＿

（11）熟知你的人认为你是：＿＿＿＿＿＿＿＿＿＿＿＿＿＿＿＿＿＿＿＿＿

（12）上面的回答能反映出你最重要的价值观（如教育、独立、自由、健康、家庭、声望、财富等）的有：＿＿＿＿＿＿＿＿＿＿＿＿＿＿＿＿＿＿＿＿＿＿

2. 下面有十六个题目，根据每个题目对你的重要程度，按照从0（不重要）到100（非常重要）的评分方法给每个题目打分，把分数写在每个题号后面的横线上。

（1）一个令人快乐、满意的工作＿＿＿＿＿＿＿＿＿＿＿＿＿＿＿＿＿＿＿

（2）高收入的工作＿＿＿＿＿＿＿＿＿＿＿＿＿＿＿＿＿＿＿＿＿＿＿＿＿

（3）美满的婚姻＿＿＿＿＿＿＿＿＿＿＿＿＿＿＿＿＿＿＿＿＿＿＿＿＿＿

（4）认识新人、社会事件＿＿＿＿＿＿＿＿＿＿＿＿＿＿＿＿＿＿＿＿＿＿

（5）参加社区活动＿＿＿＿＿＿＿＿＿＿＿＿＿＿＿＿＿＿＿＿＿＿＿＿＿

（6）自己的政治信仰＿＿＿＿＿＿＿＿＿＿＿＿＿＿＿＿＿＿＿＿＿＿＿＿

（7）锻炼、参加体育运动＿＿＿＿＿＿＿＿＿＿＿＿＿＿＿＿＿＿＿＿＿＿

（8）智力开发＿＿＿＿＿＿＿＿＿＿＿＿＿＿＿＿＿＿＿＿＿＿＿＿＿＿＿

（9）具有挑战机会的职业＿＿＿＿＿＿＿＿＿＿＿＿＿＿＿＿＿＿＿＿＿＿

（10）好车、衣服、房子等＿＿＿＿＿＿＿＿＿＿＿＿＿＿＿＿＿＿＿＿＿

（11）与家人共度好时光＿＿＿＿＿＿＿＿＿＿＿＿＿＿＿＿＿＿＿＿＿＿＿

（12）有几个亲密的朋友＿＿＿＿＿＿＿＿＿＿＿＿＿＿＿＿＿＿＿＿＿＿

（13）自愿到非营利性组织工作＿＿＿＿＿＿＿＿＿＿＿＿＿＿＿＿＿＿＿＿

（14）沉思、安静地思考问题＿＿＿＿＿＿＿＿＿＿＿＿＿＿＿＿＿＿＿＿

（15）健康、平衡的饮食＿＿＿＿＿＿＿＿＿＿＿＿＿＿＿＿＿＿＿＿＿＿＿

（16）教育读物、自我提高计划等＿＿＿＿＿＿＿＿＿＿＿＿＿＿＿＿＿＿＿

将这16道题目的得分按照标明的题号填入表2-20适当的位置，然后纵向汇总每两项的得分。

表2-20　计分

事业		财务		家庭		社会		社区		精神		身体		智力	
题号	分数	题号	分数	题号	分数	题号	分数	题号	分数	题号	分数	题号	分数	题号	分数
1		2		3		4		5		6		7		8	
9		10		11		12		13		14		15		16	

　　哪一项得分高，说明你比较看重哪个维度，它是你的一般价值观在生活中的反映。如果八个项目得分均比较接近，说明你在生活中是一个追求平衡的人。

　　3．从前面描述价值观的词汇中，各选出五种，并按重要程度依次排序，填入"我的价值清单"。

<h3 style="text-align:center">我的价值清单</h3>

我的追求型价值观：＿＿＿＿＿＿＿＿＿＿＿＿＿＿＿＿＿＿＿＿＿

我的逃避型价值观：＿＿＿＿＿＿＿＿＿＿＿＿＿＿＿＿＿＿＿＿＿

思考与练习

1．撰写自传

（1）非结构性自传：完成20个"我是怎样的人"的句子。

先写出20句"我是怎样的人"，要求尽量选择一些能反映个人风格的语句，然后进行归类：

①身体状况（体貌特征，如年龄、身高、体形、是否健康等）。

②情绪状况（常持有的情绪情感，如乐观开朗、振奋人心、烦恼沮丧等）。

③才智状况（智能情况，如聪明灵活、迟钝、能干等）。

④社会关系状况（与他人的关系，如何与别人应对，对他人常持有的态度、原则，如乐于助人的、爱交朋友的、坦诚的、孤独的等）。

⑤其他。

最后，探索你的自我陈述是积极的还是消极的。

在你列出的每句话的后面加上正号（+）或负号（-）。正号表示"这句话表达了你对自己肯定满意的态度"，负号的意义则相反。如果你正号的数量大于负号，说明你的自我接纳状况良好；相反，负号近半甚至过半，表明你不能很好地接纳自己，你的自尊程度较低，这时需要内省，寻找问题的根源，比如你是否过低地评价了自己，是什么原因使你成为这样的。

（2）结构性自传：

①个人资料。从最近的工作经历开始按逆时间顺序写，把所有工作（不只是全职）的起止时间、公司名称、责任、职务、成就、上司的名字都写进去。

②教育。列出你在中学和大学上过的所有课程，包括时间、地点，你最喜欢的课程是什么，你最喜欢的老师是谁，为什么喜欢这位老师，你从中获得的能力、采用的技能和获得的成就。

③业余和休闲活动你感到最自豪的是什么？你最喜欢读什么书？为什么？

④父母和其他重要的人的职业是什么？你感兴趣吗？为什么？你父母希望你做什么？他们怎样与你交流？谁是你生命中最重要的人？

⑤童年兴趣。那时你最主要的兴趣是什么？你现在仍然有兴趣吗？为什么？

⑥生活角色。列出几个你在生活中扮演过的角色。你最喜欢哪种角色或认为最有价值？角色带给你怎样的满足感或不满？你在扮演各种角色时用到哪些技能？

⑦自我评估。写下过去完成的七项成就、能力或技能（包括例证）重要的价值及其含义，五种你感兴趣的职业及其体现的价值，你在这些职业中分别可以使用的价值。

2．撰写成就故事

请写下生活中令你有成就感的具体事件，然后分析一下，看你在哪些方面拥有哪些技能，尤其是可迁移技能。有以下两条标准，就可以被视为"成就"：你喜欢做这件事时体验到的感受；为完成它所带来的结果感到自豪。

在撰写成就故事时，每个故事都应包括以下要素：你想达到的目标，即需要完成的事；你面临的障碍或困难，你的具体行动；你的具体行动步骤，即你是如何克服障碍、达到目标的；对结果的描述，即你取得了什么成就，最好能够量化探索（用某种数据说明）。

至少撰写出七个故事（越多越好），其中你使用了哪些技能。最后，找出重复出现的技能，它们就是你喜爱和擅长的技能。

第 三 章

大学生职业素质与管理能力培养

本章导读

大学生需要清醒地认识到，大学生与企业职工之间的差别很大。不仅仅是体现在心态上，就学校而言，企业看重的是处事与做事的态度和结果，两者之间是有非常明显的区别的。所以，大学生需注意加强职业素质的培养。

一般来说，大学生能否顺利就业并取得成就，在很大程度上取决于本人的职业素质，职业素质越高的人，获得成功的机会就越多。作为用人单位，职业素质是人才选用的第一标准，可以这样说，职业素质是职场制胜、事业成功的第一法宝。不同类型的职业对从业者有不同的要求。对于大学生而言，具备良好的职业素养，就具备了入职的敲门砖。大学生的就业能力在很大程度上取决于学生职业素养的高低。职业素养越高，获得成功的概率就越大。

行动起来吧，这个时代的大学生是幸福的，你们可以享受到科技、网络带来的广泛的学习资源。在市场经济条件下，实践的途径和方式方法越来越多，广阔的沟通与交流平台也为大学生的进步提供了捷径。希望大家珍惜身边的一切机会，不断提升自我职业素养，成为一名优秀的职场精英！

学习目标

1. 了解大学生职业素质培养的内涵。
2. 掌握培养职业素质的方法。
3. 掌握自我管理的能力和方法。
4. 掌握时间管理的能力和方法。

 导入案例

人生的四张名片

一公司招聘公关部经理，有100多人报名应聘。最后，一个仅有中专文凭的女大学生有幸被公司选上了。在应聘者中，这位女大学生的文凭最低，为什么会选她呢？人们感到不解。

总经理是这样解释的：因为她随身携带的四张人生名片，让我最后选定她，她在门口蹭掉脚下带的土，进门后随手关上门；当看到一位残疾老人时，她立即起身让座；进了办公室她先脱去帽子和围巾；回答问题时她总是表现出机智幽默。

请大家思考一下，这位女大学生携带的是哪四张名片呢？让我们一起来看看。

（1）她在门口蹭掉脚下带的土，进门后随手关上门，这说明她是一个有"心"的人。一个有心的人，才不至于因疏忽人际关系细节而与人产生矛盾。

（2）当看到一位残疾老人时，她立即起身让座，说明她是一个有"德"的人。一个有德的人，才能把握好做事的分寸。

（3）进了办公室她先脱去帽子和围巾，这说明她是一个有"礼"的人。一个尊重别人的人，才会得到别人的尊重。

（4）回答问题时她总是表现出机智幽默，这说明她是一个有"智"的人。一个充满智慧的人，在处理人际关系时，才能化干戈为玉帛，化腐朽为神奇。

评析

近年来，大学毕业生的就业问题已经成为备受关注的社会问题。一方面，大学毕业生就业压力日益增大，他们苦于找不到中意的落脚点；另一方面，很多企业却频繁流连于各类招聘市场，苦于找不到中意的人才。诸多事实表明，这种现象的存在与学生的职业素养难以满足企业的要求有关。所以，在就业压力巨大的今天，作为大学生，所要做的不仅是对知识的牢固掌握，还应加强对职业能力的认知。

第一节　大学生职业素质培养

一、职业素质的概念

简言之，职业素质是职业人在从事职业中尽自己最大的能力把工作做好的素质和能力，它不是以做了这件事会对个人带来什么利益和造成什么影响为衡量标准的，而是以这件事与工作目标的关系为衡量标准的。职业素质具有职业性、稳定性、内在

性、整体性、发展性等特征。一般来说，劳动者能否顺利就业并取得成就，在很大程度上取决于本人的职业素质，职业素质越高的人，获得成功的机会就越多。职业素质是人才选用的第一标准，是职场制胜、事业成功的第一法宝，是职业生涯成功的必要条件。

案例分享

齐瓦勃出生在美国乡村，只受过很少的学校教育。15岁那年，家中一贫如洗的他就到一个山村做了马夫。然而雄心勃勃的齐瓦勃无时无刻不在寻找发展的机遇。三年后，齐瓦勃终于来到钢铁大王卡内基所属的一个建筑工地打工。一踏进建筑工地，齐瓦勃就抱定了要做最优秀员工的决心。当其他人在抱怨工作辛苦、薪水低而怠工的时候，齐瓦勃默默地积累着工作经验，并自学建筑知识。一天晚上，同伴们在闲聊，唯独齐瓦勃躲在角落里看书。那天恰巧公司经理来检查工作，经理看了看齐瓦勃手中的书，又翻开了他的笔记本，什么也没说就走了。

第二天，公司经理将齐瓦勃叫到办公室，问："你学那些东西干什么？"齐瓦勃说："我想我们公司并不缺少打工者，缺少的是既有工作经验，又有专业知识的技术人员或管理者，对吗？"经理点了点头。不久，齐瓦勃就升任为技师。打工者中有些人讽刺挖苦齐瓦勃，他回答说："我不光是在为老板打工，更不单纯为了赚钱，我是在为自己的梦想打工，为自己的远大前途打工，我们只能在业绩中提升自己，我要让自己工作所产生的价值，远远超过所得的薪水，只有这样，我才能得到重用。才能获得机遇！"抱着这样的信念，齐瓦勃一步一步升到了总工程师的职位。25岁那年，齐瓦勃又做了这家建筑公司的总经理。后来，齐瓦勃终于自己建立了大型的伯利恒钢铁公司，并创下了非凡业绩，真正完成了从一名打工者到创业者的飞跃。

评析

具备良好的职业素质，对于职业发展具有重要意义。个人对于工作的不同看法，即职业观不同，会造成日后工作态度、职业行为乃至工作成果的显著差异。

二、大学生应具备的职业素质

为了更好地规划个人职业生涯，应该在以下方面做出努力：

（1）身体素质，指体质和健康（主要指生理）方面的素质。

（2）心理素质，指认知、感知、记忆、想象、情感、意志、态度、个性特征（兴趣、能力、气质、性格、习惯）等方面的素质。拓展训练可以提高心理素质，很多知名企业都通过拓展训练来提高员工的心理素质以及团队信任关系。

（3）政治素质，指政治立场、政治观点、政治信念与信仰等方面的素质。

（4）思想素质，指思想认识、思想觉悟、思想方法、价值观念等方面的素质。思想素质受客观环境等因素影响，例如家庭、社会、环境等。

（5）道德素质，指道德认识、道德情感、道德意志、道德行为、道德修养、组织纪律观念方面的素质。

（6）科技文化素质，指科学知识、技术知识、文化知识、文化修养方面的素质。

（7）审美素质，指美感、审美意识、审美观、审美情趣、审美能力方面的素质。

（8）专业素质，指专业知识、专业理论、专业技能、必要的组织管理能力等。

（9）社会交往和适应素质，主要是语言表达能力、社会活动能力、社会适应能力等。社交适应力是后天培养的个人能力，是职业素质的另一核心，从侧面反映个人能力。

（10）学习和创新方面的素质，主要是学习能力、信息能力、创新意识、创新精神、创新能力、创业意识与创业能力等。学习和创新是个人价值的另一种形式，能体现个人的发展潜力以及对企业的价值。

案例分享

沙粒与珍珠

有一个自以为是的年轻人，毕业以后一直找不到理想的工作，他抱怨怀才不遇，痛苦绝望之下，来到大海边，打算就此结束自己的生命。这时，正好有一个老人从这里走过。老人问他为什么要走绝路。他说，自己不能得到别人和社会的承认，没有人欣赏并且重用他。

老人从脚下的沙滩上捡起一粒沙子，让年轻人看了看，然后就随便地扔在沙地上，对年轻人说："请你把我刚才扔在地上的那粒沙子捡起来。"

"这根本不可能！"年轻人说。

老人没有说话，接着又从自己的口袋里掏出一颗晶莹剔透的珍珠，也是随便扔在了沙地上，然后对年轻人说："你能不能把这个珍珠捡起来呢？"

"这当然可以！"

评析

每个人必须知道自己是一颗普通的沙粒还是价值连城的珍珠。如果是一颗沙粒，要使自己卓然出众，那就要努力使自己成为一颗珍珠。要完成从沙粒到珍珠的蜕变，从一个普通平庸的人变成拥有一技之长的人才，必须努力培养优秀的素质。

三、培养职业素质的方法

（一）培养职业意识

1. 诚实守信

诚实守信是为人处世的基本准则，是中华民族的传统美德，是从业人员对社会、对人民所承担的义务和职责，是人们在职业活动中处理人际关系的道德准则。诚信要求人们做事必须集中精力，专心致志，精益求精。这个世界上并不缺乏有能力的人，那种既有能力又很忠诚的人才是每一家企业梦寐以求的理想人才。

2. 团结协作

对于大学生来说，无论你将来从事什么样的职业，处于什么样的岗位，都离不开与团队的团结和协作。真正的团结协作需要每一个人都具有团队精神。团队精神不仅需要团队的凝聚力、合作意识和高昂的士气，而且要相互帮助、相互关怀、团结互助、同舟共济，保证团队的生机和活力。

3. 爱岗敬业

要求大学生热爱自己的本职工作，用一种恭敬严肃的态度对待自己的工作，努力而勤奋。勤奋是成功的催化剂，一旦养成不畏劳苦、勇于拼搏、锲而不舍、坚持到底的勤奋精神，无论做什么事，都能在竞争中立于不败之地。

4. 竞争创新

竞争是发展的基础，竞争有助于个人潜能的发挥和自身价值的实现；有助于适应社会、成就事业，推动社会的进步创新对于大学生更好地适应竞争具有积极的作用。

5. 服务奉献

真正为服务对象提供满意的服务，是从业人员的工作使命，而只有具备良好的服务意识，才能更好地为服务对象服务。奉献是一种只有付出而不求任何回报、不计较个人得失的精神和理念。

（二）树立职业理想

大学生树立职业理想的作用十分重要。

1. 职业理想是职业发展的航标

理想是前进的方向，是心中的目标。人生发展的目标通过职业理想来确立，并最终通过职业理想来实现。在人生道路上，职业生活占人生的绝大部分，人们对美好生活的追求和向往，往往要通过职业活动来实现，所以职业理想的确立，就是为自己确立了人生实践活动的目的，就是找到了职业发展的航标。

2. 职业理想是事业发展的精神动力

职业理想作为一种可能实现的奋斗目标，是人们实现职业愿望的精神支柱和力量源泉。职业理想一经确立，人们就会为之付出孜孜不倦的努力，就可以转化为精神力量，会使人迸发出积极性并产生坚定的意志，激励人们自觉地追求既定目标，从而取得事业的成功。

3. 职业理想促进人生价值的实现

人生价值分为自我价值和社会价值两个层面。个人的生存、发展是个人适应社会、融入社会、改造社会的过程，是推动经济社会发展过程中的自我实现。无论从什么角度去体现自己的人生价值，总要依托某个职业。对职业理想的追求，必然促进人生价值的实现。

4. 职业理想是实现社会理想的桥梁

职业理想是社会理想的具体化，是实现社会理想的桥梁。人们通过从事一定职业去实现自己的社会理想。没有职业理想，社会理想就会落空。

（三）规范职业道德

1. 确立正确的人生观是职业道德修养的前提

人生观是对人生的目的、人生价值和意义的根本看法和态度。人生观有正确的、进步的，也有错误的、落后的。大学生只有树立正确的、进步的人生观，才会有强烈的社会责任感，才会在职业活动中养成自觉的职业道德修养，形成良好的职业道德品质。

2. 职业道德修养要从培养自己良好的行为习惯着手

职业道德修养是一个长期的改造自己、完善自己的过程，而这个过程要从良好的行为习惯做起。作为大学生，如果连一件有利于社会和他人的小事都做不到，那么就不会有强烈的社会责任感和无私的奉献精神，良好的职业道德品质和崇高的精神境界更无从谈起。

3. 学习先进人物的优秀品质，不断激励自己

在现实生活中，各行各业都会涌现出很多先进人物。大学生要学习他们对社会的无私奉献精神，学习他们的优秀品质，不断提升自己的职业道德水平和思想境界。

（四）发掘职业能力

职业能力是人们从事某种职业所必须具备的，是在职业活动中表现出的多种能力的综合，是择业的基本参照和就业的基本条件，是胜任职业岗位的基本要求。人的职业能力是多种能力叠加复合而成的。比如，一位教师要有较好的语言表达能力，但光能说会道不行，还必须具有对教学的组织与管理能力，对教材的理解与使用能力，对教学问题与学习效果的洞察、分析与判断能力等。

职业能力和职业实践互为因果。从事一定的职业活动需以有一定的能力为前提，但在实践过程中不断涌现出的新问题、新要求则会促使相应能力持续提高。职业能力主要体现在职业适应能力、学习能力、合作能力、信息能力等方面。

（五）注重职业心理

当代大学生正面临着一个竞争越来越激烈、生活节奏日益加快、科学技术急剧发展的时代，这个时代也对大学生的心理素质提出了要求。每个劳动者，无论从事何种职业都必须具备一定的心理素质。通用的职业心理素质有勇于竞争的自信力、经受挫折的容忍力、不断进取的坚毅力、对待批评的分辨力、行为抉择的自我控制力、环境

变异的适应力等。当然，不同职业和岗位对人的心理品质的要求各有侧重。

健康的职业心理具有重大作用：有助于个人潜能的发挥以及学习、工作效率的提高；有助于个人不断适应环境，适应现代社会；能有效促进身体健康；有利于个体充分享受生活的乐趣；有利于群体心理环境的优化。

（六）加强职业交往

大学生建立良好的人际关系，要做到以下几个方面。

1. 自信乐观

自信即相信自己；乐观指精神愉快，对事物的发展充满信心。自信乐观是一个人良好心态的表现。具有这种自信心和乐观生活态度的人，对人际关系中的合作或竞争，对自己事业的发展，总是怀有美好的憧憬。在自我表现上必然是精神愉快，精力充沛，容光焕发，生气勃勃，充满活力；在为人处事上则真诚友善，忍让豁达，应付自如，落落大方。

2. 谦虚谨慎

谦虚是一个人应当具备的非常重要的道德品质。一个谦虚的人，在社交活动中，往往把尊重他人当作自己崇高人格的体现。

3. 真诚稳重

所谓"真诚"，就是"真实""诚恳"，是一种发自内心的情意。真诚的出发点是友善，是获得他人信赖的重要条件，真诚需要与稳重相配合。

4. 宽容豁达

宽容大量在人际交往中是一种宽厚、忍让的道德行为。在社会交往中，宽容豁达主要表现在，当别人的缺点或错误给自己带来不利或损害时，能采取友善的谅解和容忍的态度，而不是得理不饶人。

5. 处变不惊

处变不惊，镇定自若，是一种大将风度。没有很好的思想修养和心理素质，不经受一定的磨炼，是不容易达到这种境界的。大学生要在社交中自觉积累社交知识和经验，提高自控能力和随机应变能力。

（七）提升创新素质

创新是现代社会发展的生命力所在，是智慧人生的源泉，也是大学生形成自身竞争力的重要支撑。面对日益激烈的市场竞争，只有具备创新素质，才能在竞争中永远立于不败之地。

创新素质作为一种高层次的素质，是在人的一般素质的基础上培养起来的，是在基本素质充分发展前提下形成的，是基础层面素质的积淀和升华。创新素质由创新意识、创新精神、创新能力和创新人格等要素组成，体现着个体所具有的身心素质的最高水平。因此，重视以培养学生的创新素质为目标的创新教育，不断提升大学生的综合素质，是一项十分重要的工作。只有具备创新素质的人才，才能在社会生活的各个领域和不同工作岗位上做出不平凡的业绩。

第二节　大学生管理能力培养

一、大学生自我管理能力

自我管理又称自我监控、自我控制、自我调整、自律性管理，是自我意识的重要组成部分。自我管理是指个体对自身的心理与行为的主动掌握，调整自己的动机与行动，以达到所预定的模式或目标的自我实现过程。

自我管理能力是人对自身的生理、心理、行为各方面的一种自我认识、自我感受、自我料理、自主学习、自我监督、自我控制、自我完善的能力。人的自我管理能力随着年龄的增长、知识学历和社会阅历的提高，呈逐步提高的趋势，但因个体差异和生活环境不同，他们之间存在较大的差异性。本节主要介绍自我管理中的情商和财商管理。

（一）情商

情商（EQ）又称情绪智力，是近年来心理学家提出的与智力或智商相对应的概念。它主要是指人在情绪、情感、意志、耐受挫折等方面的品质。

1. 情商是什么

心理学家认为，情商包括以下几个方面的内容：一是认识自身的情绪，因为只有认识自己，才能成为自己生活的主宰。二是能妥善管理自己的情绪，即能调控自己。三是自我激励，它能够使人走出生命中的低潮，重新出发。四是认知他人的情绪，这是与他人正常交往，实现顺利沟通的基础。五是人际关系的管理，即领导和管理能力。

情商的水平不像智力水平那样可用测验分数较准确地表示出来，它只能根据个人的综合表现进行判断。心理学家还认为，情商水平高的人具有如下特点：社交能力强、外向而愉快、不易陷入恐惧或伤感、对事业较投入、为人正直、富于同情心、情感生活较丰富但不逾矩、无论是独处还是与许多人在一起时都能怡然自得。

2. 提高情商的方法

（1）学会划定恰当的心理界限。你也许自认为与他人界限不明是一件好事，这样大家能很好地相处，相互之间也不易产生激烈的矛盾。这听起来似乎有点道理，但它的不利之处在于，别人经常伤害了你的感情而你却不自知。

（2）想抱怨时停一下。对于没完没了的抱怨，我们称之为唠叨，抱怨会消耗精力而又不会有任何结果，对问题的解决毫无用处，又很少会使我们感到好受一点。

压力有时并不是个坏东西，它也许会让你感觉不舒服，但同时也是促使你产生进行改变的力量。一旦压力减轻，人就容易维持现状。然而，如果压力没有在抱怨中流失，它就会堆积起来，到达一个极限，迫使你采取行动改变现状。

因此，当你准备向一个同情你的朋友抱怨时，先自问一下：我是想减轻压力保持现状，还是想让压力持续下去促使我改变这一切呢？如果是前者，那就通过抱怨把压力赶走吧。每个人都有发牢骚的时候，它会让我们暂时好受一些。但如果情况确实需要改变的话，下定决心切实行动起来。

（3）从难以相处的人身上学到东西。我们的周围有很多难以相处的人，他们是提高自身情商的帮手。例如，可以从多嘴多舌的人身上学会沉默，从脾气暴躁的人身上学会忍耐，从恶人身上学到善良。

应付难以相处的人最有效的方式就是灵活。也就是说，发现他们的行为方式，在与之交往的过程中，尽量灵活地采用与之相同的方式。

（4）突破常规，尝试新方式。你是一个性格开朗外向的人，还是性格内向、只喜欢独处或和几个密友在一起的人呢？你喜欢提前计划好每一天，以知道要干些什么事，还是毫无计划呢？人人都有自己的偏爱，如果可以选择的话，每个人都会选择自己偏爱的方式。然而，突破常规，尝试截然相反的行动，会更有助于我们的成长。

例如，总是在聚会中热衷于成为话题中心的人，可以试着让那些平日毫不起眼的人出出风头。再如，总是被动地等待别人和自己搭讪，不妨主动上前向对方问个好。

（二）财商

1. 财商的含义

所谓财商，是指理财能力，特别是投资收益能力。财商是一个人认识金钱和驾驭金钱的能力，是一个人在财务方面的智力，是理财的智慧。它包括两方面的能力：一是正确认识金钱及金钱规律的能力。二是正确应用金钱及金钱规律的能力。

财商并不仅仅是人们现实的唯一能健康发展的智能，而且是人为观念和智能的一种，当然也是非常重要的一种智商，是一个人最需要的能力，也是最被人们忽略的能力。财商不是孤立的，而是与人的其他智能和能力密切相关的。

财商是与智商、情商并列的，是现代社会能力三大不可或缺的素质。可以这样理解，智商反映人作为一般生物的生存能力，情商反映人作为社会生物的生存能力，而财商则是人作为经济人在经济社会中的生存能力。

"财商"并不在于你能赚多少钱，而在于你有多少钱，你有多少能力控制这些钱，使之为你带来更多的钱。

2. 人生就是时间和金钱的平衡

一位成功的企业家说过，生活，抽象地说就是追求时间和金钱的一种平衡。人生下来就是为了使自己生活得更好，这个更好的标准就是使时间和金钱达到一种自己理想的平衡状态。

大多数人都能够使自己的时间和金钱达到一种平衡，或者说这是人的本能。为了使自己感觉比较舒适，都会在潜意识中调节着时间和金钱，达到自己满意的平衡状态。不过每个人能力所及的时间和金钱的掌控范围是不一样的，所以同样是平衡，但是表现出的效果却有很大差别，或者说每个平衡体现出的生活品质有很大的差别。

时间和金钱的平衡高度，高了也是平衡，低了也是平衡，但是平衡方式却完全不同。一种是一边花费时间去换得金钱，一边又花费金钱换得时间，不断地在时间和金钱上来回交换，无形中宝贵的生命就这么浪费了。很多人习惯了浪费时间讨价还价省小钱，习惯了货比三家到处跑，浪费时间买最便宜的；习惯了拼命工作，梦想着攒钱变富。这些其实都像老鼠赛跑一样，在时间和金钱的跷跷板上跑来跑去，疲于奔命地追求平衡，但是永远难以提高。平衡的高度是完全让金钱服务于时间，把自己有限的生命最大化地利用好，追求更高的时间和金钱的平衡度。

人的一生中最宝贵的是时间，这可以说是生活中最有限的要素。问题是只有首先把你的金钱趋于无限，你才可能尽量地去挽救你的宝贵时间，要想节省你的时间，延续你的生命，从现在开始就应该考虑改变用时间换金钱、花时间省金钱这种平衡方法。

3. 财商是拥有财富的关键

财商尤其是高财商，无疑是拥有财富的关键。

案例分享

甲骨文公司总裁拉里·埃利森，论智商大学没有毕业，论情商硅谷无人敢恭维，他情绪无常，脾气暴躁，翻脸不认人。但就是他，1977年与人合伙开办了甲骨文公司，从事软件开发业务，经过十几年的经营，1986年成为上市公司。现在，其个人资产达474亿美元，并大有超过世界首富比尔·盖茨之势。同样的事例有汽车大王亨利·福特，他刚愎自用，小时候学习成绩很差，仍然因为创造了一个汽车帝国而富甲天下。

美国石油大王约翰·洛克菲勒曾经说过："即使把我衣服脱光，再放到没有人烟的沙漠中，只要有一个商队经过，我又会成为百万富翁。"美国企业家尤伯罗斯在没有政府资助一分钱的情况下，筹集数亿计的资金，成功举办了第23届奥运会，在奥运历史上写下了开天辟地的一页。华人首富李嘉诚，凭借其超人的"财智"，洞察先机，敢为人先，数次化解危机，谱写了一个个传奇的财富故事。他们依仗的均是过人的财商。

许多人都有这样的体验，大学毕业后的几年或十几年，有些同学发了财，而这些人在大学读书时或许并无多少过人之处，于是有的人会说他们是运气好。其实不然，这些人正是利用其对金钱的敏锐性以及对财富的了解和把握，准确捕捉到了致富的机遇，从而获得了财富。

《理财周刊》曾报道了六位普通的年轻人，这六人在三十岁前就成为百万富翁，他们的财商是许多同龄人所不及的。他们不是靠赌博性投机致富，而是依靠自己的聪明才智，依靠对机遇的把握，依靠过人的理财技巧。

因此，我们说财富就是财商在个体或群体中的价值表现，是人们按照金钱运动规律行动的必然结果。财商已不仅是一个心理学概念，而是一门新知识、新学问。财商能在这么短的时间里被大众所迅速接受，源于它的巨大价值潜力，源于它对财富的关键乘积效应。财商需要培养，我们任何人都能从理财的学习和实践中不断提高财商，从而实现财富积累，实现财富人生。

$$财富=（智商+情商）×财商$$

二、大学生时间管理能力

时间管理技能被称为当今职业人三大核心技能之一，是一个人职业化素养的重要体现。高效的时间管理技能，不但是实现自我目标的保证，亦是团队和企业完成任务目标的重要保障。培养自己的高效时间管理技能，将大大提高你实现目标的可控性，提升自己未来职业发展的核心竞争力。

案例分享

六点优先工作制——价值 2.5 万美金的时间管理方法

美国伯利恒钢铁公司总裁理查德斯·舒瓦普，为自己和公司的低效率而忧虑，于是去找效率专家艾维·李寻求帮助，希望李能卖给他一套思维方法，告诉他如何在短时间内完成更多的工作。艾维·李说："好！我10分钟就可以教你一套至少提高效率50%的最佳方法。你把明天必须要做的最重要的工作记下来，按重要程度编上号码，最重要的排在首位，以此类推，早上一上班，马上从第一项工作做起，一直做到完成为止，然后用同样的方法对待第二项工作、第三项工作……直到你下班为止。即使你花了一整天的时间才完成了第一项工作也没关系，只要它是最重要的工作，就坚持做下去。每一天都要这样做。在你对这种方法的价值深信不疑之后，叫你的公司的人也这样做。这套方法你愿意试多久就试多久，然后给我寄张支票，并填上你认为合适的数字。"

舒瓦普认为这套思维方式很有用，不久就填了一张25 000美元的支票给李。舒瓦普后来坚持使用艾维·李教给他的那套方法，五年后，伯利恒钢铁公司从一个鲜为人知的小钢铁厂一跃成为不需要外援的大型钢铁生产企业。舒瓦普常对朋友说："我和整个团队坚持拣最重要的事情先做，我认为这是我的公司多年来最有价值的一笔投资！"

（一）评估你的时间管理能力

（1）写出近期内一天的时间安排。

（2）计算出每一项内容所用时间。

（3）评估每一项内容实际用的时间与必需时间之间的差距。

（4）计算出这一天的时间利用效率。

按照你的实际情况填写表3-2：

（1）我这一天的时间利用率是：

_____

_____

（2）面对这种情况，我的感受是：

_____

_____

（3）为了提高我的时间利用率，我需要改进的是：

_____

_____

（4）取得这些进步我所需要的支持是：

_____

_____

（5）我的下一步行动计划是：

_____

_____

表3-1　时间管理能力评估

内容	所用时间	必需时间	多用时间	备注
合计				
时间利用效率			时间利用率=多用时间/实际所用时间	

（二）时间管理的方法

时间管理是需要学习的，这和同学们努力学习专业技能一样。时间管理也是需要练习的，在明了相关原则及技巧之后，必须身体力行，加以实践，才能为自己抢得宝贵的时间。

最成功和最不成功的人拥有相同的时间，区别就在于他们如何利用这些时间。条件基本相同的两个人同时面对相同的工作量，有的焦头烂额，而有的轻松自如。问题出在哪里呢？那就是分清事件的轻、重、缓、急，按照事情的重要性和紧急性对所有可能的活动进行分类，如图3-1所示。

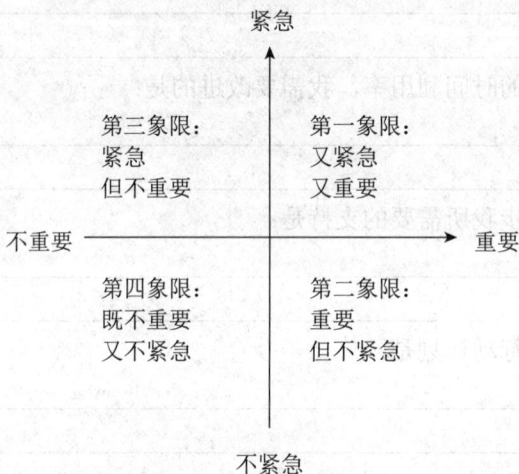

图3-1 时间管理四象限

1. 第一象限：又紧急又重要——马上处理

例如：即将到来的考试、一周后要交的实验报告、作业等。

这是考验同学们的经验、判断力的时刻，也是可以用心耕耘的园地。但同学们也不能忘记，很多重要的事都是因为一拖再拖或事前准备不足而变得迫在眉睫。许多处于这一象限的事情，都是由于缺乏有效的计划，由本处于"重要但不紧急"象限的事情转变过来的，这也是传统时间管理思维状态下的"忙"。

2. 第二象限：重要但不紧急——分阶段处理

例如：建立人际关系、期末考试、有规律的复习、锻炼身体等。

时间管理理论的一个重要观念，就是应当有重点地把主要精力和大块时间集中放在处理那些"重要但不紧急"的学习与工作上。荒废这个领域将使第一象限日益扩大，使同学们陷入更大的压力，在危机中疲于应付。反之，多投入一些时间在这个领域，有利于提高实践能力，缩小第一象限的范围。

在日常生活工作中，很多时候往往有机会去很好地计划和完成一件事，但常常又没有及时地去做，随着时间的推移，造成学习和工作质量的下降。由于这个领域的事情不会对同学们造成催促力量，所以同学们必须主动去做，把80%的精力投入该象限的事情。这样可以做到未雨绸缪，防患于未然，使第一象限的"急"事变少，不再瞎"忙"。

3. 第三象限：紧急但不重要——酌情处理

例如：不速之客、电话铃声、别人交代的事情等。

表面看上去像是第一象限的事件，因为迫切的呼声会让同学们产生"这件事很重要"的错觉，实际上就算重要也是对别人而言。同学们花很多时间在这里面打转，自以为是在第一象限，其实不过是在满足别人的期望与标准。

在划分第一和第二象限时要特别小心，急迫的事很容易被误认为是重要的事。其实二者的区别就在于：这件事是否有助于你完成某种对你重要的目标，如果答案是否定的，便应归入第二象限。

4. 第四象限：既不重要又不紧急——避免或延迟行动

例如：无节制地看电视、睡觉、玩游戏、打扑克、逛街等。

如果同学们花大把时间在这个象限，简直就是在浪费年轻的生命。实际生活中，许多人往往在第一、第二象限来回奔走，忙得焦头烂额，不得不到第四象限去疗养一番再出发。这些倒不见得都是休闲活动，因为真正有创造意义的休闲活动是很有价值的。然而像无节制地看电视、通宵玩网络游戏等，不但不是为了走更长的路，反而是对身心的毁损。

现在，同学们不妨回顾一下你上周的学习、工作和生活，你在哪个象限花的时间最多？

总而言之，高效时间管理的核心原则是：先轻重，后缓急，要事第一。也就是说，在考虑做事的先后顺序时，应先考虑事情的"轻与重"，再考虑事情的"缓与急"。

拓展阅读

时间活用十六原则

1. 计划性原则——欲速则不达。
2. 标准化原则——遵守规则。
3. 系统化原则——能适当地委任别人去做。
4. 重点管理原则——掌握关键，得其要领而为之。
5. 整顿原则——下定决心选择。
6. 时机原则——抓住并利用时机。

7. 简单化原则——不把问题复杂化。

8. 时间限制原则——确定时间的界限来促进工作的完成。

9. 劳动力节省原则——时而忙里偷闲，放松后事半功倍。

10. 空档原则——越会休息越能节省。

11. 预见原则——先见之明。

12. 人性原则——鞭策他人却不操纵他人，提出符合别人意愿和动机的要求。

13. 传递信息原则——尽早通报，自己的决定尽早通知别人。

14. 一边……一边……原则——多用途使用时间，统筹兼顾。

15. 自动寻求原则——以构想创造时间，自动寻求问题，想出适合解决这些问题的独特方式。

16. 克己制胜原则——控制和克服懒惰性和踌躇不前、犹豫不决的弱点，控制和克服工作中遇到困难就降低标准的恶劣习惯。

思考与练习

1. 什么是职业素质与职业观？

2. 大学生应具备哪些基本的职业素质？

3. 根据对自己的分析，你认为自己（可能）存在哪些职业素质方面的不足？如何进行弥补？

4. 什么是情商？你认为自己在情商方面存在哪些优势和不足？如何改进不足？

5. 什么是财商？你认为自己在财商方面存在哪些优势和不足？如何改进不足？

6. 根据本书介绍的时间管理方法，你认为自己存在哪些不足？如何改进不足？

第 四 章

大学生职业生涯规划的实施

本章导读

研究一些成功者的人生轨迹，就会发现他们走向成功之前大都有明确的方向和目标，都会制订较为具体可行的计划并付诸行动。对于即将走向职场的大学生，明确个人职业发展奋斗目标，并为实现目标积极行动是非常重要的。本章主要探讨怎样进行职业生涯规划决策以及如何撰写职业生涯规划书，从而实现自己的职业目标。

学习目标

1. 了解影响职业规划的因素。
2. 掌握职业生涯规划的原则。
3. 掌握职业生涯规划的基本步骤。

导入案例

我该何去何从？

关于职业的问题不停地出现在我的脑海中。这个问题是一个重要又紧迫的问题。很多时候我迷茫、焦虑：我究竟喜欢什么职业？我对什么工作感兴趣？很多时候我自己都无法回答，一直很困惑。

我今年上大二了，而且到了下学期，突然觉得时间过得很快，一转眼就是大三，然后就大四毕业了。但是毕业之后该做什么呢？我是学公共事业管理的，什么都能做，又什么都不能做。从大多数人的发展来看有两条路：一是考研，继续深造。二是考公务员。而这两个我都不是很喜欢，觉得应该还有其他的职业适合我。我父母希望我考公务员，但我清楚自己做不来公务员，因为我不是个很"安分"的人。至于考研，我不知道对自己的专业还有多少热情来继续下去，但是无疑这两条道路都很安定，而我所谓的其他职业，很不安定，而且也不一定真的能做自己想做的。所以，当我再思考这件事情时，我开始头痛了。

我的同学都很努力，他们很认真地考英语四六级、GRE、TOEFL、口译证书等。跟他们在一起时，我发现自己很差劲，他们执着于英语考试当中，而我背单词老是忘，这个时候我觉得心里很难过，虽然表面上无所谓。

就这样，迷惘的前途及失落的现状，给我带来了巨大的心理压力，然后随着自己一次次地不断自责，压力越来越大。

评析

当大学生对未来满怀期待和憧憬时，每一个人首先要思考的问题是：我将从事什么样的工作？我的职业发展领域在哪里？当你打开门走出去时，如果不知道自己要去哪里，要干什么，可能得到什么结果：你会走许多弯路，碰不少钉子。在人生道路这个宏大的问题上，应该深思熟虑、精心筹划自己的目标之后再出发。一个人将成为什么样的人在很大程度上取决于他选择了什么样的路。

第一节 影响职业规划的因素

在社会的发展潮流中，每个社会个体都扮演着不同的社会角色，他们各司其职，从事着不同的工作。有的人，工作很顺利，生活水平一天一天地上升；而有的人，工作很不顺心，时常被突然出现的困难弄得手忙脚乱，慢慢地就失去了工作的信心，究其原因就是在职业选择时对影响职业生涯设计的有关因素缺乏仔细考虑。众所周知，影响职业生涯设计的因素有很多，既有外界环境的影响，也有个人内在的因素制约，这二者是一个整体，要统一考虑。

一、个人因素

影响大学生职业规划的个人因素主要有理想、兴趣爱好、身体状况、个性特征和能力特长等。

（一）理想

爱因斯坦曾说，每个人都有一定的理想，这种理想决定着他的努力和判断的方向。人要有理想，没有理想就没有目标和方向。每个人小时候都有梦想，希望长大以后能做什么，能过什么样的生活。当然小时候的梦想还是不切实际的，有时候只是一种幻想，而理想是基于现实考虑基础上的人生发展目标。人生理想的实现，就是把理想从观念转变为现实。理想和现实既是一对矛盾，又是统一的关系。理想不等同于现实，它高于现实，是现实的升华；但是理想不能脱离现实，它源自于现实，是现实生活的反映，现实是理想的基础，理想是未来的现实。我们追求的理想，就现实来说还是不存在的。理想转化为现实是一个艰苦奋斗的过程，我们要认清现实，不断开拓进取，创造条件，使理想变为现实。职业发展目标的确定要以个人的理想为基点。

案例分享

做一名西部志愿者

她是一名很普通的大学生，和很多人一样，她也有着自己"小小"的梦想。这位毕业于北京一所高校的大学生——小袁，在自己毕业后毅然决然地选择了支教这条路，成为2015年"大学生志愿服务西部计划"的一名志愿者。

据她自己回忆，在大学阶段，她就一直从事着有关志愿服务的事情，越来越多的社会经验和志愿活动给了她很多的锻炼机会，为她今后寻找工作提供了非常丰富的经验。在大三时小袁迫于就业的压力选择了考研这条路。随着时间的不断推进，小袁发现自己对考研实在没有什么兴趣，难以继续下去，与其浪费时间做无谓的事情，还不如做点有意义的事情，所以她放弃了考研。

小袁从小就有一个梦想，想去教书，去一个需要她的地方教书。从高中开始，她就梦想着做一名西部志愿者，所以选择去了内蒙古，当了一名支教老师。在那里，小袁圆了自己的梦想，实现了自己的人生价值。

（二）兴趣和爱好

兴趣是个体以特定的事物、活动及人为对象，力求认识、掌握，并经常参与或积极探究的态度和情绪，是个人对事物追求的推动力，能够激发个人潜在的能力。孔子曰："知之者不如好之者，好之者不如乐之者。"孔子将学习分为三个层次，"乐学"是最高层次，在他看来，只有乐于求学，才能做好学问。大学生在做职业规划时，首先要考虑的因素也是兴趣和爱好，并结合自身的专业能力及就业市场的需求，将内在因素与外在条件统一起来，做出合理的选择。兴趣和爱好是每个人做事的内在动力，有了对一件事情的兴趣，就会尽力去做好它，并且会从中获得快乐和成就感。

案例分享

小李是北京某高校英语专业的一名大学生，在自己的努力下考取了外交学院硕士研究生。她在父母、老师的眼中一直是个有主见的人，她有自己的想法，有自己的规划，有自己的追求。

来自小城镇的小李刚步入大学时，内心无疑是充满激动和好奇的，但是时间一长，她慢慢体会到城镇和城市的差距，内心的恐惧和自卑慢慢溢出胸口。大学之前，她的英语成绩一直在班里都是非常拔尖的，她非常自信能够在大学脱颖而出。但是接触到专业课程之后，她才明白差距在哪里，之后的日子里，她一直坚持读英语，在发音和语调上花了很大的功夫，渐渐地，她又开始对自己充满了信心。凭借着自己对英语的爱好和不断的锻炼，在大二结束时，她的成绩已经跃居年级第一。

在大三的时候，小李又面临一次人生的艰难抉择。因为三年以来的综合排名都是年级第一，保研已经是板上钉钉的事情，但是她却拒绝了这个机会，选择了考取外交学院，那是她一直以来的梦想，对此她有着浓厚的兴趣，只有这样才能实现自己的价值。在征得了父母、老师的认同之后，她开始了艰辛的考研生活，为了那个梦想，她不懈地努力，最终考上了自己梦寐以求的外交学院。

从小李的求学经历来看，兴趣爱好是一个人步入成功的重要垫脚石，以自己的兴趣爱好为基础确定自己未来的方向是非常重要的。小李自身的条件并不占有很大的优势，但是她很有毅力，目标也很明确，所以她才会选择英语专业，放弃保研的机会。

（三）身心健康状况

身心健康才能保持愉悦的心情，才能有体力、脑力工作。不同的职业对职员的身心状况的要求是不同的，但最基本的就是健康。身心健康包括身体健康和心理健康两个方面。按照世界卫生组织关于身心健康的标准，身体健康主要指食欲好、饮食均衡、消化系统好、体格健壮、机体协调能力好、反应敏捷、睡眠好、精神饱满等；心理健康主要是指处事乐观、性情稳定、意志坚强、态度积极、善于交际等。在做职业规划时，身心状况也是需要考虑的因素。

案例分享

北京某高校法学专业的毕业生小刘，在经历了大学期间种种酸甜苦辣之后，选择做北京市门头沟区妙峰山镇水峪嘴村的一名村主任助理。

小刘是个不怕失败也敢从失败中走出来的人，有着不怕苦不怕累的精神，在面对巨大压力时，能表现出超人的毅力和坚强。在大三寻找实习单位的时候，她就已经了解到了找工作的压力。一开始，小刘本着对法学的热情和爱好，学习了知识产权法这门课，暑假期间，她满怀期望地去求职，一次次碰壁让她明白了就业的艰辛。后来她反复思考对策，在大四的时候选择了考研，可是却惨遭失败，之后又是参加各种各样的招聘会，都不尽如人意。几经转折之后，她当上了北京市门头沟区妙峰山镇水峪嘴村的为数不多的"女村干部"，为广大基层做服务。

因为是在基层工作，必然少不了艰辛，但是她都咬牙坚持下来了，好在她身心状况良好，不管遇到什么棘手的事情都能积极去解决。

（四）个性特征

性格决定命运，命运决定未来。一个人的性格和他今后的发展有着千丝万缕的关系。性格坚韧的人一般能够创造事业的高峰；性格软弱的人，经不起大风浪，注定了一生碌碌无为，平庸度日。我们在做职业生涯规划时，一定要考虑到自身的性格条件，以此为基准了解自己适合怎样的职业环境，才能把自己的职业目标放在适合的高度上，即不会因为目标太高无法达到而焦躁不安，致使自己走向下坡路或者停滞不前；也不会因为目标太低，早早实现而无法取得突破。性格的重要性在就业的早期可能表现得不是很明显，经过一段时间的磨合，性格表现显得尤为重要，决定了个人今后职业发展的高度。

大学给了大学生解放天性的舞台，少了约束，多了自由，但是同样很多大学生却在这种放松的状态中迷失了方向。

案例分享

计算科学专业毕业的学生——小潘，在经历了大学四年的洗礼之后，成功地进入中国工商银行数据中心工作。现已工作的她回忆起自己大学阶段的经历仍充满了很多复杂的情绪。

她在提及找工作过程中应该注意的事项时，反复地强调要根据自己的性格、能力去选择一个适合自己的方向。在初入大学时，她还是个内向、不爱说话的人，再加上自己的专业是数学，她更愿意待在图书馆学习，很少和别人交流，但是始终不变的就是对专业技术的追求。在大二、大三的时候，为了积累工作经验和人力资本，她参加了很多实习工作，在此期间体验到了那些大公司的企业文化，这些都是书本中学不到的知识。之后，她仍然在收集有关就业方面的信息，制定好求职策略，选择了一些需要重点关注的公司和行业为将来的应聘做好准备。找工作既是生理战争也是心理战争，小潘在经过了三次激烈的竞争之后成功地进入中国工商银行数据中心。

小潘能够在事业上取得成功，很大程度上都是因为她能够清晰地认识社会形势，理性地对自己进行定位，对于考研还是工作的取舍很干净利落，所以她就有更多的时间去准备就业问题。找工作的过程中，她善于收集信息、积累经验，细心，耐心，不怕麻烦，始终保持着一往无前的进取心。

（五）能力特长

能力是完成一项目标或者任务所体现出来的素质；特长，是你现有专长和潜在专长的总称。特长一般有基础特长，如沟通能力强、组织能力强等；专业特长如计算机熟练、擅长策划等。世界上没有两片完全相同的树叶，在能力特长方面也没有两个完全相同的人。你的能力特长在很大程度上决定着你未来就业的领域和发展空间。有良好的交际公关能力，可以选择从事营销工作；有良好的协调组织和管理能力，可以选择从事企业管理和高校辅导员等工作；有良好的舞台表演和音乐特长可以选择从事导演、演员等工作。人生充满了选择，许多大学毕业生的职业选择都不是一次性完成的，需要多次不懈的选择才能实现个人的职业理想，而根据自身能力特长做好职业规划则会为就业成功增添筹码。

案例分享

毕业于上海某高校市场营销专业的学生张盈是一位长相清秀的女生，她在大一时就对本专业的就业方向进行了了解，为了能够更好地就业，她在大学期间就积极参加学校的各种活动，锻炼自己的人际交往能力，在课余时间也对化妆品很有研究。毕业时她选择了某化妆品公司的销售岗位作为自己求职的目标。

在应聘时，她利用招聘会前的一周时间，为那家公司拿出了一份市场调研报告。在几天时间里，她对该公司所有的化妆品做了细致的市场调查，从市场份额、产品到竞争对手等各方面的情况都了解得清清楚楚，拿出了一份有分量的市场调研报告，发挥了自己的专业特长和个人优势。在招聘会上，她击败了众多学历高于她的竞争者，顺利地被公司录用。

张盈能够应聘成功，其中一个重要的原因是她在找工作时尽可能发挥自己的个人能力和专业特长，从而在竞争中胜出。

二、社会因素

影响职业生涯规划的社会因素主要包括社会经济发展状况、政治环境、文化环境、社会需求、家庭影响等方面。

（一）经济发展状况

国家经济发展的整体水平对大学生职业生涯发展具有指向性影响，就我国而言，GDP每增长一个百分点，就会提供几百万个就业岗位。近年来，我国经济增长迅猛，产业结构不断升级，各地区各行业对高素质人才的需求量日益增加，为高校毕业生就业创造了广阔的空间。同时，社会经济大环境的改变，不仅从整体上影响社会经济的兴衰，更主要的是使不同地区、不同行业和不同企业之间的发展差距加大，这些都影响到大学生的职业规划。如今很多大学生都愿意去经济发展水平较高的城市或者地区，因为那里的企业相对集中，有很多优秀的知名企业，对人才的需求量也比较大，职业选择的机会相对较多，有利于个人职业的发展；相反，在那些经济相对落后的城市或者地区，个人职业发展会受到一定的限制。

（二）政治环境

经济基础决定上层建筑，但政治同时也影响着经济的发展，进而影响到企业和个人的发展方向。这里说的政治环境主要是指国家制定的政策、法律法规等，尤其是和就业有关的政策法规。国家就业政策的导向性直接影响着大学生职业生涯目标的确立。不断优化的就业政策为大学生顺利完成从学生角色到职业角色的角色转变创造了良好的政策环境，与以往我国的就业政策和环境相比较，当前的大学生就业不再受户口指标、人事指标以及各种行政条约所限制，为大学生在全国范围内自主择业就业以及人才的自由流通提供了更好的条件。同时，为了缓解当前区域之间、城乡之间的人才不平衡状况，实现经济的健康协调可持续，国家出台了"选调生""三支一扶""选聘生""大学生应征入伍""西部计划"等就业政策，扩大了对基层和经济欠发达地区的人力支持和技术帮助，也对大学生的职业发展提供了重要的政策引导。

（三）文化环境

我们这里所说的文化主要包括教育水平、教育条件和社会文化设施等。生活在良好的社会文化环境中，人们能够受到良好的教育和文化熏陶，对一个人的思想、行为等都会产生积极的影响，这对其未来职业的发展具有重要的意义，为职业生涯打下一个良好的基础。文化对社会的反作用是不容忽视的，社会文化更是会影响人们的行为和价值观念，而价值观会直接影响人们的职业方向选择。如笃信"学而优则仕"的人，价值取向就会是"管理人的人"，其职业选择方向就会是管理者、公务员等；一个坚信"自由价更高"的人，职业方向选择就可能是记者、经济人、自由撰稿人等自由职业。

（四）社会需求

社会需求是决定大学生职业生涯规划和选择的一个重要客观因素。一是影响职业选择的实现程度。当社会需求大于供给，大学生就业机会多，职业目标较容易实现；反之，就业机会少，职业目标较难实现。二是社会需求影响职业选择的时间性机遇。用人需求具有时间性，只有当用人需求付诸招聘实践时，它才为大学的职业选择提供机遇条件，因此，能否有社会需求的时间性机遇，对大学生职业选择的成功与否影响巨大。三是社会需求影响职业选择的范围。大学生的职业选择要在社会需求的范围内进行考虑，越出这个范围，就不可能获得成功。四是社会需求影响职业能力的发展。职业能力的发展要按照个人的兴趣，但是也要符合社会的需求，有的大学生不顾社会需求，而只是盲目地按个人的喜好发展能力，这样，虽然具备了某些方面的知识与技能，但不为社会现实所需，也无法凭此技能实现职业目标。

（五）家庭影响

家庭是最小的社会单元，是一个人最初生活和成长的、最熟悉最亲密的小环境，对人的成长的影响巨大，对大学生职业生涯规划的影响也不容忽视。这种影响反映在几个方面：一是家庭期望值。家庭对大学生的期望值大小不同，期望值高，大学生选择的职业方向相对而言就是社会上的热门，社会地位和收入等都较高；期望值低，则容易选择那些与大学生自己的爱好、能力等相匹配的职业方向。二是家庭需要。很多大学生职业的规划就是为了满足家庭的需要，比如家庭成员中有患疑难病或慢性病的，则选择医药职业方向的比例就比较高；家庭开办公司企业的，则选择经营管理类职业的比例就较高。三是家庭的支持力度。每个家庭对大学生职业选择都会给予支持，但支持的力度有很大差别。这主要是由于家庭成员的社会地位、经济条件、社会关系等不同造成的。如果家庭支持的力度小，则大学生在选择职业方向时，个人的兴趣、爱好等因素考虑得就较少，主要关注的是容易进入的职业和较顺利获得的职位；反之则会考虑个人的兴趣爱好，寻求更高、更好的职业目标。四是家庭的教育目标、生活水平、家长的职业态度等，也会对大学生职业生涯规划起到重要影响。

第二节　职业生涯规划的原则

任何规划都需要依据一定的原则，考虑多方面的影响因素，提高职业生涯规划的合理性、可行性和有效性，否则，规划就会缺乏合理性，理想也就只能成为空想。

一、全面性原则

进行职业规划一定要考虑诸多因素，如兴趣爱好、能力特长、性格特征、社会资源、社会需求等，要考虑全面，制定的规划才合理。

二、挑战性原则

为避免陷于平庸，制定的目标或措施应具有一定的挑战性。目标高于自己的实际能力，但是经过努力又可以实现，才能产生激励，驱使自己奋力拼搏。目标实现后，会产生成就感，同时又会朝下一个目标努力。

三、清晰性原则

进行职业规划时，目标要明确，步骤要详细，措施要具体。目标明确就是把总目标分解成具体的目标，如规划十年长期发展目标：在公司处于什么层次，创办的公司达到什么规模，个人资产达到多少等。详细步骤就是将长期目标分解成五年、三年、一年的中期发展目标和短期发展目标，分阶段实施、推进，为每个中短期发展目标制定详细的实施步骤和方法，确定完成的时间表。措施具体就是为了实现长期发展目标，需要学习哪些知识和技能，做哪几项工作等，围绕总体目标计划好学习、培训、工作、创业等。

四、动态性原则

职业生涯规划应当是动态的，要根据各种环境条件的变化做出适当的调整，不能一成不变，也不能按部就班；通过反馈、修正，才能始终保持目标和措施切实可行。

五、持续性原则

人的一生是由各个阶段目标组成的一个总目标，是一个持续连贯、衔接发展的过程，因此，应该考虑人生发展的持续过程，注意总目标与阶段目标的统一、人生总规划与具体规划的统一。在每个阶段的任务完成后，及时进行总结、反馈和调整，保持发展过程的连续性，推动总目标的实现。

六、择己所爱的原则

"兴趣是最好的老师"，择己所爱的原则是规划职业生涯的一个重要原则。所谓爱，是对人和事物有很深的感情，是事业成功的催化剂。研究表明，如果一个人热爱他所从事的工作，就能最大限度地发挥潜能，并能从工作中得到乐趣，长时间保持高效率工作而不疲倦。李时珍踏遍青山，尝遍百草，始写成《本草纲目》；马克思呕心沥血，历经四十载，方写成《资本论》。无数事实证明，择己所爱是事业成功的秘诀。

七、择己所长的原则

择己所长的原则就是根据自己的能力特长规划职业生涯。每个人的能力是不同的，每个人都有某方面的特长，也有某方面的不足。让兔子去跑，不要让猪唱歌。我们要正视自己的特长和不足，做出适合自己的规划。一个人不能择己所长，恰如英雄无用武之地，浑身的解数都使不出来。事实证明，择己所长不仅体现了人尽其才、才尽其用的原则，而且体现了对职业负责和对自我负责。

八、择世所需的原则

没有社会的需要，就没有职业和职业的分工，也不存在所谓的职业生涯的规划。职业生涯规划必须依据社会需要进行，如果无视社会的实际需要，一味地自我规划，就是主观臆断，不切实际，职业生涯就很难成功。如果根据社会的实际需求去规划和选择职业，相对来说就会比较顺利。

阅读下面的案例，分析作家郭敬明所坚持的职业生涯规划原则。

案例分享

郭敬明的职业生涯规划

郭敬明，这个出生在20世纪80年代的阳光大男孩，如今他的小说不仅伴随着"80后"的成长，而且也影响着"90后"，并开始被"00后"所喜爱。不管他的文学水平、导演水平、身高到底如何，如果单从一位创业者的角度来看，他是很成功的。

郭敬明，在年轻人一代中颇有影响力的一位作家，他的创业生涯也是极具传奇色彩的。郭敬明在写作上有着极强的天赋，在启蒙老师陈泽宇的鼓励下，在小学二年级他就开始尝试着写作投稿，步入初中后，他便涉猎了各种名家小说和散文，在初二的时候就已经发表了他的处女座《孤独》，由此，他开始了自由写作的生涯。凭着多年的写作技巧，步入高中的郭敬明更是以"第四雏"的网名收获了很多人的青睐。接着他便以自己的第一部中长篇小说《幻城》打响他在文学界的第一炮，并连续发表了《左手倒影，右手年华》《梦里花落知多少》，从此，郭敬明的名字便住在了年轻人的心里。2004年，郭敬明成立了"岛"工作室，以《夏至未至》《迷藏》《悲伤逆流成河》等优秀作品成功地吸引了世人的眼球。

不仅如此，郭敬明在影视领域也有不容小觑的造诣。郭敬明担任了《小时代》的编剧和导演，电影上映首日，排片率便达到了43.3%，收获了7 300万元人民币的票房。刷新2D国产片最高首日票房纪录，影片票房超过4.8亿元。无论是在文学领域还是在影视领域，郭敬明无疑都是成功的，他对商业的敏锐"嗅觉"，促使他一度成为大众的宠儿。

谁都不能否定郭敬明令人惊叹的文学才智，但是他之所以能够如此成功，仅仅靠所谓的天赋是不可能的。他和平常人一样，有着最普通的身份；他又和平常人有着巨大的差别，那是因为他能看到商机，能始终坚持着自己的目标，一步步走来，一步步创造出自己的神话。如今的他已是上海最世文化发展有限公司的董事长、《最小说》《最漫画》《放课后》杂志的主编，他的人生才刚刚开始，他的传奇也正在开始。

郭敬明从小学、中学、大学，一路走来，步履艰辛。单从创业的角度来看，他无疑是极具代表性的，他始终了解大众真正需求的是什么。他的小说、影视作品都受到了青年一辈的热烈追求，他抓住了大众的审美要求，并以此为目标，一步一步去实现，所以他成功了。

第三节 大学生职业生涯规划的步骤

一、自我评估

职业生涯规划最基本的工作是做到知己，即对自己的内在条件进行评估，进而客观全面地认识自己、了解自己，充分了解自己的兴趣爱好、能力特长、个性特征、知识技能、智商情商、思维方式等。只有全面客观地认清自己，才能端正态度，树立合理的职业发展目标，选择适合自己的职业，选择合适的职业生涯路径，进而脚踏实地、循序渐进。自我评估包括要弄清楚自己想干什么、能干什么、应该怎么干。自我评估方法很多，既可以进行自我反省，也可以借助职业测评工具。需要指出的是，自我评估不是进行一两次测评就可以了，而是贯穿职业生涯的整个发展过程。

二、环境和生涯机会评估

人是环境的产物，受制于环境。个体都处在一定的环境之中，和所处的环境发生各种联系，离开了这个环境，便无法生存与发展。因而进行职业规划需要对环境因素进行评估。环境因素一般包括组织环境、政治环境、社会环境和经济环境等。要结合自身实际情况分析环境的特点和发展变化的趋势、自己与环境的关系、自己在这个环境中的地位、环境对自己职业发展有利的条件与不利的条件等，对自己想从事的职业所属行业分析。长期的职业规划一般较为关注社会环境，短期规划则较为关注组织环境。

三、职业目标选择

职业目标一般源于个人的志向，并通过职业选择来体现，志向和价值观紧密相关，价值观不同，志向一般也会不同。志向就是我们对未来的憧憬和向往中最渴望实现的东西。俗话说："志不立，天下无可成之事。"志向是事业成功的基本前提，没有志向，人生没有目标，事业的成功也就无从谈起。有了志向，就有了人生奋斗的目标，个体的兴趣、能力、知识、潜能就会向这个志向靠拢，事业就会取得成功。

职业目标是志向的具体化和体现，是建立在对主客观因素综合分析基础上的、最适合自己的、最有可能实现的志向，简单地说就是期望在职业发展上达到一个什么样的位置，如想成为一名模具工程师，或是想成为一名大学教授等。职业目标的选择要有一定的挑战性，仰起头能看得见，蹦一蹦能够得着，这样才能调动全身的能量去努力实现目标，不可平庸，但也不能高不可攀。职业发展目标的确立应充分考虑性格、兴趣、能力特长、内外环境等因素。

四、制定职业发展路径

确定了职业目标，接下来就是选择什么样的路径实现目标。个体的现实情况和职业目标之间有很多可供选择的路径。有不同的行业，每个行业包含很多的企业，每家企业又会有很多的岗位，条条大路通罗马，实现目标的路径不是唯一的。择，选择发展的路径不同，则具体的实施方案和措施就会不同，一般有专业技术型、行政管理型和自主创业型三种职业发展路径，因此，在职业生涯规划中，必须做出抉择，以便使自己的学习、培训、工作以及各种行动措施沿着既定的职业发展路线前进。世上没有两片完全相同的树叶，也没有两个完全相同的人。每个人的情况不同，适合他的职业发展路径也会不同，所以每个人应该依据自己的实际情况选择合适的发展路径，千万不要试图复制别人的成功之道。

对于大学生来说，毕业后的职业发展路径一般有就业、考研、参军、自主创业、出国留学等，大学生选择的路径不一样，职业发展规划的侧重点就会有所区别。很多毕业生会纠结于到底是就业还是考研，是在国内发展还是出国留学。通常职业发展路径的选择须考虑以下三个问题：我想走哪一种路径、我能走哪一种路径、哪一种路径有助于我的职业发展。适合自己的才是最好的。

五、实施

职业生涯规划的制定很重要，但是实施规划并取得好的效果更为重要。所有的规划都要通过具体的实践来实现。再好的理论如果束之高阁，不接受实践的检验，也不可能取得好的效果，也就不能用来指导实践。大学生制定好的生涯发展规划，也必须在实践中加以检验。规划的实施也就是个体的学习教育、培训深造和实际工作等。我们要注意规划实施过程中遇到的各种问题，比如为了完成阶段性目标，如何发挥自己的优势和潜能，如何利用空闲时间提高效率；等等。在规划实施过程中要严格按照既定的计划进行，不要随意地更改。

六、评估、反馈与修正

这个世界是不断变化发展的，任何事情都不是处在静止状态下的。影响事情发展的因素很多，有些因素是我们事先可以预料到的，因而可以事先加以防范；有些因素是我们事先无法预料的，因而无法防范，所谓"计划赶不上变化"，说的就是这个道理。在这种情况下，要使我们的规划有效实施并取得预期的效果，就需要在职业发展规划实施过程中不断地评估、反馈，评估其进展是否按照既定的计划进行、是否存在某些偏差。对于偏差比较大的，就需要根据现实的实际情况加以调整。这种调整既可以是对阶段性目标的调整，也可以是对实施路径的调整，甚至是在重大的变化情况下对最终的理想目标的调整。这一切都是为了使我们的职业发展规划与实际情况相符，使规划更符合我们自身实际，更符合发展的社会环境。

第四节 大学生职业生涯规划模板

一、封面

职
业
生
涯
规
划
书

班级：
姓名：
学号：
日期：

二、扉页

扉页

个人资料：
真实姓名：
笔　　名：
性　　别：
年　　龄：
籍　　贯：
学　　校：
学　　院：
班　　级：
专　　业：
学　　号：
联系地址：
邮　　编：
联系电话：
E-MAIL：

三、目录

目 录
一、自我评估
二、环境评估
三、职业定位
四、计划实施
五、评估调整
结束语

四、正文

（一）自我评估

结合大赛指定的人才测评报告及××等分析方法，我对自己进行了全方位、多角度的分析。

1. 职业兴趣——喜欢干什么

我的人才素质测评报告中，职业兴趣前三项是××型（×分）、××型（×分）和××型（×分）。我的具体情况是……

2. 职业能力——能够干什么

我的人才素质测评报告结果显示，××能力得分较高（×分），××能力得分较低（×分）。我的具体情况是……

3. 个人特质——适合干什么

我的人才素质测评报告结果显示……，我的具体情况是……

4. 职业价值观——最看重什么

我的人才素质测评报告结果显示前三项是××取向（×分）、××取向（×分）和××取向（×分）。我的具体情况是……

5. 胜任能力——优劣势是什么

我的优势能力	我的弱势能力

自我分析小结：（略）

（二）环境评估

参考人才素质测评报告建议及通过××等途径方法，我对影响职业选择的相关外部环境进行了较为系统的分析。

1. 家庭环境分析

如经济状况、家庭期望、家族文化等及对本人的影响。

2. 学校环境分析

如学校特色、专业学习、实践经验等。

3. 社会环境分析

如就业形势、就业政策、竞争对手等。

4. 职业环境分析

（1）行业分析，如××行业现状及发展趋势，人业匹配分析。

（2）职业分析，如××职业的工作内容、工作要求、发展前景，人岗匹配分析。

（3）企业分析，如××单位类型、企业文化、发展前景、发展阶段、产品服务、员工素质、工作氛围等，人企匹配分析。

（4）地域分析，如××工作城市的发展前景、文化特点、气候水土、人际关系等，人城匹配分析。

职业分析小结：（略）

（三）职业定位与路线规划

综合第一部分（自我分析）及第二部分（职业分析）的主要内容得出本人职业定位的SWOT分析：

内部环境因素	
优势因素（S）	弱势因素（W）
外部环境因素	
机会因素（O）	威胁因素（T）

结论：

职业目标	将来从事（××行业的）××职业
职业发展策略	举例：进入××类型的组织（到××地区发展）
职业发展路径	举例：走专家路线（管理路线等）
具体路径	举例：××员—初级××—中级××—高级××

（四）计划实施

计划名称	时间跨度	总目标	分目标	计划内容（参考）	策略和措施（参考）	备注
短期计划（大学计划）	20××—20××年	如：毕业时要达到……	如：大一要达到……大二要达到……，或在××方面要达到……	如：专业学习、职业技能培养、职业素质提升、职业实践计划等	如：大一以适应大学生活为主，大二以专业学习和掌握职业技能为主……，或为了实现××目标，我要……	大学生职业规划的重点
中期计划（毕业后五年计划）	20××—20××年	如：毕业后第五年时要达到……	如：毕业后第一年要……；第二年要……，或在××方面要达到……	如：职场适应、三脉积累（知脉、人脉、钱脉）、岗位转换及升迁等	（略）	大学生职业规划的重点
长期计划（毕业后十年及以上计划）	20××—20××年	如：退休时要达到……	如：毕业后第十年要……；第二十年要……	如：事业发展、工作、生活关系、健康、心灵成长、子女教育、慈善等	（略）	方向性规划

详细执行计划如下。

本人现正就读大学（研究生）×年级，我的大学计划是……

（五）评估调整

职业生涯规划是一个动态的过程，必须根据实施结果的情况以及变化情况进行及时的评估与修正。

1. 评估的内容

（1）职业目标评估（是否需要重新选择职业）。假如一直……，那么我将……

（2）职业路径评估（是否需要调整发展方向）。当出现……时，我就……

（3）实施策略评估（是否需要改变行动策略）。如果……，我就……

（4）其他因素评估（身体、家庭、经济状况及机遇、意外情况的及时评估）。

2．评估的时间

一般情况下，我定期（半年或一年）评估规划。

当出现特殊情况时，我会随时评估并进行相应的调整。

3．规划调整的原则

结束语

（略）

第五节 大学生职业生涯规划实例

目录

引言

一、自我分析

  1.1 职业兴趣

  1.2 职业能力

  1.3 个人特质

  1.4 职业价值观

  自我分析小结

二、职业分析

  2.1 社会环境分析

  2.2 学校环境分析

  2.3 家庭环境分析

  2.4 职业环境分析

    2.4.1 地域分析

    2.4.2 行业分析

    2.4.3 企业分析

    2.4.4 职业分析

  职业分析小结

三、职业定位

四、计划实施

  短期计划

  中期计划

　　　　长期计划
五、评估调整
　　5.1　评估的内容
　　　　　职业目标评估
　　　　　职业路经评估
　　　　　实施策略评估
　　5.2　评估的时间
　　5.3　评估的原则
结束语

一、自我分析

结合霍兰德职业倾向测评报告，我对自己在职业兴趣、职业能力、个人特质、职业价值观四个方面进行了全方位、多角度的分析。

1.1　职业兴趣

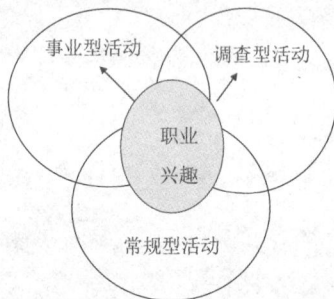

我的职业倾向测评报告显示，我的职业兴趣前三项是事业型活动（32）、调查型活动（31）和常规型活动（30）。在生活中，我积极在学生干部与学生会中工作并且得到快乐，对事业型工作有着极强的兴趣，同时在学习成绩上一直稳居前列，反映出我在常规事务工作中的能力，评估结果基本与我的实际情况相符合。

1.2　职业能力

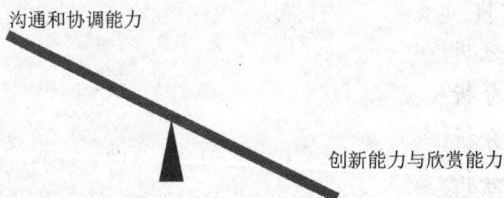

我的职业倾向测评报告显示，我的沟通和协调能力得分较高，而创新能力与欣赏能力较低，这与我的情况相符。乐于交往是我一贯的行事风格，在沟通中能够得到更多的智慧并以此为乐，但不能否认对于创新方面有着较大的不足，对新生事物的接受与欣赏反应速度较慢。

1.3　个人特质

我的职业倾向测评报告显示,我适合做财政管理员、工程管理员、商业经理、办公室主任、人事负责人、政府行政管理员、调度员。我的具体情况是我对管理与组织事务很热衷,又善于做基础事务性的工作。在班级里担任班长一职,并在学院学生会中担任过学习部部长,并于2009年获得优秀学生干部的称号,这是对我在学生时代工作的一种肯定,因此,我的个人特质很符合在管理、协调、组织等方面的工作。

1.4 职业价值观

我的职业倾向测评报告中显示,"能充分发挥自己的能力特长"和"工作稳定有保障"在我的职业价值观中得分很高,性格外向的我自然渴望在众人面前展示自身的才华,这同样与我的个人特质相符,但我缺乏创新力,喜欢工作能够踏实前进,因此,在保障工作方面重视程度很深。

自我分析小结:

综合以上的分析,可以将自己胜任能力总结为以下几点:

我的优势能力	我的弱势能力
善于沟通,乐于交往 具有领导和组织的经验 做事耐心、认真 乐观开朗的性格使得在工作中 不怕困难	缺乏创造性和创新性 容易浮躁 做事有些优柔寡断 缺少果断的判断力

结合职业倾向测评报告与自身分析相互比较,能够较好地说明自身的能力与不足,自身对弱势能力的判断,能让我在今后的学习生活工作中加以注意和改正,对拥有的优势也能充分认清并加以发挥。充分发挥自己外向的性格和一定的组织管理经验,联系周围的人,善于把握机遇,但同时也要做事果断,在意见上尽量避免主观臆断,并积极听取他人创新的思路。

二、职业分析

参考霍兰德职业倾向测评报告建议及通过网络、亲身经历、走访观察等方法,我对影响职业选择的相关外部环境进行了较为系统的分析。

2.1 社会环境分析

工程建筑业是国民经济的重要物质生产部门,它与整个国家经济发展、人民生活改善有着密切关系。中国正处于从低收入国家向中等收入国家发展的过渡阶段,建筑业的增长速度很快,对国民经济增长的贡献也很大,且成为拉动国民经济快速增长的重要力量。2007年是"十一五"开局的第二个年头,据中国国际招标网"项目中心"有关数据显示:2007年1月1日—5月13日期间,我国工程建筑业蓬勃发展,新建项目近8 453项,重大投资项目35项。以国家重点项目建设、城市公共交通等基础设施建设、房地产开发、交通能源建设、现代制造业发展、社会主义新农村建设为主体的建筑市场呈现出勃勃生机;长三角、珠三角、环渤海湾区域建设、西部大开发、东北工业区振兴仍然是最为繁荣的建筑市场；发达地区的建筑业生产水平和能力的强势地位进一步巩固、发展；大中型建筑业企业的结构调整进一步深入开展；对国外建筑市场的开拓快速发展，市场层次和区域范围更加优化。

2.2 学校环境分析

我现在就读于石家庄经济学院管理科学与工程学院工程管理专业，石家庄经济学院是以经济学、管理学和工学为主，经、管、工、法、文、理多学科协调发展的本科院校，以"地经渗透、工管结合"为办学特色。结合我校办学历史，对我校的学习环境分析如下。

首先，我校是在原有的地质类院校基础上起家，至今历经五十六年的发展，能够给我们带来及时的就业信息和更多的就业机会，同样能够吸引其他建筑行业企业的目光。其次，尽管不是全国名校，但中小型企业的关注程度会高，他们需要发展但限于各方面的因素的制约，会更加青睐我们这样的院校，同时在这样的企业中更能有发挥自己的特长和经验的机会，有机会培养自己各方面的业务，而作为项目经营的管理者、职业项目经理人，就必须熟悉建筑行业的每一个细小的业务，才能在以后的工作中做到游刃有余，更能加快我的成才进程。此外，由于建设的需要，实践与实习的机会增加，能够使我迅速地了解和掌握生产一线的经验与技能。

2.3 家庭环境分析

我的家庭经济状况较差，母亲为普普通通的工人，忠厚老实，待人诚恳，从小培养了我良好的道德操守。同时为了能够改变家里的经济条件，家人选择用教育的方法改变我的命运，因此，在培养我成才方面花费了很大的努力，也正是选择了这样的一条路，在家人对我学业的督促和鼓励下，使我养成了良好的生活和工作习惯，学业上能够刻苦钻研。同时由于经济状况的不乐观也使我在生活上较早地自立起来，并为家里分担家务，时常在外做兼职工作补贴家用，从而锻炼出自力更生、吃苦耐劳、勤俭朴素的生活习惯。另外，生活的艰难和困苦促使我形成了勇于挑战、不畏困难和挫折的坚定品质。

2.4　职业环境分析

职业环境分析主要从地域分析、行业分析、企业分析、职业分析四方面做全面的阐述。

2.4.1　地域分析

石家庄经济学院位于河北省省会石家庄，通过在校三年的学习生活，使我对石家庄的工程建设感受颇深。石家庄作为河北的省会城市，是河北省的代表，是河北经济、文化、政治、交通的中心，然而其本身内在基础建筑设施过于陈旧，城中村的改造工程巨大。根据建设新石家庄的指示，配合河北省"三年大变样"的具体要求，目前的石家庄大力发展建筑施工行业，槐安路的高架桥和拓宽，裕华路的拓宽工程，二环路的进一步改造等，将原来的、落后的、陈旧的楼宇逐步拆除重建。可见作为新兴的重点发展城市及根据全省的经济发展来分析，建筑行业必将有一个好的发展趋势，配备的项目管理人员有很大的发展空间。

2.4.2　行业分析

经过查阅有关资料和互联网，结合2007年有关全国建筑业企业完成建筑业总产值及2005年、2006年有关资料形成对2010年的预测图如下。

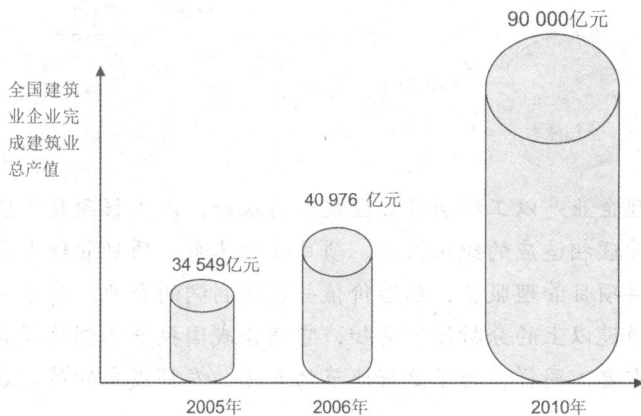

中国建筑产业规模，无论是价值指标，还是实物指标，都有大幅度提高，效益指标也得到了好转。全国建筑业企业总产值平稳增长，劳动生产率继续提高，企业经营效益持续改善。仅以2006年一季度为例，中国全国建筑业企业完成建筑业总产值5 512亿元，增长22.3%；完成竣工产值2 263亿元，增长25.3%。全国建筑业企业房屋建筑施工面积为17.93亿平方米，增长19.6%；完成房屋建筑竣工面积为1.7亿平方米，增长26.8%。根据中国未来固定资产投资的状况，对未来建筑行业需求总量做出的预测是：到2010年，建筑业总产值（额）预计将超过90 000亿元，年均增长7%，建筑业增加值将达到15 000亿元以上，年均增长8%，占国内生产总值的7%左右。可见，建筑行业在全国的发展如火如荼，伴随着中国城市化进程的不断加快，各种基础设施的不断完善，必将带动建筑领域更好地发展。

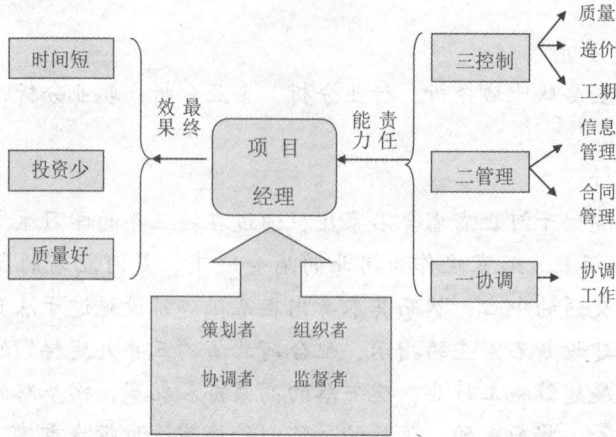

2.4.3 企业分析

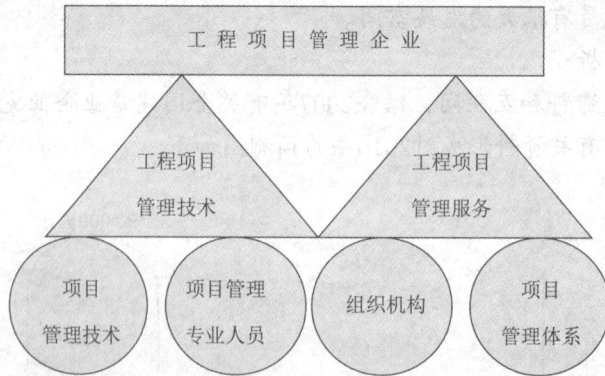

工程项目管理企业是以工程项目管理技术为基础，以工程项目管理服务为主业，具有与工程项目管理相适应的组织机构、项目管理体系、项目管理专业人员和项目管理技术，通过提供项目管理服务，创造价值并获得利润的企业。有市场便会有需求，此类企业的发展通过以上的分析便可得知，它适合我国投资体制改革和建设项目组织实施方式改革的需要。同样，为了更好地节约资源，发挥成本的最大效率，也必将带动该行业的发展。

2.4.4 职业分析

项目经理是项目的统领者，在有限的资源约束下，运用系统的观点、方法和理论，对项目涉及的全部工作进行有效地管理。即从项目的投资决策开始，到项目结束的全过程，进行计划、组织、指挥、协调、控制和评价，以实现项目的目标，使项目能够实现或超过项目干系人的需要和期望。项目经理应知识面宽、经验丰富、表达能力好、善于协调，能带领施工人员和各个施工单位人员协同工作。同时，要具有专业素质、身体素质、道德素质、工作能力等。项目经理参与一个建设项目的全过程、全方位、动态的"三控制（质量、造价、工期），二管理（信息管理和合同管理），一协调（协调工作）"，因此，项目经理要扮演好集策划者、组织者、协调者、监督者。可见其发展空间的广阔性。

职业分析小结：

项目经理职业将会成为我国建筑工程领域中具有广阔发展的职业。面对我国每年成倍增长的建筑设施投资项目的启动，更加需要高效科学的管理模式。

三、职业定位

通过自我分析和职业分析，我的职业目标定位为建筑工程行业的项目经理。

从我的性格方面分析，我的性格乐观开朗，在人群中渴望展现自己的才能，同时容易融洽处理各方关系，适合做协调和沟通各方面利益的工作，而项目管理活动就是在协调与沟通中督促工程各个建设单位很好地完成工作的任务。

从我的兴趣爱好来看，正是我的兴趣爱好使我选择了本专业，对此项行业的未来发展前景看好，在学习上能够踏实。

从我国政策的扶持上来说，纵观近几年我国的各项政策，联系到国际化的大背景，工程行业必然会展现勃勃生机。工程管理的工作严格烦琐，要求能够为人们的生活提供更好的服务，需要更多素质全面的人才，机遇也随之产生，可见其发展的潜力很大。在我国的综合国力不断提升的今天，国家大力倡导建设资源节约型环境良好型的可持续发展的社会。而工程建设领域中浪费现象明显，这与我国建设的政策方针并不协调，而工程项目经理在建设的同时要能够约束监督各方的工作，避免在工程中对这些资源的浪费，对工程质量提供保障，为社会的进步做出贡献，这也同样是我的职业价值观。

综合自我分析和职业分析的主要内容，得出自身职业定位的SWOT分析：

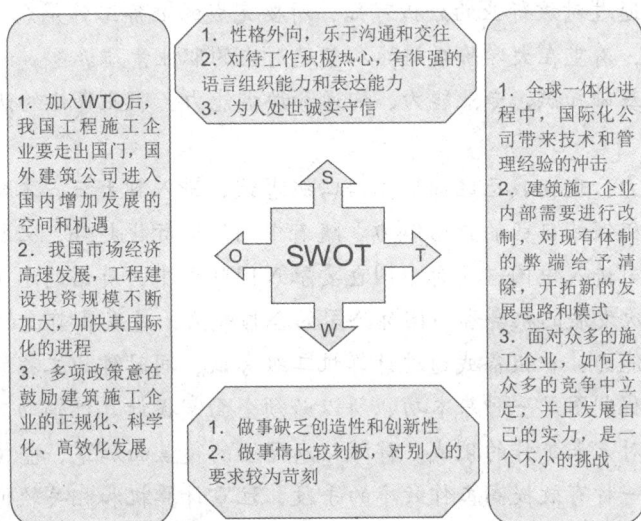

结论：

职业目标	将来发展成为工程建筑施工行业的项目经理
职业发展策略	从石家庄寻求机遇，在从事工程项目管理类的公司中，从基层做起，熟悉本行业的各项环节，积累行业经验，逐步做到项目经理

职业发展路径	技术加管理的发展模式，全面提升职业素质
具体路径	进入中小型企业项目成员—熟悉各方业务发展为工程师—在技术和管理成熟后成为项目经理

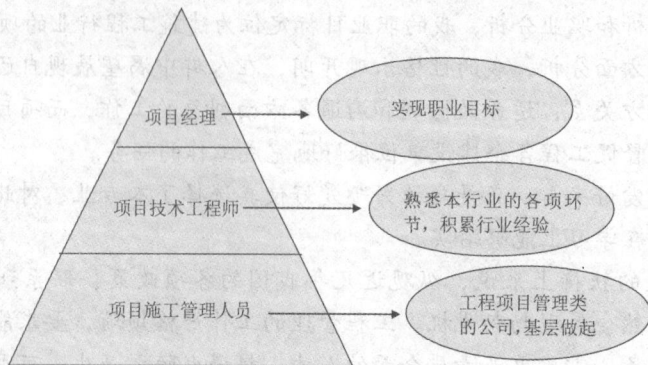

四、计划实施

计划实施的具体方式

1. 短期计划（大学计划）

时间跨度：2007—2011年

总目标：在大学毕业之时，能够全面掌握项目管理知识技能，并将其运用到实践生产一线，进入一家中型的工程项目监理公司。

执行方法：通过对该行业的分析可知，所要完成的准备工作是众多的，根据项目经理的职业特点，着重在大学阶段培养和塑造对应的职业素质。

具体目标：基础知识，专业能力，沟通和协调能力，职业资格的认证。

基础知识：

（1）英语能力：现在我已经通过英语四级考试，进入到大三，本学期努力通过英语六级考试，积极锻炼自己的口语能力。随着中国的国际化趋势，必将有更大规模的国际工程监理公司进入中国，同时中国也要融入国际之中，英语的水平会影响到自己能否拥有更高层次发展的机会和与国际公司的合作能力，是发展前途的必要条件。

（2）计算机能力：积极备战通过计算机二级考试，同时作为工程的管理人员，精通计算机建筑工程制图是一种基本功，所以必须全面掌握计算机辅助工程及数据库和信息管理，以应对未来工作的挑战。伴随信息网络的覆盖面加宽，整体的工程信息管理和合同管理是一种有效提高工作效率的手段，注重计算机和相关软件的运用能力是以后的重中之重。

专业能力：

学习管理学、经济学和土木工程技术的基本知识，掌握现代管理科学的理论、方法和手段，培养精湛的技艺与管理水平。

充分利用图书馆的资源，积极拓展本专业相关的周围学科领域，做到充足的知识储备。

积极参与社会实践，向建设单位争取更多的实习机会，锻炼实践技能。

增加对相关专业学术期刊与学术报告的学习，时刻跟上科技的发展水平。

沟通和协调能力：

我担任班长的职务，在学生会的工作中担任过部长的职位，积极配合老师和辅导老师的日常工作，将老师和同学们的意见进行协调和统一，培养组织和协调能力，沟通各方面的意见办好学生会的各项事务，提升组织沟通能力，同时参加各种社会实践，拓展眼界，锻炼自己与不同的人打交道的社会能力，积累了较多的社会经验。利用假期的时间，做一些兼职活动，我在2008年暑期时有幸成为奥运安保人员，可以尽早地与社会进行接触，体验生活。利用实习的机会，多多与工程监理方面的人进行沟通，学习他们的实践经验。

专业资格的认证：

根据我国现行的规定，项目经理必须是国家注册建造工程师，具有施工管理项目主要专业的高级职称。在大学毕业之前，通过对该行业的专业学习与系统的培养，争取获得国家职业资格三级助理项目管理师的资格。从事项目管理行业在今后的工作中还要进行职业资格的认证，我争取在工作四年后通过国家职业资格二级注册建造工程师的认证，在工作七年后通过国家职业资格一级注册建造师的考试。

2．中期计划（毕业后十年）

时间跨度：2011—2021年

总目标：达到项目经理的目标，独立在预算范围内按时优质地领导项目小组完成全部项目工作内容，在一系列的项目计划、组织和控制活动中做好领导工作。

具体目标：三个阶段——适应阶段，发展阶段，提升阶段

适应阶段：

在大学毕业后的一年内主要是适应新的职场环境，做好新的人生定位，摆正自己在工作中的态度与认识。

区别同学校环境的差异，积极争取并参与更多的项目工作，事无巨细，熟悉各项生产过程。

平衡心态，多观察，多细问，将学习的技能与知识充分地与实践工作相互结合、相互磨合，在实践中反馈自己的理论知识，双管齐下。

向比自己经验多的工作人员学习求教课本中不能学到的宝贵经验。与领导沟通如何发展和规划自己的发展方向。

发展阶段：

在毕业后的二至五年的时间要做到以下几点：

积极拓展自身的职业素质，开拓业务领域，能够将所学知识与技能充分地应用到生产实践的一线，在实践中学习，在实践中积累经验。

参与项目管理的各项工作与环节流程，充分了解和熟悉行业的相关政策法规。

继续加强业务学习，进行职业资格认证与考试，争取在五到七年的时间里取得注册建造师的认证。

学习各种社交技能，建立起可以贯穿整个项目流程各个环节的内部与外部的人际关系、网络关系，并以此为契机，将目光投向更广阔繁荣的市场中，踏实肯干，积极进取。

提升阶段：

在毕业后的五到十年中，将自己置身于更大的发展环境之中，思考发展的前途和方向。利用自己已经组建好或是正在组建的人际关系和社会系统提升自己的位置，从而有更广阔的发展空间，同时能够从琐碎的事务性工作中质变到更高的策划、管理、组织、协调工作当中，真正实现项目经理的目标，对整个项目管理做好领导监督工作。

3. 长期计划（毕业十年之后）

时间跨度：2021—

总目标：做项目经理，能够独立地在各种国内外的项目施工工作中从事管理活动。

执行方法：此时的我更多地会从工作的稳定程度与社会地位和保障方面考虑，同时更希望能够把自己拥有的技术和经验进一步提高。

具体目标：

希望能够将所学的先进的经验和知识带到西部去，同时针对西部的特殊地理位置和人文特色，有针对性地适应那里的条件，把西部偏远地方的建筑行业带动起来，构建合理的工程建筑结构，为那里带去便利。

在已有的社会经验、组织经验、技术经验和管理经验的基础上组织人力、物力、财力，以本土建筑公司为依托，拓展海外渠道，发展自己的品牌文化，将中国的建造呈现在世界的舞台上。

社会福利与家庭生活上做到完善，家庭将会分散我在事业方面的注意程度，因此，要争取组建一支自己的监理队伍或是培养一批具备潜质的项目管理人员，在下一代的培养上多下功夫，争取创建出自己的建筑施工企业。

五、评估调整

职业生涯规划是一个动态的过程，必须根据实施结果的变化进行及时的评估与修正。

5.1 评估的内容

职业目标评估：

在学习的过程中及未来的工作中，当职业的前途与个人所要求的社会价值相悖，所选职业无法从工作中体会到个人价值时，我会想法调整自己的思想；当这些与自身的矛盾无法调和之时，我会适当地调整专业道路，但综合自身开朗乐观、愿与人沟通交往的性格特点，管理与技术的领域依然是我择业的首选方向。结合专业测评系统和个人性格的分析，我比较喜欢和善于从事行政管理方面的工作，同时结合自身对于工作保障性的要求会更希望找到一份安稳的工作，偏重于处理人际关系的职位。例如，在一些政府的相关职能部门供职、向人事主管及房地产等行业发展。

职业路径评估：

当在某一职位上长期无法完成预定的工作目标与自身职责，或是停留在某一种层次时间过长时，我会思考是因为我的技术经验与管理经验不够，还是自身的职业素质不达标。若是技术能力的问题，我会选择给自己一到两年的时间补充自己的知识，将其运用到实际的生产中，并进一步观察自己的付出效果。若是自己的管理经验出现问题，我会尽量将自己的工作重点偏向技术领域，因为毕竟管理方面的经验所需的能力由时间和天赋共同决定，所以为了在短期时间之内达到自己规定的水平，要从技术领域中寻找突破点进行弥补，同时进行管理经验的培养。

如果出现严重的岗位与人员不匹配，就应考虑从另一种角度与层次发展自己。充分利用自己外向型的性格，从事相关的人际、行政管理等方面的职业。

实施策略评估：

在实施的过程中遇到困难与阻力是必然的，但并不是改变实施策略的原因，只有当与同期其他人员比较时，若发现在相同的职业定位上他人有更好的、更有效的实施策略时，就应当理性地去分析实施步骤的合理性，同时随着经验与认识的不断增进，也会从自身出发对实施策略做出更为合理的发展与改变。与此同时，积极地进行先进的管理经验的补充和学习，以备今后更好地进步和提高。

5.2 评估的时间

一般情况下，我会对短期计划进行半年评估规划。在中、长计划上采取一年评估一次的原则进行评估。同时针对可能出现的特殊、不可预想的情况做出提前风险管理的规划。

5.3 规划调整原则

首先，时刻依据自己的特长选择发展方向。其次，所获得的社会认可与地位要与社会价值观相符，若自身的发展违背自身的职业价值观或有悖于社会的伦理道德将立即停止。最后，多多吸取他人的经验教训，听取他人的意见和建议，避免盲目跟风。同时，自身的性格特征已经成型，工作中要扬长避短，尽力发挥自己的优势，尽力克服自身的弱点。另外，还要在学习中不断地修正和考量自身的业务素质和行动规划，及时调整、及时修改，跟上时代发展的潮流和变化。

结束语

生活中总是会存在着大大小小的挑战和机遇，而生命中也无时无刻不在上演着激情的奋斗与炫彩的拼搏，正是我们心中那无法磨灭的青春梦想指引着我们走向未来幸福的彼岸。因为这个梦想，我们的青春焕发出应有的光彩，因为这个梦想，我们的生命充满希望，因为这个梦想，我们能体会到什么才是我们所要完成的人生。就让我们从现在开始，从这一分一秒开始，筹划好我们生命中的每一个章节，愿我们的生命如同一艘破浪前行的战船，在旭日东升时扬帆远航！

思考与练习

1. 大学生职业生涯规划的原则有哪些？
2. 进行职业生涯规划一般有哪些步骤？
3. 请根据你的实际情况，试着制定一个短期的规划。
4. 根据自身的现状和特点，制定一份完整、可行的职业生涯规划书。

创新篇

第 五 章

创新与创新思维

📖 **本章导读**

　　使用国内最大的百度搜索引擎，输入"创新"一词，与之相关的条目达到了近1亿条，由此可见，创新在当今是出现频率非常高的一个词，凡运用新思路、新理论、新方法、新举措、新机制来解决实际问题的都是创新。创新已经渗透到经济社会发展的各个领域。创新的内涵已经大大扩展，体现为理论创新、制度创新、文化创新、教育创新、技术创新、市场创新、经营创新、分配创新等各种形态。恩格斯曾指出："一个民族若想站在世界的高峰，就一刻也离不开创新思维。"专家研究认为，一个人创新力的大小，不仅与人的心理品格相关，而且与创新思维有直接关系。

🔍 **学习目标**

1. 了解创新的内涵。
2. 了解思维的内涵。
3. 掌握创新思维的概念、本质及应用。

⚓ **导入案例**

美女大学生依靠创新开"撸店"创业

　　2015年，鲁掌柜还是一名就读于北京服装学院的大四学生，但她在北京雍和宫附近一个胡同里开的特色烤串店，已经集聚了一群喜爱撸串的客人，其中很多人都是回头客，也是鲁掌柜的粉丝。虽然颜值和很多网红美女相比并不出众，但是开朗直率的性格和自身的奋斗史被很多网友奉为"真女神""真正的正能量传播体"。

鲁掌柜的成长史激励了众多还在奋斗中的男生女生们，虽然在同龄人中已经很厉害，被很多人"献膝盖"，但她坚持说自己永远是个进化中的"小屌丝"，希望能和所有"90后"一起进化奋斗。以下是她自己口述的创业历程。

路遇贵人金少主

"撸店"的创立，得益于鲁掌柜遇到的一位贵人，他叫作金少主，是在一次聚会上认识的，朋友的朋友，他是个"放羊的"（其实是个土豪，家里有羊场），而我是个吃货，又爱吃羊肉。我们俩认识以后就合计着开一个撸串店，以"撸"为主题，把所有爱吃羊肉、爱吃串、爱喝啤酒、爱玩儿的人聚集到店里，大家每天喝酒吃肉不亦乐乎。

很多人问我为什么会想到以"撸"为主题，其实想法比较简单。字面意思是"撸"串，主要还是给大家一种亲切、接地气，有点小没节操、又比较有意思的感觉。

一开始只是个想法，我那么懒怎么可能说干就干嘛……但是后来不知怎么我们就开始注册商标、选址、进设备、买桌椅板凳、装修、软装、配餐具、联系菜品供应商、招工作人员……然后定位、试菜品、做宣传、开张……一切就这么不知不觉地发生了（虽然我说得轻描淡写，但我知道你们懂这其中经历了多少困难吧）。

美女大学生升级"鲁掌柜"

说到我们的"撸店"，最大的优势就是菜品是自家提供的羊肉，保证新鲜和纯肉；再就是我们的"撸"文化，墙上的涂鸦都是我自己亲手画的，店的logo和菜单都是亲笔手写体，菜名都"很没节操""有一腿""鸡的那些事儿""抚慰茄"等，还有店里有各种小摆设，客人都会觉得很有意思。

唯一不足的地方就是现在我们店的位置虽然在雍和宫地段，但开在胡同里面，客流较小。因此我们在通过各种宣传引流，然后再通过客人认可形成口碑，成为回头客，带来更多朋友。

梦想打造品牌"撸店"

现在是创业初期，"撸店"只有我和合作伙伴＋大厨＋一个服务员＋一个后厨工，很多琐事都要自己做，有时甚至还要刷碗扫地，然后算账什么的以前也没接触过都是摸索着来。我主要管前厅的运营和宣传，微信公众账号、各种宣传文案完全是我一个人做。虽然累，但是学到了很多，得到了很多经验，自己也成熟了很多。

我们以后的想法是能开更多"撸店"，"鲁掌柜"也只是一个符号，不一定是我个人，每个店都有一个"鲁掌柜"，然后统一风味和管理方式，把品牌做出来。我想开有人情味的连锁店，不一定要几百上千家，可能只开几家几十家，但要让每位顾客无论去到哪家店都能感受到"鲁掌柜"的热情招待，有回家的感觉。

评析

目前，"80后""90后"甚至更年轻的群体已经逐渐成为消费的主流群体，"撸店"正是从店名到菜名，迎合了这部分人的喜好，通过对烤串这种遍布大街小巷形式的创新，吸引了大量的客源，并逐渐形成的独有的品牌。由此也可以看出，创新并不一定是惊天动地的事情，小到菜品、店铺的名字，大到整个店的经营方式和定位，"撸店"都实现了与众不同的创新，因而获得了顾客的认可。

第一节　创新

一、创新的概念

创新是指人类提供前所未有的事物的一种活动，英文是"innovation"，起源于拉丁语，有三层含义：更新；创造新的东西；改变。

这里的"事物"所指很广泛，既包括自然科学，也包括社会科学；上至国家政权，下至百姓生活。从天文到地理，无所不有。这里的"前所未有"却只有一种含义，那就是"首创"。任何的创新都必须是一种首创活动。通俗来讲，首创就是第一个的意思。不过这个首创因为参照对象的不同而有两种不同的含义，衍生出狭义创新和广义创新两种类型。

狭义创新是相对于其他人或全人类来说的，你是第一，是首创。狭义创新是真正具有推动社会进步意义的。比如爱因斯坦发现相对论、爱迪生发明电灯等。

广义创新指虽然相对于其他人我们不是第一个，但相对于我们自己来说，是第一，是首创。其比较简单，容易学习和掌掘。比如单位搞了一场与往年不同的新年联欢会，推行了新的工作方法、进行了某些方面的改进等。

凡事先易后难，现在的创新更提倡从广义创新开始。也就是说，一个人对某一问题的解决是否属于创造性的，不在于这一问题及其解决办法是否曾有别人提出过，而在于对他本人来说是不是新颖的、前所未有的。只要我们有相对于自己的新想法或做法、新的观念或设计、新的方法或途径，这就是创新。

案例分享

中小学生推理

"老师，我发现了一个新的定律……"一个孩子欢呼雀跃地告诉他的老师。

可是，孩子发现的这个"新定律"早在几百年前就已经被科学家证明了。我们不禁要问，他的"发现"算创新吗？

当然算！

现代创新教育的方法之一就是引导学生重复前人的创新和探索过程，这种"经历"一遍的做法可以有效地促进学生创新能力的提升。

如果中小学生根据以前学过的知识，自己推导出或通过实验得出了新的定理、定律，哪怕这个定理、定律早在几百年前就已被科学家证明了，我们说这仍然是了不起的创新。请记住：只要是相对于我们自己是新的东西，就可以看作创新，否则就是重复。

评析

我们之所以提倡广义创新，是为了消除创新的神秘感，消除大家对创新的畏惧心理，但这并不是最终的目的。因为更有价值的创新不是相对于自己，而是相对于他人，要进行狭义创新。

二、创新的特点和性质

（一）创新的特点

1．普遍性

创新存在于一切领域，没有哪个学科、哪个行业、哪个领域是一成不变的。

2．永恒性

创新是人的本能，只要有人类，就有创新，这种活动受人类自我实现本能的支配。另外，人类的其他活动有可能终止，但创新永远不会终止。

3．超前性

由于创新就是相对他人的首创行为，因此，社会认识必然滞后于创新，创新总是超前的。

4．艰巨性

有两个因素导致了创新的艰巨性：其一是由于创新的超前性所致，因为超前，所以可能得不到他人的理解和支持，甚至遭到反对，给创新者造成很大的压力，并制造了艰难的创新环境；其二是由于创新本身，创新是做前人或他人没有做过的事情，实现创新的过程和方法都需要探索，因此，带有不确定性和技术上的难度。

5．社会性

完成一个创新，不但要想，还要做、要实施。在实施过程中就要与社会发生联系，产生社会性。现代社会随着分工的细化，单打独斗的时代已经一去不复返。

6. 无止境、无边界、无权威、无条框

最好的创新永远是下一个。任何学科、领域、部门都是人为划分的结果，既然是人为划分，就可以人为打破：在专业知识面前，不同的行业、专攻是有着很大差别的，但在创新面前，规律是一样的，而且越是跨行业、跨领域的创新，越是能诞生超乎寻常的结果。

规律表明，那些真正的创新大师往往都是知识渊博的人，他们在多个领域都有建树，只是在某个领域更加突出而已。就像某位哲人所说，科学的殿堂就像一所大房子，不同的学科只不过是这所房子开的一扇扇窗户而已。换句话说，不同学科之间的原理可能是相通的。

因此，不要怕转行，必要时转行可能会带来意想不到的结果。另外，要博览群书，这样非常有利于创新活动。这就是为什么现代社会复合型人才受到广泛欢迎的原因。另外，在创新面前人人平等，谁都可以成为创新的强者，没有任何人是权威。很多时候，我们对权威的过分迷信会形成对创新活动的巨大阻碍。

（二）创新的性质

创新的性质有两个："无中生有"和"有中生无"。"无中生有"是指科学发现和技术发明，有中生无则指对现有事物的改进。

"无中生有"的事例有很多，可以说整个世界发展史就是一部创新的历史。从钻木取火、电的发现到蒸汽机、电灯、电话、电脑、手机、电视、激光和原子能等的出现，都是"无中生有"的结果，都是伟大的创新，都改变了整个人类的生活。

相对于"无中生有"来说，"有中生无"的事例就更多了。

案例分享

苹果超薄笔记本

苹果公司研制的新款超薄笔记本电脑非常薄，它可以被放进一个普通的文件袋中。苹果公司因其卓有成效的创新而使它的产品重新成为畅销品，尤其成为年轻人的新宠，有太多的年轻人都在盼望着拥有一台崭新的iPad和小巧的苹果笔记本。

但是，不管现在的电脑怎样改变，与诞生于1945年的那个庞大的第一台电脑相比，都是"有中生无"的改进型。

三、创新的原则

创新的原则就是开展创新活动所依据的法则和判断创新构思所凭借的标准。

（一）科学原理原则

创新不得违反科学规律。在进行创新构思时，要注意以下几点：

（1）应进行科学原理相容性检查，与科学原理是否相容，是检查创新设想有无生命力的根本标准。

（2）必须进行技术方法可行性检查，如果设想所需要的条件超过现有技术方法可行性范围，则该设想还只能是一种空想。

（3）新设想的功能体系是否合理，关系到该设想是否具有推广应用的价值，因此，必须对其合理性进行检查。

（二）相对较优原则

创新不可盲目追求最优、最佳、最美、最先进。许多创新设想都各有千秋，这时，就需要按相对较优的原则，对设想进行判断选择。要注意以下几点：

（1）从创新技术先进性上比较，看谁领先和超前。

（2）从创新经济合理性上比较，看谁合理和节省。

（3）从创新整体效果性上比较，看谁全面和优秀。

（三）机理简单原则

在现有科学水平和技术条件下，如不限制实现创新方式和手段的复杂性，所付出的代价可能远远超出合理程度，使得创新的设想或结果毫无使用价值，因此，在创新的过程中，要注意以下几点：

（1）新事物所依据的原理是否重叠，超出应有范围。

（2）所拥有的结构是否复杂，超出应有程度。

（3）所具备的功能是否冗余，超出应有数量。

（四）构思独特原则

兵法中一直强调"出奇制胜"。所谓"出奇"，就是"思维超常"和"构思独特"。创新贵在独特，创新也需要独特。在创新活动中，往往要从创新构思的新颖性、开创性和特色性几个角度进行系统的检查和思考。

（五）不轻易否定、不简单比较原则

在分析评判各种创新方案时应注意避免轻易否定的倾向。创新的广泛性和普遍性都源于创新所具有的相融性。我们应在尽量避免盲目地、过高地估计自己的设想的同时，也注意珍惜别人的创意和构想。简单的否定与批评是容易的，难得的却是闪烁着希望的创新构想。

案例分享

毛毛虫现象

有一种奇怪的虫子，叫列队毛毛虫。顾名思义，这种毛毛虫喜欢列成一个队伍行走。最前面的一只负责方向，后面的只管跟从。生物学家法布尔曾利用列队毛毛虫做过一个有趣的实验：把许多毛毛虫放在一个花盆的边缘上，首尾相连，围成一圈，并在花盆周围不远处撒了一些毛毛虫比较爱吃的食物。毛毛虫开始一个跟着一个，绕着花盆的边缘一圈一圈地走，一小时过去了，一天过去了，又一天过去了，这些毛毛虫还是夜以继日地绕着花盆的边缘在转圈，一连走了七天七夜，它们最终因为饥饿和精疲力竭而相继死去。

法布尔曾设想：毛毛虫会很快厌倦这种毫无意义的绕圈而转向它们比较爱吃的食物，遗憾的是毛毛虫并没有这样做。

评析

导致这种悲剧的原因就在于毛毛虫的盲从，在于毛毛虫总习惯于固守原有的本能、习惯、先例和经验。毛毛虫付出了生命，但没有任何成果。如果有一只毛毛虫能够破除尾随的习惯而转向去觅食，就完全可以避免悲剧的发生。人的思维也一样，人一旦形成了思维定式，就会习惯顺着定式的思维思考问题。

所以没有创新，就等于死亡。我们一定要努力培养创新意识。

四、创新的过程

创新过程一般分为两大步、四个阶段：

（1）两大步，即想和做。

（2）四个阶段，即准备阶段、思考阶段、顿悟阶段、验证阶段，见表5-1。

表5-1　创新过程

1	准备阶段	找准问题，收集资料，分析问题，找到创新的关键点
2	思考阶段	找到问题关键点后，开始寻找解决问题的突破口
3	顿悟阶段	在顺着问题的突破口思考的过程中，会有所顿悟
4	验证阶段	只有通过验证，才是可信的

创新就是要敢于想前人所未想，做前人所未做。想都不敢想，更别说做了。想是前提，首先要敢想，也就是要善于进行创造性思考。"我一直以为那样做是不行的"

"我以前从来没有想到过，让别人一说还真是那么回事"，我们经常听到这样的话。所以要经常做一些"敢想"的练习。

成功者大都是思维活跃、善于思考的人。随着知识经济时代的到来，思想、创意、新的知识点的价值越来越大，一个好的创意可能拯救一家企业，开拓出一片新的天地。

那么，到底该怎样去想，或者说怎样正确地进行创新性思考呢？

当然，仅仅有好的想法是远远不够的，还要敢于去实施。事实上，并不是每一个创意都能转换成很好的结果，都能被市场接受，不去试验一下，就不会知道新想法到底怎么样。"要是失败了多丢人啊""大家都会笑我的"等，拥有这些想法的人绝不可能成为很好的创新者。千里之行，始于足下，一定要敢于尝试。

第二节 思维

一、思维的概念

思维是人类特有的一种极为复杂的生理和心理现象，它和感觉、知觉一样，是人脑对客观事物的反映。一般来说，感觉和知觉是人脑对客观事物的直接反应，只反映事物的表面现象，是认识的感性阶段（低级阶段）；而思维是"人脑对客观事物的本质属性和事物之间内在联系的规律性所做出的能动的、间接的和概括的反映"，即能反映事物的本质属性和事物之间的内在联系规律，是认识的理性阶段（高级阶段）。

思维具有间接性和概括性的特点。所谓思维的间接性，是指思维通过其他事物的中介作用间接地认识客观事物。我们知道，在现实认识中，有许多事物仅靠直接感知是达不到认识目的的。例如，医生不能直接看到病人内脏的病变，但可以通过"望、闻、问、切"和化验等手段，经过思维加工，间接地推断出病人的疾病。这就是说，思维同感觉、知觉不同，它不是直接地感知，而是间接地反映客观事物。这就是思维的间接性特点。正因为思维有这种间接性，人们才能了解历史，预测未来，揭示事物的本质，提出行动的目标和计划，从而扩大对事物认识的深度和广度，使人具有智慧和创造力。所谓思维的概括性，是指思维依据对事物规律性的认识，把同一类事物的共同特征、本质特征抽引出来加以概括。概括既有感性的概括，也有理性的概括。概括有不同的水平，概括的水平越高，也就越能深入地反映事物的本质特征和内在联系。

总之，人的思维是在感性认识的基础上进行的，它既与感觉和知觉（感性认识）有着本质的不同，又与感觉和知觉相互联系，不可分割。

二、思维的过程

思维是以感觉、知觉、表象为基础的认识的高级阶段。这种认识的高级阶段的实现，是以感觉、知觉、表象提供的材料为基础，并通过分析、综合、比较、抽象、概括等过程要素予以完成。

分析与综合是思维的基本过程。分析是在思想上把事物的整体分为各个部分、各个特征和各个方面，而综合是在思想上把各个部分或不同特征、不同方面综合起来。分析与综合是同一思维过程中不可分割的两个方面。分析是为了综合，综合中又有分析，任何一个比较复杂的思维过程，既需要分析，又需要综合。

比较是在思想中确定比较事物之间的共同点和区别点。为了确定几个对象的异同，总是要先分出所比较事物的各个特征，然后才谈得上比较，因此分析是比较的必要组成部分。同时，在比较时，必须把它们相应的特征联系起来加以考察，确定它们在哪些方面是相同的，在哪些方面是不同的，这就是进行综合，因此，综合也是比较的必要组成部分。可见，比较离不开分析和综合。当然，被比较的事物应该是在性质上有联系的，在性质上毫无联系的事物是不能进行比较的。

抽象是在思想上抽引出各种对象和现象之间的本质特征、舍弃非本质特征的思维过程。概括是在思想上把同类事物的本质特征加以综合并推广到其他同类事物的思维过程。抽象和概括是相互联系的。抽象和概括，又都离不开分析和综合这个思维的基本过程。抽象是概括的基础，没有抽象就不可能进行概括。概括则是把分析、比较、抽象的结果加以综合，形成概念。概括的作用在于使人的认识由感性上升为理性，由特殊上升为一般。

分析、综合、比较、抽象、概括等一系列活动相辅相成，相互影响，承上启下，共同构成了人类思维的一般要素。

在社会实践活动中，必然会遇到这样那样的矛盾和问题，这就促使人们去研究、去解决，而人类思维活动过程也更多地体现在各类问题解决的过程中。解决问题的一般思维过程，可分为发现问题、分析问题、提出假设、检验假设四个步骤，这也是辩证思维的一般过程。

（一）发现问题

思维都是从问题开始的，在人类社会生活的各个领域，如生产劳动、科学实验、技术革新、文艺创作、教育实践、军事活动、管理工作等领域中，都存在这样那样的问题。发现问题是解决问题的起点，发现问题的过程也就是发现矛盾的过程。没有发现问题就不可能解决问题，因此，发现问题比解决问题更为重要。

（二）分析问题

分析问题是在详细占有资料的基础上，通过全面深入的分析研究，找出问题的核心即关键性问题的过程。抓住了问题的关键，就可以使思维活动更具指向性，便于更好地运用已有的知识、经验解决面临的问题。分析问题时，找出关键性问题是非常重要的，需要有充足的资料、丰富的经验和较强的概括能力。

（三）提出假设

发现、分析问题是为了解决问题，而解决问题的关键是找出解决问题的原则、方法和途径。但这些常常是先以假设的形式出现，即预先在自己的头脑中做出假定性的解释。例如，工人在排除机器故障时，必须对机器发生故障的各种可能原因提出种种假设，直到把问题解决。

提出假设并不是一件容易的事情。首先，这与解决问题的人已有的知识经验有关。其次，提出假设还与其前段工作有关，即与解决问题的人对问题是否明确和正确理解有关。最后，通常需要经过多次"尝试错误"，才能确立假设。

（四）检验假设

验证假设的方法有两种：一种是直接通过有关的实践活动或实验判断某一假设的真伪；另一种是通过智力的活动来检查，即依据间接的实践结果来推论假设的真伪。前者是直接验证的方法，通过实践活动和实验，就可用物质手段的形式将假设的东西转化成物质的成果或产品，以物质的成果或产品来验证假设。假设的东西如果与物质的成果或产品相符合、相一致，则证明假设是正确的、可行的；反之，则证明假设是不正确的或不够正确的，需要重新假设或修正假设。但是，也有一些假设是无法直接付诸实践加以验证的，这就需要通过人们的逻辑推理，凭借已有的知识、经验，对一种假设做出合乎规律的检验。

例如，下棋的人到了局势危急的关键时刻，一着不慎，全盘皆输，可是按下棋规矩，落子无悔。在这种情况下，下棋的人是不能直接通过实践来验证自己所提出的设想的。军事指挥人员制订作战计划，科研人员制订科研计划时，都会面临这种情况。验证假设时要持客观、实事求是的态度，避免和克服主观主义，在寻找新的解决问题的方案时，要对以前方案的失败情况进行充分的了解，分析原假设失败的原因，这对于找出新的解决问题的方案是有益的。

三、思维的类型

思维是对客观存在的反映，它所反映的不是个别的事物或其个别属性，而是事物的一般特性及事物之间有规律性的联系。它不是反映直接作用于人的感官的事物及其个别属性，而是以已有的知识经验为基础、以语言为中介，去反映未曾直接作用于感官的一般事物及其本质和规律。由于客观存在是无限多样的，因此，反映无限多样的客观存在的思维也是复杂多样的。

由于国内外心理学家各自确定的分类标准不同，因而所分出的思维类别也不完全一致。不过，按照多数心理学家和哲学家的意见，可根据不同的标准，确定如下一些思维类型。

（一）根据思维的不同形态分类

根据思维的不同形态，将思维划分为动作思维、形象思维和抽象思维三种类型。

1. 动作思维

动作思维又叫直觉行动思维，是以实际操作来解决问题的思维。它的特点是所要解决的问题是直观的、具体的，解决问题依赖实际动作。例如，"修理电视机"这个问题十分具体：电视机的毛病出现在什么地方、如何排除故障等。问题的发现与解决几乎都不在实际拆开电视机之前，而在拆开电视机之后进行的实际操作之中，即在动作中思考、发现与解决问题。

2. 形象思维

形象思维又叫直观形象思维。它以表象或形象作为思维的主要材料。表象是记忆中所保持的客观事物的形象。事物的表象包括视觉表象、听觉表象、触觉表象、嗅觉表象、味觉表象和动觉表象等。其中最主要的是视觉表象和听觉表象，尤其是视觉表象。例如，幼儿计算应用题：小明有5个苹果，吃掉3个，还剩几个？他们在头脑中往往是利用苹果的直观形象，数来数去，解答问题。艺术工作者、文学家、建筑工程师也经常用头脑中的形象来思考问题、解决问题。

3. 抽象思维

抽象思维是依赖概念、判断和推理的形式解决问题的思维。这种思维是借助词语、符号来思考问题，故又称为语词逻辑思维。例如，政治工作者、哲学工作者常常是运用抽象思维解决一些理论与实践问题。抽象思维又分形式逻辑思维和辩证逻辑思维两种：前者具有确定性，并反映思维过程本身自相矛盾；后者则具有灵活性，并强调反映事物的内在矛盾的统一。

（二）根据思维探索答案的方向分类

根据思维探索答案的方向来划分，将思维分为集中思维与发散思维两种类型。

1. 集中思维

集中思维也称聚合思维、求同思维。它是将问题所提供的种种信息或者条件朝着一个方向集中，从而得出一个正确的答案或者一个最优的解决问题的方案。比如，有100人在参加会议，任意叫出两个人就至少有一个是女的。问：参加会议的人有多少男的，多少女的？找出两个人至少有一个是女的，有若干种可能，但由于前提条件是"任意"叫出两个人就"至少"有一个是女的，因此女的必须是99个或100个，男的是1个或0个。又如，有8只袜子，7黑1白，问：摸黑去拿，至少要拿几只才能确保拿到两只一样颜色的？这里面有"8只""7黑1白""至少""确保"四个词是重要的已知条件，拿1只时，不能确保有1只黑的，拿两只时能确保有1只黑的，拿3只时能确保有2只黑的，也就是至少要拿3只才能确保有两只一样颜色的。

2．发散思维

发散思维也叫求异思维、逆向思维或多向思维。这种思维是沿着不同的方向去思考，对信息或者条件加以重新组合，找出几种可能的答案、结论或者假说。聚合思维强调指向唯一正确的目标，即要求思维内容、思维成果应集中统一到传统观念或原有概念原理上来，否则视为错误或异端；而发散思维则强调思维内容和思维成果应与传统观念或原有概念、原理不同，甚至相反，其思维目标事先不能确定，可以是一个也可以是多个。发散思维是一种不依赖常规寻找变异的思维，在探索几个可能的答案时，一般很难确定哪个是正确的，只有通过验证才能肯定下来。发散式思维能顺利进行的主要条件是主体必须拥有丰富的知识经验。

集中思维与发散思维在解决问题过程中是紧密联系的。当人们对某一问题提出各种假设时是发散思维，但是通过检验，逐一放弃一些假设。最后，找到正确答案时，又是集中思维。

（三）根据思维的主动性和创造性分类

通常人们根据思维是否具有创造性把思维分为复制式思维和创造性思维两种。

复制式思维也叫常规思维，它是运用人们常用的思维方法来解决问题，具有复制式的特点。这种思维缺乏创造性，是运用已有的知识、经验，用现成的方法来解决问题，一般不会产生新的思维成果。

创造性思维，是用创造性的方法来解决问题，一般能产生新的思维成果。

案例分享

如此运算的高斯

德国著名数学家、物理学家和天文学家高斯上小学时，老师给学生出一道数学题：
1+2+3+……+100=？

一般的学生都是利用加法计算，依次地相加，而高斯则立即在一张纸条上写下5 050的答案。原来高斯用了一个简单乘法公式：

（1＋100）＋（2＋99）＋（3＋98）＋……＋（50＋51）=101×50=5 050

在这里，普通同学运用的是复制式思维，而高斯运用的却是创造性思维。

四、思维的特点

思维品质的揭示，是研究创新思维的重要组成部分。创造能力的发展归根结底是思维品质的提高，一般而言，思维具有以下几方面的特征：

（一）概括性

思维的前提是人们已经形成或掌握的概念。掌握概念，就是对一类事物加以分析、综合、比较，从中抽象出共同的、本质的属性或特征加以归纳。概括是思维活动的速度、灵活迁移程度、广度和深度、创造程序等智力品质的基础。苏联心理学家鲁宾斯坦认为：迁移就是概括。概括性越高，知识的系统性越强，迁移越灵活，那么一个人的智力和思维能力创造能力应越发达。

（二）间接性

间接性是思维凭借知识、经验对客观事物进行的间接的反应。首先，思维凭借知识经验，能对没有直接作用于感觉器官的事物及其属性或联系加以反映。例如，清早起来发现院子里的地面湿了，房顶也湿了，就可以判定昨天晚上下雨了。其次，思维凭借着知识经验，能对根本不能直接感知的事物及其属性进行反映。最后，思维凭借着知识经验，能在对现实事物认识的基础上进行蔓延式的无止境的扩展。假设、想象和理解，都是通过这种思维的间接性作为基础的。例如，制订计划、预计未来。思维的这种间接性，使思维能够反作用于实践，指导实践。

（三）逻辑性

逻辑性这一特征反映出思维是一种抽象的理论认识，表明思维过程有一定的形式、方法，并按照一定的规律进行。概念的形成条件和基础是社会实践。大量丰富的感性经验产生于实践，推动人的认识活动深化，产生了概念。在概念的基础上进一步构成判断和推理。判断是对于思维对象有所肯定或否定的思维形式，以语句形式表达出来，推理是从一个或几个已知判断推出新判断的思维形式。归纳推理和演绎推理是两种主要推理形式。在归纳推理时，从事实出发，加以概括，从而解释观察到的事物之间的关系，得出一般结论。从一般到个别，将理论、原则运用于具体，这是演绎推理。概念、判断、推理，就是思维的形式。

（四）深刻性

思维的深刻性指人脑在感性材料的基础上，经过思维过程，去粗取精，去伪存真，由此及彼，由表及里，在大脑里生成了一个认识过程的突变，产生了概括。由于概括，人们抓住了事物的本质、事物的全体、事物的内在联系，认识了事物的规律性。个人在这个过程中，表现出深刻性的差异，思维的深刻性集中地表现在善于深入地思考问题、抓住事物的规律和本质、预见事物的发展进程。

（五）灵活性

思维的灵活性是指思维活动的智力灵活程度。包括：①思维起点灵活，即从不同角度、方向、方面，能用多种方法来解决问题；②思维过程灵活，从分析到综合，从综合到分析，全面而灵活地做"综合地分析"；③概括—迁移能力强，运用规律的自觉性高；④善于组合分析，伸缩性大；⑤思维的结果往往是多种合理而灵活的结论，这种结果不仅有量的区别，而且有质的区别。

（六）独创性

思维的独创性强调思维个体差异的智力品质，指独立思考创造出有社会（或个人）价值的具有新颖性成分的智力品质。主体对信息高度概括后进行集中而系统的迁移，进行新颖的组合分析，找出新异的层次和交结点。概括性越高，知识系统性越强，减缩性越大，迁移性越灵活，注意力越集中，独创性就越突出。

（七）敏捷性

思维的敏捷性指思维过程的快慢程度。有了思维敏捷性，在处理问题和解决问题的过程中，能够适应迫切的情况来积极地思维、周密地考虑、正确地判断和迅速地得出结论。有人说，思维的速度包括正确的程度。但我们认为，思维的轻率性绝不是思维的敏捷性品质。我们在培养思维的敏捷性时，必须克服思维的轻率性。敏捷性本身不像上述特征那样有一个思维过程，但与上述思维特征又相互联系，既以上述思维特征为必要的前提，又是这些思维特征的集中表现。没有思维高度发达的深刻性、灵活性、独创性和批判性，就不可能在处理问题和解决问题的过程中有适应迫切情况的积极思维，并正确而迅速地得出结论。特别是思维活动的概括，没有概括，就不会有"缩减"形式，更谈不上什么速度。同时，高度发展的思维的深刻性、灵活性、独创性和批判性必须以速度为指标，能够正确而迅速地表现出来。

第三节　创新思维

一、创新思维的概念

创新思维又称创造性思维，是指发明或发现一种新方式用以处理某件事情或表达某种事物的思维过程。它是一个相对概念，是相对常规思维而言的。

经验表明，善于运用创新思维，往往意味着实践上的成功，因而长期以来，一直有人试图总结创新思维的规律，探索其中的奥秘，发现科学的训练方法。

尽管到目前为止，创新思维还并未完全形成一门概念明晰、体系完整的新学科，但与此相关的理论研究和社会实践一直在不停地进行，有些方面的研究已经取得了十分丰硕的成果。例如，创造学是与创新思维联系最为紧密的一门新学科，它于20世纪上半期发源于美国，在理论研究方面，美国首屈一指；若论民间普及程度，则日本当属第一。日本曾多次举办"每日一创"活动，收效甚大。我国的各行各业也都在推动创新能力提升，尤其是企业，在技术、销售、管理等方面取得了一定的创新成果，阿里巴巴公司就是这方面的典范。

其实，一个人的能力高低主要是思维能力在起作用。要有好的结果，首先是想法要正确，正确的思想才能产生正确的结果，因此，创新能力的核心也是创新思维能力。

二、创新思维的本质

（一）具有强烈的自我超越性

创新思维是对旧事物的一种扬弃，在旧事物的基础上有所改变和发展，因此，它一个很突出的特点就是敢于自我否定，勤于自我否定，具有极为强烈的自我超越性。

自我超越也是创新思维无穷的生命力的所在，它以自我超越战胜他者、取代他者，从而将现代科技革命与社会进步不断地向前推进，使人类社会生活发生翻天覆地的变化。

（二）具有自身软性

创新思维是一种存在于人的大脑理性中的观念性的活动，与硬性的实物不同，它从来都是一种软性的存在。然而创新思维的外在表现形式，在历史上却往往都表现为一种硬性的存在。比如在人类发展历史上几次划时代的工业革命带来的创新成果——蒸汽机、发电机、流水生产线、计算机，展现给我们的都是硬性的实物的存在，但这些实物的存在是以软性的创新为前提的。

如今，创新思维在其外在表现形式上也越来越表现出软性特征，集中体现在知识、信息和各种软件上。正是这种外在表现形式的逐渐软性化，使得人类的软性财富和无形资产得到了巨大的发展，知识和信息产业创造了巨大的产值。

目前全世界国民生产总值的近70%是知识或信息产业发展促成的，发达国家如美国总资产已有60%是无形资产，人类社会财富的特性也被改变。

（三）覆盖时空越来越少，作用周期越来越短

人类在信息传递方式上的创新周期越来越短。据资料记载，四千年前在埃及，人类第一次用使者来传递信息。在两千多年以前的中国汉朝，开始出现驿站，这是一种新的高效的信息传递方式。两百年以前，人类出现了邮政和邮票这种革新性的信息传递方式。五十多年前，出现了电子邮件。近二十年来，出现了电话、短信、飞信、QQ、微信等便捷高效的通信方式。

我们可以很清晰地看出，在信息传输的方式上，革新的周期越来越短，这也正是当下创新思维作用周期越来越短的一个方面的体现。特别是在现代科技的核心领域——计算机和互联网的天地里，创新思维更新多则一年半载，少则一两个月。

（四）具有强烈的竞争意识

知识经济时代的创新思维具有极为强烈的竞争意识。这是一个快速变化的社会，处于变革中的大时代，带给我们的是不断变化的环境，因此，要想取得更好的成就，必须带有强烈的竞争意识。创新思维只能在竞争中生，在竞争中成长，在竞争中永恒。在创新的领地里，一劳永逸的创新是不存在的。

（五）对生产力发展的作用前所未有的巨大

创新思维价值的大小，视其社会生产力的功能而定。据统计显示，目前知识创新在经济增长中的贡献率，已由20世纪初的5%~20%上升到90%左右，几乎使人类生产的社会财富总和翻了一番。在未来，以现代创新思维为基石，其创造的财富还会呈几何倍数增长，可以说，创新思维已成为一个国家富强的源泉，成为社会经济发展的最主要推动力。

三、创新思维的环境条件

创新思维环境与一般的环境不同，是指影响人们进行创新思维和创新活动过程的一切外部条件，或者说是人在进行创新活动时所处的外部条件。另外，创新思维环境还应包括进行创新活动的人对外部环境的感觉、感受，即自我创新环境。

对人的创新能力影响比较大的环境因素主要有家庭、学校、工作单位等，每个人都有自己的成长过程，在不同的成长阶段，各种环境对他们的影响也是不同的。

（一）家庭环境

家庭教育是培养人才的重要因素。家庭是一个人孕育创新思维能力的最早的环境，良好的家庭教育在培养人们的创新精神方面，起着学校教育和社会教育都难以起到的奠基作用。家庭教育好比植物的根苗，根苗茁壮，才能枝繁叶茂、开花结果。

（二）学校环境

学校对培养学生的创新精神有着重要的作用。它是按照人的身心发展的规律组织起来的一种特殊环境，它以有目的的、经过选择的系统形式影响青少年。学校的教育活动是有明确目的的活动，又是在一定的组织与指导下进行。学生在以学习为主的各种活动中，接受学校所施加的各种影响，从而获得知识，发展智力、创新能力和个性品质。学校的教育活动比较系统，能使学生形成比较完善的意识倾向。

（三）工作环境

集体中的成员人人平等，互相激励、启发、帮助、共同进步，有利于创新设想的形成；相反，如果存在内耗，就会极大地损耗人的能量，影响创新思维能力的发挥。要有一个有竞争意识的、鼓励创新的工作环境。竞争给人以外在压力，可驱除惰性，刺激奋发向上的热情；可以诱发人们进行创新探索的意识，鼓励人们取得创新的成果。

（四）社会生产力

社会生产力的发展与创造、创新成果息息相关。生产发展、生产力水平提高为创造、创新活动提供了良好的物质条件；反过来，创造、创新又促进了生产的发展、生产力的提高。

（五）政治环境

政治环境作为上层建筑，对创造、创新有着十分重要的影响。政治对经济的发展既可以有巨大的推动作用，又可以有阻碍作用。而经济的发展为创造、创新活动提供了良好的物质条件，人们的创造、创新精神也能得到充分的提高。

（六）国际环境

国际环境，尤其是国际经济环境的风云变幻，往往会导致新思想、新事物的诞生。历史经验表明，经济危机往往催生重大科技创新，而重大科技成果也往往推动世界经济走向复苏与繁荣。20世纪30年代大萧条前后问世的科学发现，成为日后以电子、航空航天和核能为标志的第三次技术革命的基础。20世纪90年代兴起的互联网信息技术革命，也造就了世界经济的新一轮繁荣。美籍奥地利经济学家熊彼特对历史上三次产业革命分析后明确指出，正是技术革命带动了经济的起飞。

四、创新思维的应用

创新思维主要有以下两种应用：

（1）日常的创新。创新是常规思维的一部分，因此，可以用于任何需要思维的场合，无须做出任何正式或刻意的努力就可以产生。例如，那些天生具有创造性或受到激励具有创造性思维的人会不知不觉地运用创造性思维。

（2）特定的创造。通常基于明确的需要。在这种情况下，个体要做出刻意的努力，运用系统方法来产生新想法，如企业管理创新、营销创新、制度创新都属于此类。

如何才能合理地运用创新思维呢？创造性思维可能是一种灵感。如果摆脱束缚，你会具有创造性；如果相信直觉，你会具有创造性；如果学会使用右脑，你会具有创造性；如果有了创造热情，你会具有创造性；如果改善精神状态，也会产生一些创造性。除此之外，通过运用缜密的工具则更有助于高效、系统地产生创造性思维。

拓展阅读

谷歌是如何看待创新的

从Alpha Go说起

阿尔法围棋（Alpha Go）是一款围棋人工智能程序，由谷歌（Google）旗下Deep

Mind公司的戴密斯·哈萨比斯、大卫·席尔瓦、黄士杰与他们的团队共同开发。其主要工作原理是"深度学习"。

2016年3月，该程序与围棋世界冠军、职业九段选手李世石进行人机大战，并以4∶1的总比分获胜；2016年年末至2017年年初，该程序在中国棋类网站上以"大师"（Master）为注册账号与中日韩数十位围棋高手进行快棋对决，连续60局无一败绩。不少职业围棋手认为，阿尔法围棋的棋力已经达到甚至超过围棋职业九段水平，在世界职业围棋排名中，其等级分曾经超过排名人类第一的棋手柯洁，并在2017年5月举行的乌镇围棋峰会中，连续3场战胜柯洁。

人们在直接关注这场人机大战之外，还将注意力延伸到了缔造Alpha Go的谷歌公司。那么，谷歌在创新上究竟有什么过人之处呢？来看看谷歌是如何推动创新的吧。

创新不仅要新颖、出人意料，还要非常实用

在谷歌看来，如果产品或服务只是满足了消费者的需求，那不是创新，只是对顾客需求做出了回应，因此，创新的东西不仅要新颖、出人意料，还要非常实用。Alpha Go在与李世石对弈的过程中，也许没有走出人类常见的定式，却利用自己的运算优势，最终取得了胜利。谷歌的无人驾驶汽车无论怎样炫酷，都必须建立在实用的基础上。苹果手机颠覆了人们对手机的认知，其新颖和出人意料是毋庸置疑的。但真正让苹果手机成为划时代产品的，是其实用性，是其以出人意料的方式解决了实际问题。也许有人拿一台苹果手机是为了耍酷，但如果实用性不够，耍酷就失去了根基。

今天，互联网技术改变了人们的生活，那些具有重大意义的创新产品和服务几乎都同时具备这些特征。真正生存下来并获取成功的那些创新服务，关键就在于实用性。在线约车改变了人们在严冬酷暑里站在路边翘首以盼出租车的窘境，上门洗车则因为实用性不够而尚未取得实质性突破。

谷歌的经验还告诉我们，人人都有创新的机会，并非那些以创新的名义专门从事创新工作的人才能够实现真正的创新。谷歌的很多重大发现和创新活动是工程师利用业余时间搞定的，这在传统企业里被认为离经叛道和不务正业。按部就班地提出想法，配置人员，设计架构，敲定预算，开展研究，产出成果，这样的过程过于常规，无法实现创新。想想那些科研工作者吧，大多数人的研发成就再也没能超越博士论文的水准，而那时他们作为教授的廉价劳动力几乎一文不值。

聚焦用户

聚焦用户价值是创新的源泉。互联网时代的一大特征是"羊毛出在狗身上"，谷歌以良好的服务体验吸引用户，用户免费使用带来广告价值，广告价值吸引广告客户支付费用。用户希望免费使用搜索服务并且广告越少越好，而广告客户则是谷歌的重要收益来源。

在这种微妙关系下，谷歌把用户体验放在首位，聚焦用户，实现了一系列创新，这些创新是以牺牲短期收益为代价的。谷歌在决定一项创新产品是否上市时，首先考虑的是用户是否从中获益，而不是考虑对财务收支的影响。

谷歌的即时搜索因为节省搜索时间而优化了用户体验，但同时也降低了广告的到达率，这对广告收入产生了冲击。还有，为了避免用户受到过多不良网站的影响，谷歌改变算法，受此影响的大多都是付费的广告客户，同样对谷歌的收益产生了冲击。

之所以这么做，是因为谷歌坚信只要聚焦客户，始终为用户做对的事情，最终总能从中盈利。在中国，百度曾深陷竞价排名以及贴吧事件的不良影响，其背后的本质就是如何平衡用户和合作伙伴的利益。这种平衡是由企业价值观所决定的。如果谷歌面临每个决策的时候首先考虑的是直接带来财务收益的合作伙伴的利益，那些重大的创新就不会出现。作为几乎同一时代的百度，给我们留下印象的是亦步亦趋的模仿和挥舞支票的投资，至今尚未奉献具有划时代意义的创新性产品和服务。

往大处想，制定遥不可及的目标

那些做出划时代创新产品的人们往往都有些狂妄自大，自认为老子天下第一，能成常人不能成之事。谷歌用"你想的不够大"和"把想法放大10倍"这两句话来帮助工程师从老旧思想中跳脱，使得创新成为可能。

往大处想对于推动创新有很多好处，首先，这种思维方式赋予了创意精英更多的自由和空间，解开羁绊，激发创意。如果不往大处想，汽车就不会替代更快的马车成为交通出行方式；如果不往大处想，智能手机就无法替代功能手机。

其次，往大处想意味着更大的投入，一旦失败后果不堪设想，这样就越是渴望取得成功。摩托罗拉手机有几十种机型，每一种都有小的特点，每一种都不会威胁到公司的生存，其结果是每一种都难逃平庸的命运。苹果公司的手机型号少之又少，但每一款都能热卖，因为每一款产品都输不起，必须成功。

最后，往大处想也是吸引顶级人才的绝妙方式。把巨大的挑战交给不适合的人，是在制造压力，选对了人则是在撒播快乐。巨大的挑战对于顶级人才更有吸引力，如果你不打算打造划时代的创新性产品，那些顶级人才就不屑于与你为伍。

创新与钱无关

中国有句话叫作"重赏之下必有勇夫"，我们的习惯性思维也要通过重金来吸引人才实现创新。但事实上，谷歌的经验则是创新与钱无关。这是因为对于创意精英们来讲，工作本身就是最大的奖励。预设奖励不但不能激发创意，反倒会将创新变成赚钱的差事，阻碍灵感。

如今一大批海外精英归国创业，政府为此设立了一系列奖励计划。事实上这些身怀绝技的科学家根本无暇关心这些奖励计划。面对各地政府抛出的橄榄枝，他们关心的是实验室条件如何，周边产业配套怎样，以及是否能招募到一流的人才，而不是那些动辄上百万的物质激励。与这些顶级人才大谈物质奖励，从某种程度上来说，给他们打上了"见钱眼开"的标签，是对他们的侮辱。

给予创新成功者高额激励，不仅合理，而且是必要的，但不要奢望以高薪悬赏的方式推动创新成果的出现。

思考与练习

1．在荒无人迹的河边停着一只小船，这只小船只能容纳一个人。有两个人同时来到河边，两个人都乘这只船过了河。他们是怎样过河的？

2．已将一枚硬币任意抛掷了9次，掉下后都是正面朝上。现在你再试一次，假定不受任何外来因素的影响，那么硬币正面朝上的可能性是多少？

3．有人不拔出瓶塞（不能将瓶子弄破，也不能在瓶塞上钻孔），就可以喝到酒，你能做到吗？

4．抽屉里有黑白尼龙袜各7只，假如你在黑暗中取袜，至少要拿出几只才能保证取到一双颜色相同的袜子？

5．在一间破旧的酒吧里，"独眼龙"彼得正和他的一帮狐朋狗友玩牌，桌子边围了5个男子。几局牌之后，其中一个人瞪着眼拉长声音对发牌人讲："你在作弊。"发牌人立即拔出手枪打死了那个人。有人请来了司法官，他是一个非常强壮的彪形大汉，虽然他令人望而生畏，这个案子大家也是有目共睹的，但他却无法逮捕其中的任何一名男子。这是为什么？

6．一个牙疼病人去镇上唯一的一家牙科医院就诊，医院里只有两位医生，一位有一口好牙，另一位的牙齿却很糟糕，那么他该选择哪位医生看病呢？

7．钉子上挂着一只系在绳子上的玻璃杯，你能既剪断绳子又不使杯子落地吗？（剪时手只能碰剪刀）

8．有10只玻璃杯排成一行，左边5只内装有汽水，右边5只是空杯。现规定只能挪动两只杯子，使这排杯子变成实杯与空杯相交替排列，如何移动两只杯子啊？

9．有一棵树，树下面有一头牛被一根2米长的绳子牢牢地拴住鼻子，牛的主人把饲料放在离树恰好5米之外就走开了，牛很快就将饲料吃了个精光。牛是怎么吃到饲料的？

10．一只网球，使它滚一小段距离后完全停止，然后自动反过来朝相反方向运动，既不允许将网球反弹回来，又不允许用任何东西击打它，更不允许用任何东西把球系住，怎么办？

11．旅行家萨米·琼在周游世界之后，回到他阔别十年的故乡。有一次，他向人们诉说了这十年中他在世界各地的所见所闻。他还向人们提出了两个怪问题。第一个问题是在非洲的某地，他看到一个人的身体内有两颗心脏，而且都跳动得很正常。你说，这有可能吗？第二个问题是在大洋洲的某一个村庄里，所有的人都只有一只右眼。这有可能吗？

第 六 章

突破思维定式

📖 本章导读

简单来说，所谓思维定式，就是"过去的思维影响当前的思维"。思维定式对人们思考问题显然有很多好处。它能使思考者省去许多摸索、试探的思考步骤，不走或少走弯路，大大缩短思考时间，提高思考效率；还能使思考者在思考过程中感到驾轻就熟、轻松愉快。但思维定式却不利于创新思考。

进行创新思考，无论思考如何解决新碰到的问题，还是思考如何对老一套的问题按某种新的方式解决，都需要有新的思考程序和思考步骤，而基于思考以往的同类问题所形成的思维定式必然会对创新思考产生一种妨碍作用、束缚作用，使人难以跳出思维定式的无形框框，难以进行新的试探和尝试。

突破定式作为一种创新思考方法，是指在思考有待创新的问题时，要有意识地抛开头脑中以往思考类似问题所形成的思维程序和模式；要警惕和排除它对寻求新的设想所可能产生的束缚作用。

一个人的创新思考陷入了某种思维定式大都是不自觉的，而要跳出这种思维定式，则常常需要自觉地做出努力。

🔍 学习目标

1. 了解思维定式的内涵。
2. 熟悉常见思维定式。
3. 掌握突破思维定式的内涵与方法。

⛵ 导入案例

寻找嫌疑人

某厂有35 000元现金被窃，这是一笔不小的数目。厂方和市公安局出动了大批力量破案，他们的思路是进行排查，找出嫌疑人，再通过审查破案。嫌疑人应当是有前科的，经济支出明显超过收入。根据这个思路，最后锁定了一名年轻工人，这名工人平时吊儿郎当，工资较低，这时恰好又新买了一辆摩托车。于是，这名年轻工人便成了重点怀疑对象，被审查了好几个月，而真正作案的是另一名平时显得很老实的职工。两年后，他到银行存赃款，被机警的出纳员发现破绽并报告给公安局，这才破了案。

评析

在这个侦察案例中，错误的产生显然与办案人员过分依赖经验有关。平时表现不好，而经济上又突然发生变化的，可能有作案的嫌疑，但不是这样的人就一定是盗窃公款的罪犯；而平时表现不错的员工，也不一定就不会干坏事。可见，依赖经验对案件的侦破起了妨碍、束缚的作用。

第一节 思维定式概述

在现实生活中，我们每时每刻都会遇到各种各样的信息，头脑中在处理这些信息的时候，并不需要对每一条信息都坐下来想一想"我该怎么办"，而是能够"自动应答"。所谓"自动应答"，就是头脑在筛选信息、分析问题、做出决定的时候，总是自觉或不自觉地沿着以前所熟悉的方向和路径进行思考，而不必另辟新路，这种熟悉的方向和路径就是所说的思维定式。所谓思维定式，就是人们反复思考同类问题，在头脑中形成的一种固定的思维程序和思维模式，若再遇到类似的问题，思维活动便会自然地沿着形成的思维程序和思维模式进行思考。心理学研究认为，思维定式是心理活动的一种准备状态，是过去的感知影响当前的感知。

🅰 案例分享

案例1

让一个人连续多次看两个大小不等的球后，再让他看两个大小相等的球，他会感知为大小不相等。

案例2

一个"1"组成的最大数是1；两个"1"组成的最大数是11；三个"1"组成的最大数是111；由于有了前面的思维模式，四个"1"组成的最大数很多人会感知为1 111，而不是11^{11}。

案例3

如表6-1，要求以尽可能少的计算次数求得表中每行数据的答案，很多人会认为表中的计算没有问题，其实不然，前四行的算法和计算结果都是对的，尽管第五行的计算结果也是对的，但不满足题目的尽可能少的计算次数的要求，应该是错误的，正确答案是A-C。

表6-1　以尽可能少的计算次数计算答案的算法

序号	A	B	C	答案	算法
一	52	258	3	200	B-A-2C
二	21	127	3	100	B-A-2C
三	21	47	3	20	B-A-2C
四	11	67	3	50	B-A-2C
五	11	25	3	8	B-A-2C

案例4

1973年第四次中东战争爆发前，埃及军队连续进行了一次又一次（共进行了22次）的大规模军事调动和演习，以色列依靠美国的"大鸟"卫星，对埃及军队的一举一动了解得清清楚楚，10月6日，埃及军队进行第23次大规模军事调动向苏伊士运河集结时，以色列军方领导人由于已有前22次的军事调动和演习所形成的思维定式，对埃及这次军队调动，以为不过是又一次军事演习罢了，没有做一点战斗准备，甚至还放假让官兵去过犹太人的"赎罪日"节，结果埃及军队突然向以色列发起进攻，一举攻破以方耗资2亿多美元修筑起来的"巴列夫防线"，获得了震惊世界的辉煌战果。

上述四个例子说明，人们反复思考和处理同类问题，在头脑中会形成一定的思维模式，再遇到同类问题时就会按照以前处理这类问题的方式进行思考。

人们处理问题的成功与否对思维定式起重要的强化和弱化作用，当我们采用某种思考方法而获得成功之后，这种思考方法通过反馈得到加强，再一次碰到同类问题时就会不假思索地采用同样的方法来处理问题。例如，美国早期设计的登月飞船上都装有一个减速装置，用来减慢太阳能反射板的开启速度，那些飞船都是带有这种减速装置成功地飞上月球的。后来，在研制飞向火星的"水手4号"宇宙飞船时，科学家们嫌那种减速装置过于笨重，而且容易粘上油污，于是又重新设计了一种减速装置，但是新设计的减速装置经过试验并不可靠，经过多次试验改进仍然不能令人满意。正当研制小组几乎绝望的时候，有位科学家大胆提出，是否可以不用减速装置。模拟试验证明，这位科学家的建议是正确的，那个劳民伤财的减速装置，从一开始就是多余的，只不过以前多次成功的飞行强化了人们的思维定式，一直维持着减速装置存在的合理性。

思维定式对人们思考问题显然是有好处的，它能使思考者省去许多摸索、试探问题的思考步骤，不走或少走弯路，大大缩短思考时间，提高思考效率，有助于我们举一反三、触类旁通。有人曾估计过，思维定式可以帮助人们解决每天所碰到的90%以上的问题。但基于思考以往同类问题所形成的思维定式必然会对创新思考产生一种妨碍和束缚作用，使人难以跳出思维定式的无形框框，难以进行新的试探和尝试。所以，无论是思考如何解决新碰到的问题，还是思考如何对老一套的问题按某种新的方式解决，都需要有新的思考程序和思考步骤，要突破思维定式，即在思考有待创新的问题时，要有意识地抛开头脑中以往思考类似问题所形成的思维程序和模式；要警惕和排除它对新的设想可能产生的束缚作用。

自然界中有一种惯性，静止的东西你要推动它，必须克服大的摩擦力，费大力气；运动的东西，就算费了大力气，也不能令其马上停止，需要一个减速运动的过程。这种强大的惯性同样也存在于新思维定式的建立和旧思维定式的消亡的过程中。

我们经常使用的计算机和英文打字机键盘上，为什么将26个字母做无规则的排列呢？原来在19世纪70年代由于机械制造工艺还不完善，英文打字机键盘上的字母键在击打之后，弹回速度较慢，经常出现因为击键速度太快而使两个键绞在一起的现象，严重影响打字的速度。世界各国的工程技术人员为了解决这一问题绞尽脑汁，但由于大脑思维定式的束缚，只能从"提高字母键的弹回速度"这一途径出发，一直未能找到解决办法。后来，有一名工程师在总结经验教训后，大胆突破思维定式，提出了通过降低打字员击键速度来解决这一问题的新思路。思路找对了，科技人员很快就制定了打乱26个字母的排列顺序，将使用频率高的字母键分散在较笨拙的手指下的方案，于是，我们现在的键盘就应运而生了。

今天，随着科学技术的发展，字母键的弹回速度早已不成问题了，于是，转变成了"键盘的排列顺序影响打字速度"的问题，为此，不少设计人员设计出了许多种更合理的键盘，但由于人们已经习惯了原有的键盘，因此，一直未能推广。

从键盘的演变过程中，我们可以看出，思维定式的建立需要经过一个长期的过程，而一旦建立后，就具有了极强的顽固性，它的改变绝不是一朝一夕的事情，往往需要付出极大的代价。

第二节　常见思维定式

一、权威思维定式

有人群的地方就会有权威，权威是任何时代、任何社会都实际存在的现象。人们对权威普遍怀有崇敬之情，这本来是可以理解的，然而这种崇敬常常演变为神话和迷信。在思维领域，不少人习惯于引证权威的观点，不假思考地以权威的是非为是非；一旦发现与权威相违背的观点或理论，就想当然地认为其必错无疑，这就是权威思维定式。例如，中世纪，《圣经》在西方的地位是至高无上的。按照《圣经》上的说法，太阳是圣洁无瑕的，绝不会有"黑子"。有一次，一位传教士借助于望远镜看到了太阳黑子，他自言自语道："幸亏《圣经》上已有定论，不然的话，我几乎要相信自己的眼睛了！"

科学无禁区，这是科学发现的逻辑。但是，由于历史的局限性和人们思维的封闭性，在科技领域却又形成一些禁区。然而，对创新者来说，如果一味迷信权威划定的禁区而不敢越雷池半步，或将权威的理论视为不可逾越的顶峰而止步不前，是不可能做出开创性的贡献的。

案例分享

大发明家爱迪生发明电灯时，输电网的建设因直流电的局限而进展缓慢。与此同时，乔治·威斯汀豪组织了一个科研班子，专门研制新的变压器和交流输电系统。

爱迪生反对交流电的应用，认为这是非常危险的事情。为了阻止威斯汀豪的创新，爱迪生花费数千美元组织了新闻、杂志和广告画，向外界宣传交流电如何可怕，使用它将会给人们带来多么大的危险。在威斯特莱金研究所，爱迪生召见新闻记者，当众用1 000伏交流电做电死猫的表演。他还为此发表了一篇题为《电击危险》的权威性文章，表达了自己反对研究和应用交流电的观点。面对爱迪生这位权威，威斯汀豪没有迷信，对围攻交流电的宣传也不甘示弱，他竭尽全力为交流电的推广奔走努力，并且针锋相对地在杂志上发表《回驳爱迪生》的文章，对爱迪生的观点进行质疑。

可是，一件意想不到的事情给威斯汀豪的事业带来了沉重的打击，这就是纽约州法庭下了一道把死刑绞架改为交流电椅的规定。对爱迪生来说真是天赐良机，首先，他借着电椅大做文章。其次，把恐怖气氛煽动起来，而受到这次意外打击的威斯汀豪，在交流电的发展事业上一蹶不振。在这场角逐中，虽然威斯汀豪在大名鼎鼎的爱迪生面前处于劣势，但他并不气馁，始终坚信交流电的应用将给世界带来新的光明。

不久，美国在芝加哥准备举办哥伦布发现美洲大陆400周年的国际博览会。作为会上的精彩展品之一就是点燃25万只电灯。为此，很多企业竞相投标，以获取这名利双收的"光彩工程"。爱迪生的通用电气公司以每盏出价13.98美元投标，并满怀希望能拿下这笔生意。

威斯汀豪闻讯赶来，出人意料地以每盏灯5.25美元的极低价格与通用电气公司竞争。主办博览会的负责人吃惊地问："你投下如此低价，能获利吗？"威斯汀豪坦然地回答："获利对我并不重要，重要的是要人们看到交流电的实力。"对威斯汀豪的抱负，人们将信将疑。

国际博览会隆重开幕了，人们发现数万盏电灯在夜幕下光彩夺目，蔚为壮观。人们争先传颂，是威斯汀豪用交流电照亮了世界。望着无比灿烂的灯光，爱迪生这才低头沉思，并对自己的失误深感遗憾，同时也对后来居上的创新者表示十分的敬佩。

假如威斯汀豪迷信权威，交流电绝不会迅速在社会上崛起，也不可能有威斯汀豪电气公司的辉煌。

（一）教育权威

权威定式不是天生固有的，而是经历一个长期的过程才逐步建立起来的。人从出生到长大，一直接受着这样的教育：在家听父母的话，在学校听老师的话，在单位听领导的话，这种教育实际就是灌输权威意识。对于弱小而且无知的儿童，家庭、学校和社会都是不可抗拒的外在力量，这些力量构成了一个个的权威，这些权威用一系列的"必须做……""应该做……""不能做……"来教育儿童。如果服从这些权威，儿童能够从中得到好处，而抗拒这些权威则注定要吃苦头。在有些场合，当后天教育与儿童的自然天性发生冲突的时候，儿童也会以各种方式加以反抗，但反抗的结果往往是以儿童的失败而告终，这从反面又教育了儿童：权威的力量是不可逾越的，只能无条件地遵从。于是，从不敢反抗到不愿反抗，进一步到根本想不起来去反抗……如此久而久之，在儿童的思维模式中，由教育所造成的权威定式就最终确定下来了。

（二）专业权威

由于时间、精力和客观条件的限制，在人的一生中，通常只能在一个或少数几个专业领域内拥有精深的知识，而对于其他大多数领域则知之甚少，甚至全然无知。为了弥补自己的无知，以应不时之需，人们不得不求助于各个领域内的专家意见，在大多数情况下，人们按照专家的意见办事，总能得到预想中的成功，如果违背了专家的意见，总要招致或大或小的失败。如此久而久之，人们习惯了以专家的是非为是非，总是想当然地认为专家不可能出错。在现实生活中，当两人发生争论的时候，也总是拿专家的意见为佐证。于是，在大家的思维模式中，专家就形成了权威，形成了一道难以逾越的思维屏障。

案例分享

有一次，大哲学家罗素来中国讲学，听讲的多数是研究部门的学者。罗素登上讲台，首先在黑板上写了一个问题：2+2=？，接着，罗素开始征求听众的答案。会场上鸦雀无声，他们心里暗暗琢磨：黑板上写的绝不会是简单的算术题，大哲学家可能发现了鲜为人知的哲学新观点。尽管罗素一再希望有人将答案告诉他，但是，听众中无人敢贸然作答。当罗素请台前一位先生谈谈自己的答案时，这位先生竟面红耳赤，支支吾吾地说尚未考虑成熟。罗素见状笑着说："二加二就等于四嘛！"

罗素的这一逸闻饶有趣味，这位崇尚创新的大哲学家并非故弄玄虚，而是幽默地告诫人们：过于崇拜权威会使人走上迷信，会束缚人的思想，扼杀人的智慧。在权威面前连简单的事实都不敢承认的人，难道还敢质疑权威，开拓创新吗？

（三）权威定式的强化和泛化

权威定式一旦在我们的思维模式中确立之后，就会由于各种因素而不断得到强化和泛化。

案例分享

有一位科技专家在某项尖端技术的研究中做出了突出的贡献，于是，电台、电视台、报社给予大篇幅的报道，进一步强化了专家在人们心中的权威性；马上有人请他参政议政、请他担任行政领导、请他出席非他研究领域的讨论会和谈论会，把权威不恰当地扩大到社会生活的其他领域，而成了一切领域的权威。不管是权威的强化或泛化，都会助长思维领域内的权威定式。

（四）权威定式的利弊

权威定式从积极的意义来看，它为我们节省了大量的时间和精力，我们不必事事都从头学起（或研究），而只要直接引用权威们所做出的结论即可。

另外，权威定式束缚了人们的思维思路，由于在权威的鼻息下生活惯了，总是被权威牵着鼻子走，有意无意地沿着权威的思路向前走，失去了自己独立思考的能力，一旦失去了权威，他们常常会感到手足无措。

二、书本思维定式

书本是一种系统化、理论化的知识，是千百年来人类经验和体悟的结晶。应该说书本是人类最伟大的发明，有了书本，人们能够很方便地把自己的观念、知识和价值体系传递给下一代人，使得下一代人能够从一开始就站在前人的肩膀上，而不必要每件事情都从头开始。书本知识是经过头脑的思维加工之后所形成的一般性的东西，往往是特定时期、特定条件下的归纳总结，是表示一种理想的状态，而不是实际存在的状况，因为现实世界的环境在不断变化。所以，我们必须意识到书本所描述的知识、理论或某一件事，只不过是作者所提供的一种启发，我们可以从这个启发中联想到自己的经历、实践和经验，从而得到举一反三的效果。所谓书本定式，就是在思考问题时，不视实际情况、不假思考地盲目运用书本知识，一切从书本出发、以书本为纲的思维模式。

书本对人类所起的积极作用是显而易见的，在一般情况下，如果"读书破万卷"，往往就能做到"下笔如有神"。不过，由于书本知识反映的是一般性的东西，表示的是理想化的状态，与客观现实之间往往存在着较大的差异。在处理问题时，如果忽视这种差距，无视实际情况、不假思考地盲目运用书本知识，那么书本知识为我们带来无穷多好处的同时，也会带来不小的麻烦。

案例分享

20世纪50年代初，美籍华裔生物学家徐道觉的一位助手，在配制冲洗培养组织的平衡盐溶液时，由于不小心错配成了低渗溶液。低渗溶液最容易使细胞胀破，当他将低渗溶液倒进胚胎组织，在显微镜下观察时，无意中发现染色体溢出后的铺展情况良好，染色体的数目清晰可见。这本来可以找到观察人类染色体数目的正确途径，是意外地获得人类染色体确切数目的大好时机。可是，徐道觉盲目地相信美国著名遗传学家潘特20世纪20年代初在其著作中提到的：既然大猩猩、黑猩猩的染色体都是48个，可以推断人类的染色体也是48个，因此，他放弃了自己的独立研究，错失了一次荣誉本该属于他的重大发现。后来又过了几年，另一位美籍华裔生物学家蒋有兴，也采用低渗溶液处理技术，终于发现了人类的染色体不是48个，而是46个。

《三国演义》中，"熟读兵书，谙熟兵法"的马谡在守卫街亭的战斗中，不听王平的劝阻，在山上屯兵，认为这样可以"凭高视下，势如破竹"；如敌兵截断水道，我军也可"背水一战，以一当十"。马谡的这些观点都能在兵书上找到依据，可白纸黑字的兵书与刀光剑影的战场毕竟是两回事。蜀军在被围后，不仅不能"以一当十"，反而"军心自乱，不战而溃"。最后，熟读兵书的马谡未能在战争史上留下一场经典之战，却因诸葛亮的"挥泪斩马谡"而"流芳百世"。

在当今信息时代，读书仍然是获得知识的最佳方法，可是我们不应该成为书的奴隶，不能淹没在书本知识的海洋里而浮不上来，读死书、死读书，除了书上讲的，一无所知，不会处事，想不出点子，解决不了问题。读书的主要目的不是储存知识，而是运用知识，在经济知识时代下取得成功的人士，并不是他们的知识比别人多，而是他们能够把学到的知识正确地运用到现实生活中。

案例分享

美国汽车大王福特，只受过很少的正规教育，也没有读过多少书，但思维敏捷，创意不断。在第一次世界大战期间，芝加哥的一家报纸在一篇社论中说福特是"无知的和平主义者"，福特得知后很生气，向法庭控告该报社恶意诽谤。在开庭审理的时候，报社的律师向福特提出了许多"常识性"的问题，以此来证明福特确实是一个"无知的人"。律师的问题大多是书本上的，对于受过正规教育的人来说，也确实是"常识性的问题"，比如，"美国宪法的第五条内容是什么？""英国在1776年派了多少军队来美国镇压反叛？"等。福特对这些问题有些不耐烦，气愤地对报社的律师说："请让我来提醒你，在我的办公桌上有一排电钮，只要我按下某一个电钮，就能把我所需要的助手找来，他能够回答我的企业中的任何问题。至于我企业外的问题，只要我想知道，也可以用同样的方法获得。既然我周围的人能够提供我所需的任何知识，难道仅仅为了在法庭上能回答出你的提问，我就应该满脑子都塞满那些东西吗？"

一般情况下，所受的正规教育越多，一个人的专业知识也就越丰富。在人类知识的发展史上，专业的划分越来越细，这种划分使得知识能够深入，由于长期从事某个专业，积存了大量的书本知识和实际经验，使得人的思维局限于某个专业之内，眼界过于狭隘，束缚了创意思维的发挥。例如，有一位年轻人，在一个偶然的场合遇到一位心搏骤停的病人，为了恢复病人的心跳，那位年轻人用水果刀切开病人的腹部，拗断两根肋骨，直接用手握住心脏挤按，终于把病人救活了。医学权威在评论这件事的时候一致认为，幸好那位青年人不是医生，否则他不可能把病人救活。因为任何一位受过正规训练的医生，都绝不会想到用水果刀给病人开刀，医生首先想到的是，水果刀消毒没有？感染了怎么办？医生也不会用手直接拗断病人的肋骨。

三、从众思维定式

你骑着自行车来到一个十字路口，正好赶上红灯，尽管你清楚地知道闯红灯违反交通规则，但是，你发现周围的骑车人都不停车而是直往前闯，你也跟着大家一起闯红灯。这样一种跟从大众随大流，别人怎么做，我也怎么做，别人怎么想，我也怎么想的思维模式就是从众思维定式。

人是一种群居动物，为了维持群体的稳定性，就必须要求群体内的个体保持某种程度的一致性，这种"一致性"首先表现在实践行为方面。其次，表现在感情和态度方面，最终表现在思想和价值观方面。然而，个人与个人之间不可能完全保持一致，也不可能长久保持一致，一旦出现不一致，要么整个群体服从某一个权威，与权威保持一致；要么群体中的少数人服从多数人，与多数人保持一致。随着社会的发展，这种行为准则逐渐超出个人行动的领域而成为普遍的社会实践原则和个人思维原则，于是，逐渐形成了思维领域的从众思维定式。

不但人类有从众的倾向，其他群居类动物也有从众的习惯。

（一）屈服于群体的压力

每个人都不免有这样一种本性，当你面临来自大多数人的压力时，就会不自觉地违背自己原来的意愿。

案例分享

社会心理学家所罗门·阿希做过这样一个实验，他找来7位大学生坐在一起，请他们判断7张卡片上的线段长度。第一张卡片上画着一个"标准线段"，其余的每张卡片上画着三个线段，其中只有一个线段A与"标准线段"长度相等，阿希要求大家找出其余卡片上的线段A，并且按照座位顺序说出自己的答案。

其实，七位大学生中，只有倒数第二位学生是蒙在鼓里的受试者，其余六位是事先已经串通好的，他们的答案保持一致，但三分之二都是错误的，以此来测试那位受试者在多大程度上不受周围人的影响，坚持自己的正确答案。实验结果：有33%的受试者屈服于群体的压力而说出了错误的答案。

（二）随波逐流没错

许多人认为，一种看法为大多数人所接受，或者大多数人形成某种共同的看法，都是有根据的，也肯定是经过了大多数人的思考和审查的，虽不见得一定正确，至少正确的可能性是很大的。既然这样，在自己还没有充分的根据提出不同的看法能够否定大多数人的看法时，采取从众的态度、接受众人的看法和做法是恰当的和明智的，也可以不犯或少犯错误。

从众心理的形成，还常常与一些不健康的心理因素相联系：从众可以不冒风险，对了皆大欢喜，错了大家共同丢面子；从众可以维持和谐的局面，避免发生分歧、争吵和斗争；法不责众，即使犯了较严重的错误，由于人人有份，可以不受到追究。

四、经验思维定式

我们生活在一个需要经验的世界中，因为拥有了某些方面的经验，我们可以将各种各样的问题处理得井井有条。例如，品烟大师拿着香烟一看一吸，就知道它的产地和等级；老农抓起一把土一瞥一捏，就知道它适合种什么庄稼；老工人一听运转的机器声音，就知道机器在什么地方出了毛病，这些都与他们所拥有的丰富经验分不开。通过长时间的实践活动所取得和积累的经验，是值得重视和借鉴的，它有助于人们在后来的实践活动中更好地认识事物、处理问题。但是，个人的经验在内容上仅仅抓住了常见的东西，而忽略了少见的、偶然的东西。可是，在每一个具体的现实环境中，总会有大量的平常很少见到的、偶然性的东西出现，如果我们仍然用以往的经验来处理，则不可避免地要产生偏差和失误。

案例分享

有位警察到森林中打猎，他在靠近野兽经常出没的地方隐蔽了起来，忽然，一只鹿跑了出来，这位警察立即跳出灌木丛，朝天开了一枪，叫道："站住，我是警察。"警察在追捕罪犯时，首先鸣枪示警，这显然已在他的头脑中形成了极其牢固的经验定式，以至于对象发生明显变化时，大脑仍受这种经验定式的束缚，结果闹出了笑话。

有一道简单的动脑筋题目：某位举重运动员有个弟弟，但是，这位弟弟却根本没有哥哥。请问这是怎么回事？

心理学家曾经拿这个问题分别测试了100名高中生和100名幼儿园的小朋友，结果出乎意料，高中生答题的思维时间和答错率都超过了幼儿园的小朋友。对此的解释只能是，举重运动员"最常见的"是男性，高中生有这种"经验"，而幼儿园的小朋友没有这种"经验"，因而不受它的束缚。

经验只是人在实践活动中取得的感性认识的初步概括和总结，并未充分反映出事物发展的本质和规律。不少的经验只是某些表面现象的初步归纳，具有较大的偶然性。有的貌似根据和理由充分，实际上却片面、偏颇；有的只是适用于某一范围、某一时期，在另一范围、另一时期则并不适宜。由于受到许多条件的限制，无论是个人的经验，还是集体的经验，一般都不可避免地只适用于某些场合和时间。

案例分享

如果把跳蚤放在透明的广口瓶中，跳蚤会跳起来，并撞到盖子上，而且是一次又一次地撞到盖子上，经过多次的撞击后，跳蚤会调节它的跳起高度，不再跳到足以撞到盖子的高度。这时，当你打开瓶盖，虽然跳蚤仍在继续跳，但它不会跳出广口瓶外。这是为什么呢？因为跳蚤有了前面多次撞到盖子的经验，形成了经验定式，并且适应了这种情况，不再改变自己。

经验能使我们少走许多弯路，但如果过分依赖经验，将会使大脑失去想象力，做出错误的判断。

案例分享

三国后期，诸葛亮屯兵阳平，由于错用马谡，丢失了街亭要地，自叹大势已去，遂紧急部署退兵，身边只留下一些文官和两千余名老弱残兵。忽然，探子来报：司马懿率兵十五万，兵临城下。众人闻讯，无不失色。诸葛亮却镇定自如，他下令大开城门，自己在城楼上焚香操琴，迎接司马懿的大军。司马懿率兵冲到城下，见到此景，料定其中有诈，遂命令退兵。他的儿子司马昭叫道："父亲，诸葛亮因为身边没有军队，才故意装出这副样子来迷惑我们，我们应该马上杀进城去，将其生擒。"司马懿摇摇头道："诸葛亮平素用兵谨慎，不曾冒险，现大开城门，城中必有埋伏，我若进兵，必将中他的计。"于是，魏军全部退去。

从这个故事中可以看出，司马懿身经百战，若论带兵打仗的经验，比当时的司马昭丰富得多，但正是这些与诸葛亮多次交战的过程形成的经验，禁锢了司马懿的大脑，使他做出了错误的判断，而经验阅历与他相比差远了的司马昭却做出了正确的判断。

可见经验丰富并不一定是好事。自1901年12月10日诺贝尔奖首次在瑞典颁发以来，两度获奖的只有玛丽·居里、鲍林、巴丁和桑格四位科学家。国外一些学者对诺贝尔自然科学奖获得者的研究也得到了与此相似的结论，他们发现，获奖之后，诺贝尔奖获得者的创造性作品比获奖前减少了近三分之一。人们对此"怪"现象进行分析后，认为其中一个最为重要的原因就是获奖者的大脑为经验定式束缚而墨守成规，失去了创新能力，因此，经验定式会削弱大脑的想象力，造成创造能力的下降，这正是创造发明的大敌。

第三节　突破思维定式

一、突破思维定式的内涵

突破思维定式就是指在思考有待创新的问题时，要善于主动摆脱原有的思维模式，将思路指向新的领域和新的客体。突破思维定式作为一种创新思考方法，在人们的创新活动中有着极高的价值。它有助于打破旧框框的束缚，有利于发挥人们的想象力和创造力，从而打开新的思路，产生许多出人意料的新思想、新方法。

🔵 案例分享

有一天，曾国藩正在下围棋，一名士兵向他密报：侯春山即将造反。曾国藩听了大怒道："你敢诬蔑长官谋反，罪不容诛。"立即命人将这名士兵推出斩首，自己仍旧下棋。

侯春山听到这消息，马上来帐前道谢："如果非公之明察，我被人诬陷了！"谁知，曾国藩又面露怒容，命令左右拿下侯春山，立即斩首示众。

幕僚不解地问："要是侯统领叛变是真的，就不该杀告密的人，现在又明知是诬告，为什么又杀了侯统领。"曾国藩笑道："侯春山是从捻军投降来的，告密的人说的是实话。我早就想除掉侯春山，但兴师动众，胜负难料。如果直接召他来的话，又怕他起疑心，马上起兵反叛，只好先杀告密的人，诱他前来。"

曾国藩突破常规思维，兵不血刃就杀了侯春山。同样，新的发明、新的创造，也常常是在突破思维定式的时候做出的。例如，根据常规思维，气割枪是不能切割混凝土的，可鞍钢气焊工人李本茂却发明了用气割枪切割混凝土的技术，他的这项创新在许多重点工程中派上了用场。又如，在工业生产中，按常规思路，铸铁是不能冷焊的，而我国的陈钟盛却突破了这种常规思路，创造了铸铁冷焊技术，为国家补焊了许多重大设备，一年就能为国家挽回2 400万元的损失。

另外，在当今市场经济中，随着竞争的日益激烈，突破思维定式作为一种创新的方法，同样也有着越来越重要的应用价值。

案例分享

日本有一家生产味精的工厂，销售量一直徘徊不前，厂里的职工为打开销路费尽心机地想了不少的办法，但效果不明显。后来，一位家庭主妇向他们提出了一条建议，厂家采纳后，不费吹灰之力便使产品的销售量提高了近四分之一。原来这家工厂生产的味精是装在一个小瓶子中出售的，瓶子的内盖上有四个小孔，顾客使用时，只需甩几下，瓶里的味精便通过四个孔倒进食物中。那位主妇的建议就是：在味精瓶的内盖上多钻一个孔！经这样的处理后，由于一般顾客在放味精时并没有精确的度量，只是大概地甩二三下，四个孔时是这样，五个孔时也是这样，结果就在不知不觉中多倒出了近25%。

在内盖上多钻一个孔，既不需要渊博的知识，也不需要增加许多投资，更不需要引进新的设备，可为什么其他人想不到，没有人提出来呢？这显然是因为长久以来，味精内盖上的孔都是四个，虽然没有明文规定，但久而久之就形成了一种惯例，一种传统，在人们的头脑中形成了一种思维定式。时间越长，这种思维定式的束缚力就越强，摆脱它束缚的难度也就越大。这位家庭主妇的可贵之处就在于她突破了这种思维定式的束缚。

二、突破思维定式的方法

要突破思维定式，只有充分认识思维定式的客观存在，弄清它们的类型、特点、根源以及在创新过程中所起的副作用，我们才有可能主动去克服这些思维障碍，警惕和排除思维定式对寻求新设想所可能产生的束缚作用，从而自觉地发挥自身的创新能力，迈出创新过程的第一步。

思维定式使人们习惯于从固定的角度来观察事物，以固定的方式来接受事物，因此，善于转换视角，运用发散思维、逆向思维、横向思维等方法建立思维的多重视角，从尽可能多的角度来观察事物，正是一种行之有效的突破思维定式的方法。这部分内容将在第七章中详细介绍。

一个人出生以来受到的家庭教育、各种层次的正规教育（小学、中学、大学）社会生活中的"社会大学"教育，在思维的培养上更多地局限在层层推理的逻辑思维教育上，而形象思维的教育较少。所以，利用形象思维，大胆联想，大胆想象，也是对常规思维的一种突破。

人类的思维可以分为显思维和潜思维，我们平时所说的思维泛指显思维，思维定式也是针对显思维而言的。由于潜思维不像显思维那样容易受思维定式的束缚，因此灵感思维和直觉思维等潜思维的激发本身就是对思维定式的一种突破。

当然，除了上述创新思维方法能增强人们突破思维定式的能力外，还有以下一些做法也能突破思维定式：

（一）怪诞

怪诞是新颖与新奇的代名词，发明者的思路总是别具一格，主要表现在如下几点：

（1）跨越时间长河，令今古"聚餐"。例如，发明一种照相机，能拍20年后的"尊容"。

（2）超距离移植嫁接。例如，一个人因喝卤水而生命垂危，怎么办？给病人喝豆浆。

（3）化腐朽为神奇，点石成金。例如，蚂蟥吸人血令人讨厌，但在整形手术中，可以用蚂蟥吸瘀血，增加组织移植的成活率；断肢再植，用蚂蟥吸瘀血可减少组织的坏死率。蚂蟥能分泌"抗凝结素"，可以延缓血液的凝固时间，由此想到生产抗凝结素。

（二）幼稚

幼稚是对既定规则、对已知世界的质疑和嘲弄。既有大胆的猜想和无拘无束的幻想，又有各种貌似愚蠢可笑、实则颇有创见的发明雏形。在现实生活中，特别是在思考有待创新的问题时，需要使自己的头脑"幼稚"起来，要像儿童那样，具有强烈的好奇心和探索精神，不管别人怎样议论、讥笑，总是勇于提出自己的疑问、发表自己的看法。

案例分享

美国一家化学公司的技术人员在一起讨论如何才能比较容易地清除旧家具或墙壁

上残破的油漆问题，大家查文献、找资料，先后提出了许多办法，都没有解决问题。其中有位工程师回忆起了儿时的情景：放鞭炮时，导火线一点燃，噼里啪啦地响了一阵，裹在鞭炮上的纸被炸得"四处飞舞""片甲不留"。这时，他头脑里突然冒出一个想法，是不是可以在油漆里放点炸药，当需要油漆脱落的时候把油漆炸掉呢？大家听了他的想法后都笑了，这明明就是小孩子天真幼稚的想法吗？而这位工程师并没有因为受到了大家的讥笑而放弃了自己的想法，他后来沿着这一条思路不断地探索，不断地试验，终于发明了一种可以加进油漆中的添加剂。把这种添加剂加到油漆里以后，它不会引起油漆发生什么质的变化，可是，当它接触到另一种添加剂时，便会马上起作用，而使油漆从家具或墙壁上掉得干干净净。

儿童会提出许许多多成年人所提不出来和根本想不到的问题："天为什么那么高？""海为什么那么蓝？"一个不满三岁的小孩问他的父亲："人的脑袋为什么是圆的，不是方的？"问得当时在场的"大知识分子"们一个个谁也答不上来。一个低年级小学生对"愚公移山"产生了疑问："老愚公为什么一定要从前面开一道门，要费那么大的功夫去挖那两座大山呢？开一道后门多省事呀？"这样的问题是很多成年人提不出来的。

案例分享

爱因斯坦住宅的附近住着一个11岁的小女孩，这个小女孩同爱因斯坦逐渐熟悉后，常常跑去请教爱因斯坦数学问题，小女孩的母亲知道这件事后感到很过意不去，她连忙去向爱因斯坦表示歉意，爱因斯坦却回答说："你不需要向我道歉，我从她那里学到的东西比她从我这里学到的东西更多。"这可能吗？这只是爱因斯坦的一种自谦之辞吗？看来不是。这当然不是说爱因斯坦可以从小女孩那里学到什么理论，而是指小女孩能提出一些对爱因斯坦大有启发的问题。孩子们提问题既没有各种成见的束缚，也不怕问题提得太简单、太幼稚而被人耻笑。

儿童强烈的好奇心、旺盛的求知欲、丰富的想象力、无拘无束的探索精神，无所畏惧的闯劲等，对科技工作者和企业家们的创新思维来说，都是必须具有的极其宝贵的基本素质。

（三）懒惰

这里所说的"懒"是指行动上也许有点懒，而思想上并不懒的行为。懒惰是发明的温床，"懒"意味着爱简化，喜欢方便，意味着偏爱代用品，热衷于自动化，进而生出创新的想法。

首先，偷懒心理可以形成一种创新的动机。心里琢磨着和勤快收获一样多，但又不想多出力气、多劳心神，于是就会寻找改变当前生产工作方式的"偷懒"办法，琢磨偷懒是以偷懒作为启动创新的驱动器。爱迪生的某些创意就源于偷懒，当年，他在电气公司做工时，为了偷懒睡觉，减轻值班时的劳神之苦，研制出定时报音器，它能间隔一定的时间，自动发出线路一切正常的运行信号。这样，爱迪生值班时，既能睡觉又能和其他人赚一样的钱，可谓一举两得。

其次，想偷懒，就得勤于观察、勤于思考、勤于实践，以便找到某种"懒办法"，因此，琢磨偷懒并非让人学懒，恰恰相反，它是一种为懒而勤的激励创新举措。

案例分享

美国加利福尼亚州某牧场的牧羊童约瑟夫，小学毕业后，由于家境困难，无法继续升学，只好替人放羊。眼看着同学们都升学了，小约瑟夫也暗下决心：我也得想个办法来读书。于是，约瑟夫一边放羊一边读书，由于当时牧场的放牧栅是用若干根支柱和横拉着的铁丝围成的，当约瑟夫读书时，牲口常常撞倒放牧栅去损害农作物。每次发生这种事时，老板就冲着约瑟夫咆哮："混蛋！不准偷懒，好好给我看着羊，不准看书，放羊要什么学问？"

约瑟夫既要放羊又想看书，便不得不琢磨"偷懒"的对策。为了寻找"懒办法"，约瑟夫开始观察，看羊群是怎样冲破围栅跑出来的。结果发现利用蔷薇做围墙的地方，尽管脆弱，但是从来没有被破坏过，而被冲破的都是拉着铁丝的地方。为什么会是这样呢？他疑惑地观察蔷薇，发现蔷薇上都长着刺，这一发现，给约瑟夫很大的启发：要是在围栅旁都种上带刺的蔷薇，羊群就老实了。于是，他砍来一些蔷薇枝条插了起来，但是，当他望了望几十米的围栅时，不禁心灰意懒。照这样干下去太累，而且等到全部蔷薇长成时，至少需要四五年时间，谁愿意当这么长时间的牧羊童呢？

还必须想其他"能偷懒就偷懒的办法"，当他下意识地敲了敲放牧栅上的铁丝时，忽然一个"懒"主意浮上心头："能不能用细铁丝做成带刺的网呢？"于是，他找来铁丝，按照"铁蔷薇"的创意动起手来，他把细铁丝剪成5厘米长的小段，然后缠在铁丝栅上，并将细铁丝的两端剪成尖刺，待一切工作完成后，为了检验新办法的效果，约瑟夫故意躲起来观察，发现像往常一样，羊把身体贴靠到放牧栅上想把它推倒，但很快就避而远之了。

小约瑟夫不仅可以偷懒看书了，而且因为发明"不用看守的铁丝网"而受到牧场主的赞扬，并申请了发明专利。

（四）外行

懂行人不一定能提出最佳构想，因为内行人有许许多多本行的框框，而外行人对他人的本行懂得少，故框框也少。大数学家希尔伯特曾有一段妙论："为什么在我们这一代，爱因斯坦说出了关于空间和时间的最卓识、最深刻的东西？因为一切有关空间和时间的哲学和数学他都没有学习过。"从外行人框框最少的意义上去理解这段话，我们可以说，爱因斯坦的出类拔萃之处，恰恰在于他没有一般内行人所具有的关于时间和空间的固定观念。

内行人有许许多多本行的框框，所以思维会出现"饱和"现象。要想突破旧框框、创立新理论，需要借助外行人或外行观念的一臂之力，以便打破"饱和"状态。

案例分享

曾获诺贝尔奖的固体物理学家巴丁，在解决低温超导问题中遇到困难时，他请来了两位外行人——一位是不懂低温技术的库珀，另一位是尚未涉足科学研究的年轻研究生施里弗。这两位外行人都发挥了各自的优势：前者用其所精通的量子场论解决了超导机制，后者则用其所精通的电子对概念使B．C．S理论最终得以建立。

"傻瓜相机"的自动聚焦为人们照相带来了很多好处，而这"自动聚焦"功能却曾是一件令广大科技人员头疼的事。因为一提到自动聚焦，科技人员便想到了用电动机来驱动镜头，而要在照相机中安装电动机，照相机的体积不可能很小。后来，一位非电气专业的科技人员提出了用弹簧代替电动机驱动镜头的新设想，这一突破思维定式的新思路的提出，激发了科技人员的创新能力，不久就制造出了各种各样小型甚至超小型的"傻瓜相机"。

可见，在发明创造的方案构想阶段，外行人是大有潜力的。同时也给内行人一个重要启示，在方案构想阶段暂时跳出"内行圈"扮演一次外行人。

现实生活中，外行人的发明也不少，例如，圆珠笔是匈牙利印刷校对员拜罗发明的；假肢是法国理发师帕雷发明的；显微镜是荷兰商人列文虎克发明的；气球是造纸工人蒙戈菲尔兄弟发明的；航海天文钟是英国木匠哈里森发明的；引起地质学革命的大陆漂移说是德国气象学家魏格纳提出并论证的。

思考与练习

1．你站在水泥地上，让鸡蛋从你手中自由掉落1米距离而不打破蛋壳，能办到吗？

2．1=？（请列出所有可能的答案）

3．某小学办理新生入学手续时，有两个孩子来报名。他俩脸形、身材都一样，出生年月日一样，父母姓名也一样。"你们是双胞胎吧？"老师问。"不是！"他俩异口同声地回答。老师感到奇怪了，怎么不是双胞胎呢？那他们会是什么关系呢？

4．请你只移动图6-1中的两枚硬币，组成正十字形，并且纵横都是6个硬币。

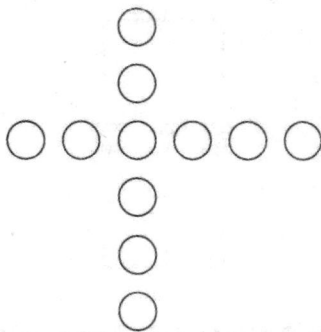

图6-1 移动硬币图

5．有一位大财主，有一天他把两个儿子叫到面前，对他们说："你们赛马跑到沙漠里的绿洲去吧。谁的马胜了，我就把全部财产给谁。但这次不是比快，而是比慢，我到绿洲等你们，看谁的马到得迟。"兄弟俩照父亲的意思，骑着各自的马开始慢吞吞地赛马了。可是，在骄阳似火的大沙漠里慢吞吞地走怎么受得了啊！正当兄弟俩痛苦难熬而下马休息时，哥哥突然想到了一个好办法，弟弟醒悟过来后已经来不及了，哥哥终于赢得了这场特别的比赛。请问：哥哥想到的是什么办法？

6．一辆满载货物的汽车要通过一座铁桥，通过时发现货物高于桥洞1厘米，在不准卸货重装的情况下，你能让车安全通过吗？

7．一个房间有3盏白炽灯，电灯开关在屋外，房屋没有窗，只有一处出口，如何仅仅出入一次就能判断各个开关是控制哪一盏电灯的？

8．打破思维定式——脑筋急转弯。

（1）什么东西打破了，大家都高兴？

（2）飞机从北京出发飞往东京用了1个小时，在东京稍作停留后返航，在一切条件相同的情况下，返航耗时2.5小时，这是为什么？

9．结合自身生活、学习经历，谈谈自己对思维定式的认识。如何在未来规避自我思维定式？

10．A、B、C三家同住一个院子，每隔一段时间三家都要用3天时间打扫卫生。这次C因为有事不能一起打扫，结果A干了5天、B干了4天才干完。C家出90元顶替劳务费，应当分给A、B两家各多少元才算合理？

11．舞会的主人想把客厅内的座位安排得合适些，如果客厅是正方形的，怎样才能把10把椅子都靠墙放，并且使每边墙的椅子数相等？

第七章

创新方法与技巧

本章导读

对于创新来说，方法就是新的世界，最重要的不是知识，而是思路。

　　　　　　——著名创新专家、中国研究创新思维第一人郎加明

要创新，常学问；只学答，非学问；要创新，需学问；问愈透，创更新。

　　　　　　——美籍华裔物理学家、诺贝尔物理学奖获得者李政道

如果把智商比作汽车固有的功率，那么思维技巧就等于驾驶技巧。

　　　　　　——创意大师、英因剑桥认知研究中心主任爱德华·德·波诺

大胆的想法就像向前走步的棋子，他们可能会被击败，但他们也可能赢得比赛。

　　　　　　——德国著名思想家、作家、科学家歌德

实现创新是有一定规律可循的，前人已经总结出了一些常用的方法和技巧，并且通过上面的名人箴言也可以看出，掌握这些方法对于创新实践是非常有用的。

学习目标

1. 了解创新方法的概念。
2. 掌握常用创新方法的原理与运用。
3. 掌握常用创新技巧。

导入案例

图书馆搬家

英国的大英图书馆，是世界上著名的图书馆，里面的藏书非常丰富。有一次，大英图书馆老馆年久失修，在新的地方建了一个新的图书馆。新馆建成以后，要把老馆的书搬到新馆去。这本来是一个搬家公司的活，没什么好考虑的，把书装上车，拉走，运到新馆即可。问题是按预算需要350万英镑，图书馆没有这么多钱。眼看雨季就要到了，不马上搬家，损失将会很大。"怎么办？"馆长想了很多方案，但都不太好，这让他一筹莫展。正当馆长苦恼的时候，一个馆员找到他，说有一个解决方案，不过仍然需要150万英镑。馆长十分高兴，因为图书馆有能力支付这笔钱。"快说出来！"馆长很着急。馆员说："好主意也是商品，我有一个条件。""什么条件？""如果150万英镑全部花完了，那权当我给图书馆做贡献了；如果有剩余，图书馆要把剩余的钱给我。""那有什么问题？350万英镑我都认可了，150万英镑以内剩余的钱给你，我马上就能做主！"馆长很坚定地说。"那我们来签个合同……"馆员意识到，发财的机会来了。合同签订了，不久就实施了馆员的新搬家方案，而150万英镑连零头都没有用完。

原来，图书馆在报纸上刊登了一条惊人消息："从即日起，大英图书馆免费无限量让市民借阅图书，条件是从老馆借出，还到新馆去。"

评析

很多时候，我们想当然地做事情，总以一种模式去思考，但很多事情往往会有更好的解决方案或处理办法，这就需要我们多想办法。

第一节　创新方法的概念

创新方法是指创新活动中带有普遍规律性的方法和技巧。它是通过研究一个个具体的创新过程，比如创新的题目是怎样确定的、创新的设想是怎样提出的、设想如何变成现实等，从而揭示创新的一般规律和方法。

创新方法首先出现在富于创意的美国。1906年，美国的普林德尔在《发明的艺术》一文中，通过发明案例介绍了发明者们日常不自觉使用的各种发明方法，最早提出了对工程师进行创造力训练的建议，并以实例阐述了一些改进及创新的方法和技巧。

1938年，被誉为"创造方法之父"的亚历克斯·奥斯本总结出了现在非常著名的

"头脑风暴法"，并取得应用的成功。为推广这种方法，他撰写了一系列著作，如《思考的方法》《所谓创造能力》《创造性想象》等，并深入学院、社会团体和企业，组织大家学习和运用这些方法。现在，这种方法已经作为一种最常用的方法而在全世界普及。

之后，先后有不同的人创造了各种各样的创新方法。到目前为止，已经达到340种之多，但常用创新方法大概只有十几种。

第二节　常用创新方法

一、模仿创新法

人们学习时，总是以模仿开始。同样，人们要提高自己的创新能力，也可以先从模仿开始。模仿就是把眼前和过去的东西通过自己的头脑再造出来，是一种再造想象。通过模仿，人们能够认识事物的外部和内部的特点。

模仿创新法就是一种人们通过模仿旧事物而创造出与其相类似的事物的创造方法，主要特点是通过模拟、仿制已知事物来构造未知事物。就模仿的创造性程度而言，可分为机械式模仿、启发式模仿和突破式模仿三种，如图7-1所示。

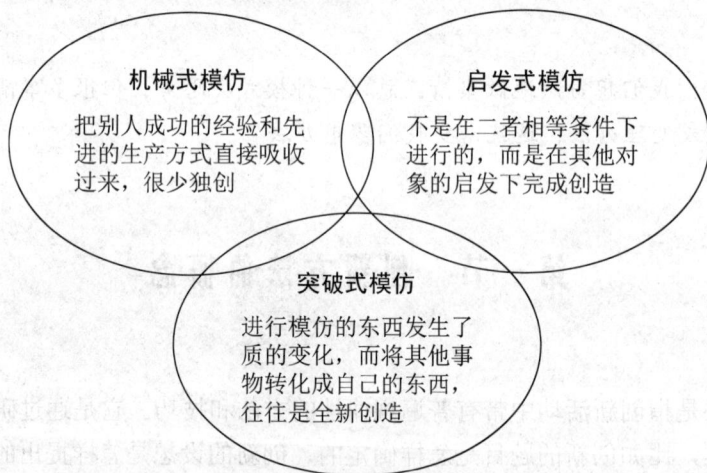

机械式模仿
把别人成功的经验和先进的生产方式直接吸收过来，很少独创

启发式模仿
不是在二者相等条件下进行的，而是在其他对象的启发下完成创造

突破式模仿
进行模仿的东西发生了质的变化，而将其他事物转化成自己的东西，往往是全新创造

图7-1　三种常用的创新方法

在创新开发实践过程中，模仿一般应通过以下几种途径入手：

（1）原理性模仿。运用已知事物的运作原理，去构建新事物及其运作机制。例如，计算机就是模仿人脑设计而成的。

（2）形态性模仿。模仿已知事物的形状和特征等形态要素，形成新事物的创造性方法。例如，长沙世界之窗就是按照世界各国的景观修建的。

（3）结构性模仿。模仿已知事物的结构特点，利用其结构来创造新事物的方法。例如，复式住宅来自于对双层公共汽车结构的模仿。

（4）功能性模仿。以一种事物的某种功能要求为出发点，模仿而产生其他类似的事物。例如，人们受到智能相机的启发，正准备研制出全智能操作的傻瓜计算机。

（5）仿生性模仿。以生物界事物的生存和发展的原理、功能、形状等作为参照物进行模仿创造的方法。仿生性模仿包括技术性仿生、原理性仿生、信息性仿生等。

案例分享

康师傅方便面

康师傅进入大陆市场时，魏氏兄弟并没有特别的优势，在资本、技术、产品、品牌、推广等各方面都只是一个普通的竞争者。1988年进入大陆设厂，直到1992年才在天津设厂进入方便面行业。当时的日清、统一等都在所谓"高档面"（口味更好、更营养的方便面）上动脑筋。与行业老大的策略不同，康师傅方便面果断地选择了"大众化"（平价方便面）的道路。

康师傅实际上是第一个放弃"营养化"路线的方便面，因为魏氏兄弟看到，对于那些火车上的旅客或临时代餐的目标消费者来说，价格是一个重要的战略竞争要素。要实现规模化，产品不能复杂，尤其是消费者利益（广告诉求培养的选择驱动力）聚焦点必须简单，于是，"好吃看得见"逐步被"就是这个味""这个味对啦"等一系列以"味觉"为核心的产品诉求广告代替。

是的，康师傅红烧牛肉面不是最好吃的，更不是康师傅的原创，但康师傅红烧牛肉面是销量最大的方便面单品，因为只有康师傅率先且持续地抓住、强化了红烧牛肉面的消费者利益聚焦点：味道。

二、创意列举法

新的创意往往是通过对一系列相关问题或建议的列举而被开发出来的。人们可以通过列举一系列问题或建议来指导新创意的开发方向，最终获得全新创意。

创意列举法主要分为属性列举法、希望点列举法、优点列举法和缺点列举法四种，见表7-1。

表7-1　创意列举法的分类

类型	具体解释	说明
属性列举法	先观察和分析属性特征，再针对每项特征提出创新构想	这种方法是一种创意思维策略，强调人们在创造的过程中，先观察和分析事物或问题的属性特征，然后再针对每项特性提出相应的改良或改变的构想
希望点列举法	不断地提出理想和愿望，针对希望和理想进行创新	这种方法是指人们不断地提出理想和愿望，针对这些希望和理想，寻找解决问题的对策、实现这些理想和愿望的方法
优点列举法	逐一列出事物优点，进而探求解决问题的方法和改善的对策	这种方法是指人们通过逐一列出事物的优点，从而提出改善对策的方法
缺点列举法	列举和检讨事物的缺点和不足之处，找出解决问题的方法和改善的对策	与优点列举法相对应，这种方法是人们针对一项事物，不断地列举出其缺点和不足之处，然后分析这些缺点，从而找出解决问题和改善对策的方法

　　上述四种方法中，缺点列举法是人们最为普遍使用的创意列举法。一般来说，创新者总有做不完的课题，不过对于初学者，可能会遇到"不知道创新什么"这样的问题。缺点列举法可帮助你选题，它属于选题的方法，而且是一种易于掌握、被广泛采用的方法。

案例分享

新颖水壶的构思

　　对烧水的水壶进行改进，不易想到可以改进之处。现用特性列举法进行分析，便能打开思路。

1. 名词特性

　　整体：水壶。

　　部分：壶嘴、壶把手、壶盖、壶体、壶底、蒸汽孔。

　　材料：铝、铁皮、搪瓷、铜材等。

　　制作方法：冲压、焊接、浇铸。

　　根据所列特性，可做如下提问：壶嘴长度是否合适？壶把手可否改成塑料材质以免烫手？壶体可否一次成型？冒出的蒸汽是否烫手？制作材料有无更适用的？

2．形容词特性

性质：轻、重。

状态：美观、清洁、高低、大小等。

颜色：黄色、白色等。

形状：圆形、椭圆形等。

由此，也可找到许多可供改进的地方，例如怎样更便于清洁？颜色该做何变化？底部用什么形状才更利于吸热传热？

3．动词特性

功能：烧水、装水、倒水、保温等。

可以在壶体外加保温材料，提高热效率并有保温性能；在壶嘴上加一汽笛，使水开时就可鸣笛发信号等。

三、类比创新法

类比创新法是根据两个或两类对象之间在某些方面的相同或相似之处而推出它们在其他方面也可能相同的一种思维形式和逻辑方法。这种方法极富创造性，有利于人的自我突破，其核心是从异中求同，或从同中见异，从而产生新知，取得创造性成果。它在人们认识世界和改造世界的活动中起着重要的作用。这种方法的关键是通过对已知事物与未知事物之间的比较，从已知事物的属性推测未知事物也具有某种类似属性。

案例分享

蚂蚁寻食与新电脑的计算方法

美国科学家认为，根据蚂蚁寻找食物的方式可以开发出新的计算机计算方法，以解决"寻找最佳路线"之类的复杂问题。

科学家发现蚁群寻找食物时会派出一些蚂蚁分头在四周游荡，如果一只蚂蚁找到食物，它就会返回巢中通知同伴并沿途留下"信息素"作为蚁群前往食物所在地的标记，信息素会逐渐挥发，如果两只蚂蚁同时找到同一食物，又采取不同路线回到巢中，那么比较绕弯的一条路上信息素的气味会比较淡，蚁群将倾向于沿另一条更近的路线前往食物所在地。

类比蚁群的这种特性，可为计算机开发出新的计算方法，以解决"在许多城市寻找最佳路线"之类的问题，专家在计算机程序中设计虚拟的"蚂蚁"，让它们摸索不同路线，并留下会随时间逐渐消失的虚拟"信息素"。根据"信息素较浓的路线最近"的原则，可选择出最佳路线。

这种计算方法被称为"蚁群优化计算法"，它灵活性较高，对环境变化的适应力较强，已经成为很重要的智能算法。

从广义的角度来说，世界上所有的事物之间都存在着应用类比创新法的可能性，但它一定要以一定的客观规律作为基础。根据类比的对象、方式等的不同，类比创新法大致可以分为以下几种类型：

（一）直接类比

直接类比是指从自然界或者人为成果中直接寻找出与创意对象相类似的东西或事物，进行类比创意。

（二）拟人类比

拟人类比就是使创意对象"拟人化"，也称为亲身类比、自身类比或人格类比。这种类比就是创意者使自己与创意对象的某种要素一致，自我进入"角色"，体现问题，产生共鸣，以获得创意。

著名的薄壳建筑罗马体育馆的设计，就是一个优秀例证。设计师将体育馆的屋顶与人脑头盖骨的结构、性能进行了类比：头盖骨由数块骨片组成，形薄、体轻，但却极坚固，那么体育馆的屋顶是否可做成头盖骨状呢？这种创意获得了巨大成功。于是薄壳建筑风行起来。比如，我们熟识的北京天文馆、悉尼歌剧院、意大利佛罗伦萨主教堂都属于这种薄壳建筑。

（三）幻想类比

幻想类比就是将幻想中的事物与要解决的问题进行类比，由此产生新的思考问题的角度。借用科学幻想、神话传说中的大胆想象来启发思维，在许多时候是相当有效的。在这里要强调的是，幻想类比只是运用幻想激发想象力，它就像帮助我们过河的垫脚石，只是一个工具，幻想并不是我们马上要实现的目标。

（四）对称类比

自然界中许多事物存在着对称关系，如物理学上的正电荷与负电荷，两者除了极性相反之外，其他都相同，即正电荷和负电荷是对称的。在创造过程中，运用对称类比，也可能获得某种创造。

（五）因果类比

两个事物之间都有某些属性，各属性之间可能存在着同一种因果关系，根据某一个事物的因果关系可能推出另一个事物的因果关系。在创造过程中，掌握了某种因果关系并触类旁通，有时能获得新的启发，产生新的创意。

（六）仿生类比

仿生类比就是人在创意、创造活动中，常将生物的某些特性运用到创意、创造上的意思。如模仿海豚的皮肤以减少潜水艇在水中受到的阻力；根据蝙蝠发明了雷达；模仿鸟类展翅飞翔，制造出了具有机翼的飞机。同样，发现了鸟类可直接腾空起飞，不需要跑道，又发明了直升机；当发现蜻蜓的翅膀能承受超过其自重好多倍的重量时，就采用仿生类比，试制出超轻的高强度材料，用于航空、航海、车辆及房屋建筑领域。

狗鼻子一向以灵敏著称，它能嗅出200万种物质和不同浓度的气味，嗅觉比人灵敏100万倍。现在，人类以不同物质气味对紫外线的选择性吸收为信息，研制出"电子鼻"，其检测灵敏度可达狗鼻子的1 000倍。

（七）综合类比

综合类比是指根据一个对象要素间的多种关系与另一对象综合相似而进行的类比推理。

两个对象要素的多种关系综合相似，就意味着它们的结构相似，由结构相似可推导出它们的整体特征和功能相似。

类比创新法在探求新的事物发展规律、建立事物间联系的过程中，发挥着极其特殊的作用。类比创新法也可以说是一种不严格的推理。推理的不严格是它的特点之一。这个特点既是它的长处，也是它的短处。它的长处是诱发创造性思考，它可以触类旁通、启发思路；它的短处是因为科学研究和生产实践活动中需要严格的推理。

四、头脑风暴法

头脑风暴法，又称智力激励法、BS法。它是由美国创新技法和创新过程之父亚历克斯·奥斯本于1939年首次提出，后来正式发表的一种激发创造性思维的方法，目前已成为创新活动中最常用的方法。它是一种通过小型会议的组织形式，让所有参加者在自由愉快、畅所欲言的气氛中，自由交换想法或点子，并以此激发与会者创意及灵感，使各种设想在相互碰撞中激起脑海的创造性"风暴"。

案例分享

电线除冰

有一年，美国北方大雪纷飞，很多大跨度的通信线路被积雪压断，严重影响了通信的畅通。电信公司经理找来10名不同专业的技术人员，尝试应用头脑风暴法来解决这一难题。按照头脑风暴法的会议规则，大家开始七嘴八舌地议论起来。有人提出，设计一种专用的电线清雪机；有人想到，用电热来融化冰雪；也有人建议，用振荡技术来清除积雪；还有人提出，能否带上几把大扫帚，乘坐直升机去扫掉电线上的积雪。对于这种"坐飞机扫雪"的离奇设想，尽管大家心里觉得实在滑稽可笑，但在会上没有人对此提出批评。听到用飞机扫雪的想法后，一名工程师突然受到启发，产生了一种简单可行且高效率的清雪方法。他想到，每场大雪过后，可以出动直升机沿积雪严重的电线飞行，依靠螺旋桨高速旋转时产生的强大气旋，可将电线上的积雪迅速扇落。他提出"用直升机扇雪"的设想，引起其他与会者的丰富联想，一下子又产生了七八条有关用飞机除雪的主意。不到一个小时，与会的10名技术人员共提出九十多条新设想。公司组织专家对记录下来的各种设想进行分类和论证。专家们认为由"直升机扫雪"激发出来的几种设想，不失为一种大胆的新方案，如果可行，将是一种既简单又高效的好办法，经过现场试验，人们发现用直升机扇雪确实有效。一个久悬未决的难题，终于在头脑风暴会中得到巧妙的解决。

（一）分类

头脑风暴法可分为直接头脑风暴法和质疑头脑风暴法两种。

（1）直接头脑风暴法。按照头脑风暴法的规则，通过专家会议，对需要解决的问题进行创造性思维活动，尽可能激发创造性，产生尽可能多的方法，又称为头脑风暴法。

（2）质疑头脑风暴法。对头脑风暴产生的观点、方案等逐一质疑，分析其现实可行性的方法，又称为反头脑风暴法。

（二）激发机理

头脑风暴何以能激发创新思维？根据亚历克斯·奥斯本本人及其他研究者的看法，激发机理主要有以下几点：

（1）联想反应。在探讨问题的过程中，每一个新观念，都可能引起相关的联想，产生连锁反应，相继产生一连串新观念，形成新观念堆，使人们创造性地解决问题。

（2）热情感染。因为没有条件限制，头脑风暴法能激发人的热情，突破旧观念的束缚，能够最大限度地发挥人的创新思维能力。

（3）竞争意识。头脑风暴法使人们产生竞争意识，人们竞相发言，力求提出独到的见解，争取获得新奇观念。

（4）个人欲望。由于不受限制，人们会感到比较自由，人们的自由欲望得到满足。

（三）基本原则

为了更好地运用头脑风暴法，使思维活动真正起到互激效应，必须严格遵守以下四项基本原则：

1. 延迟评价

在提出设想阶段，只能专心提设想而不能对设想进行任何评价。这是因为创造性设想的提出有一个诱发深化、发展完善的过程，常常是有些设想在提出时杂乱无章不合逻辑，似乎毫无价值，然而它却能够引发许多有价值的设想，或在以后的分析中发现开始没有发现的价值。因此，过早评价会使许多有价值的设想被扼杀。

延迟评价既包括禁止批评，也包括禁止过分赞扬。头脑风暴法首先必须禁止任何批评或指责性言行。这是因为与会者的自尊心，使他们在自己的设想遭到批评或指责时，就会不自觉地进行"自我保护"，因而就会只想如何保护自己的设想，而不去考虑新的甚至更好的设想。批评和指责是创造思维的障碍或抑制因素，是产生互激效应的不利因素。同样，夸大其词的赞扬也不利于创造性的发挥，如"你这个想法简直太妙了"这类恭维话会使其他的与会者产生冷落感，且容易让人产生已找到圆满答案而不值得再考虑下去的印象。

延迟评价原则是头脑风暴法的精髓。

2. 鼓励自由想象

自由想象是产生独特设想的基本条件。这一原则鼓励与会者要坚持独立思考，敢于突破，敢于"异想天开"，甚至提出荒唐可笑的想法，使思想保持"自由奔放"的状态。

3. 以数量求质量

要相信提出的设想越多，好设想就越多，因此，要强调在有限的时间内提出尽可能多的设想。

会议安排中可规定数量目标，如每人至少要有3个设想或更多。这样做可使与会者在追求数量的活跃气氛中，不再注意评价。

奥斯本认为，会议的初期往往不易提出理想的设想，在后期提出的设想中，有实用价值的设想所占的比例要高得多。

4. 鼓励巧妙地利用并改善他人的设想

已经提出的设想不一定完善合理，但却往往能提出一种解题的思路。其他人可在此基础上进行改善、发展、综合，或由此启发得到新的思路，从而提出更好的设想。

团队讨论只有遵守以上四项基本原则，才能充分发挥大家的创造性，保证会议气氛轻松愉快，从而能够起到互激作用，想出更多、更好的解决问题的方案。

（四）会议组织步骤

头脑风暴法会议的组织步骤如下：

（1）首先要明确会议的目标，千万不能无的放矢。一般要将会议讨论的问题提前1~5天告诉与会者。

（2）与会者以5~10人为宜，包括主持人、记录员和参加者。

（3）选择合适的主持人。主持人是头脑风暴法会议的领导，会议的成功与否在很大程度上取决于主持人掌控会议的能力和艺术。主持人的职责是：①严格遵守四项基本原则；②使会场保持热烈的气氛；③把握住会议的主题；④保证全员献计献策。

主持人怎样才能做到这几点呢？首先，要做好充分准备。其次，要有一定的主持会议的技巧。主持人一般不能直率地发表意见，只能简单地说"很好，继续进行"或"很好，现在让我们改变一下方向，考虑下一轮干些什么"等。

（4）确定记录员。记录员要把所有设想一个不落地记录下来。设想是进行综合和改善的素材，每个设想都要编上号，防止遗漏和方便评价。

（5）会议时间一般在1小时以内，最好不超过2小时。

（6）对设想的评价不能在同一天进行，最好再过几天，这样还可以提出新的设想。评价可以采用头脑风暴法会议的方式。

在头脑风暴法基础上，又产生了菲利普斯66法，其意义在于能使各小组形成竞争，从而提升效率。

菲利普斯66法是以发明人的名字和该方法的特点结合在一起而命名的，它是一种适用于小团队的创新方法。菲利普斯66法，也叫小组讨论法，是由美国密歇根州希尔斯代尔学院院长J. D. 菲利普斯发明的，以头脑风暴法为基础，采用分组的方式，限定时间，即每6人一组，围绕限定主题只能进行6分钟的讨论。

这种方法的最佳应用环境是大会场，因人数很多，可通过分组形成竞争，使会场气氛热烈，犹如"蜜蜂聚会"，因此，也有人把这种方法叫作"蜂音会议"。

五、六顶思考帽法

六顶思考帽法是爱德华·德·博诺博士开发的一种思维训练模式，或者说是一个全面思考问题的模型。它提供了"平行思维"的工具，避免将时间浪费在互相争执上。强调的是"能够成为什么"，而非"本身是什么"，是寻求一条向前发展的路，而不是争论谁对谁错。运用博诺的六顶思考帽法，将会使混乱的思考变得更清晰，使团体中无意义的争论变成集思广益的创造，使每个人变得富有创造性。

六顶思考帽法是指使用六种不同颜色的帽子代表六种不同的思维模式。任何人都有能力使用表7-2中的六种基本思维模式。

表7-2　六顶思考帽含义、功能、特点及创新任务一览表

序号	帽子	含义、功能、特点	承担创新工作任务
1	白色思考帽	白色代表中立与客观。戴上白色思考帽，人们只关注事实和数据	陈述问题事实
2	红色思考帽	红色代表感性与直觉，使用时不需要给出证明和依据。戴上红色思考帽，人们可以表现自己的情绪，还可以表达直觉、感受、预感等方面的看法	对方案进行直觉判断
3	黄色思考帽	黄色代表价值与肯定。戴上黄色思考帽，人们从正面考虑问题，表达乐观的、满怀希望的、建设性的观点	评估该方案的优点

序号	帽子	含义、功能、特点	承担创新工作任务
4	黑色思考帽	黑色代表谨慎与消极。戴上黑色思考帽，人们可以运用否定、怀疑、谨慎、质疑的看法，合乎逻辑地进行批判，尽情发表负面的意见，找出逻辑上的错误，进行逻辑判断和评估	列举该方案的缺点
5	绿色思考帽	绿色代表跳跃与创造，寓意创造力和想象力，具有创造性思考、头脑风暴、求异思维等功能。戴上绿色思考帽，人们不需要以逻辑性为基础，可以帮助人们寻求新方案和备选方案，做出多种假设，并为创造力的尝试提供时间和空间	提出解决问题的建议
6	蓝色思考帽	蓝色代表冷静与逻辑，负责控制各种思考帽的使用顺序，规划和管理整个思考过程，并负责做出结论。戴上蓝色思考帽，人们可以集中思考和再次集中思考，指出不合适的意见等	总结陈述，做出决策

六、检核表法

检核表法就是采用一张一览表，对需要解决的问题逐条地进行核计，进而从各个角度诱导出多种创意设想的方法，其中，最常用的就是奥斯本检核表。奥斯本检核表法几乎适用于任何类型与场合的创新活动，因此，享有"创新方法之母"的美称。

奥斯本检核表法就是以提问的方式，根据创造或解决问题的需要，列出一系列提纲式的提问，形成检核表，然后对问题进行讨论，最终确定最优方案的方法。该方法主要引导主体在创造过程中对照九个方面的问题进行思考，以便启迪思路，开拓思维想象的空间，促进人们产生新设想、新方案，具体见表7-3。

表7-3　奥斯本检核表法的九大问题

序号	检核项目	说明
1	能否他用	能否还有其他的用途？保持不变能否扩大用途？稍加改变有无其他用途
2	能否借用	能否从别处得到启发？能否借用别处的经验和发明？过去有无类似的东西可供模仿？谁的东西可模仿？现有的发明能否引入其他的创造设想之中
3	能否改变	能否做某些改变？改变会怎样？可改变一下形状、颜色、音响、味道吗？是否可能改变型号模具或运动形式？改变之后，效果如何

序号	检核项目	说明
4	能否扩大	能否扩大适用范围？能否增加使用功能？能否添加零部件，延长它的使用寿命，增加长度、厚度、强度、频率、速度、数量、价值
5	能否缩小	能否体积变小、长度变短、重量变轻、厚度变薄及拆分或省略某些部分（简单化）？能否浓缩化、省力化、方便化
6	能否替代	能否用其他材料、原件、方法、工艺、功能等来代替
7	能否调整	能否变换排列顺序、位置、时间、速度、计划、型号？内部元件可否交换
8	能否颠倒	能否正反颠倒、里外颠倒、目标手段颠倒
9	能否组合	能否进行原理组合、材料组合、部件组合、形状组合、功能组合、目的组合

奥斯本检核表法的优点很突出，它使思考问题的角度具体化。但它也有缺点：它是改进型的创意产生方法，人们必须先选定一个有待改进的对象，然后在此基础上设法加以改进，因此这种方法不是原创型的，但有时也能够产生原创型的创意。比如，把一个产品的原理引入另一个领域，就可能产生原创型的创意。

奥斯本检核表法的"三步走"实施步骤具体如下：

第一步，根据创新对象明确需要解决的问题。

第二步，参照表中列出的问题，运用丰富想象力，强制性地逐个核对讨论，写出新设想。

第三步，对新设想进行筛选，将最有价值和创新性的设想筛选出来。

案例分享

手电筒的创新设计

运用奥斯本检核表法进行手电筒的创新设计，具体见表7-4。

表7-4 手电筒的创新思路

序号	检核项目	引出的发明
1	能否他用	其他用途：信号灯、装饰灯
2	能否借用	增加功能：加大反光罩，增加灯泡亮度

序号	检核项目	引出的发明
3	能否改变	改一改：改灯罩、改小电珠和用彩色电珠等
4	能否扩大	延长使用寿命：使用节电、降压开关
5	能否缩小	缩小体积：1号电池、2号电池、5号电池、7号电池、8号电池、纽扣电池
6	能否替代	代用：用发光二极管替代小电珠
7	能否调整	换型号：两节电池直排、横排、改变式样
8	能否颠倒	反过来想：不用干电池的手电筒，用磁电机发电
9	能否组合	与其他组合：带手电的收音机、带手电的钟等

七、和田十二法

　　和田十二法又称十二口诀法，是我国上海创造协会研究者许立言、张福奎和上海市和田路小学结合我国实际情况，在检核表法和其他技法基础上提炼总结出来的思维创新方法，见表7-5。这种方法表述简洁，有助于潜能开发和实际运用，共12句话36个字。该法已被日本创造学会和美国创造教育基金会承认，并译成日文、英文，在世界各国广为流传和使用。

　　依据和田十二口诀法进行核对和思考，就能从中得到启发，诱发创造性设想。

表7-5　和田十二法

口诀	含义
加一加	加高、加厚、加多、组合等
减一减	减轻、减少、省略等
扩一扩	放大、扩大、提高功效等
变一变	改变其形状、颜色、气味、音响、次序等
改一改	改缺点、改不便、改不足之处等
缩一缩	压缩、缩小、微型化

口诀	含义
联一联	原因和结果有何联系？把某些东西联系起来
学一学	模仿形状、结构、方法，学习先进
代一代	用其他材料代替，用其他方法代替
搬一搬	移作他用
反一反	能否颠倒一下
定一定	定个界限、标准，能提高工作效率

案例分享

"和田十二法"运用实例

1. 加一加

南京的小学生丛小郁发现，上图画课时，既要带调色盘，又要带装水用的瓶子很不方便。她想，要是将调色盘和水杯"加一加"，变成一样东西就好了，于是，她提出了将可伸缩的旅行水杯和调色盘组合在一起的设想，并在调色盘的中间与水杯底部刻上螺纹，这样，可涮笔的调色盘便产生了。

2. 减一减

台湾少年于实明见爸爸装门扣时要6颗螺丝钉，觉得麻烦。他想减少螺钉数目，提出了这样的设想：将锁扣的两边弯卷角朝下，只要在中间拧上一颗螺钉便可固定。这样的门扣只需两颗螺钉即可固定。

3. 扩一扩

在烈日下，母亲抱着孩子还要打伞，实在不方便，能不能特制一种母亲专用的长舌太阳帽，使长舌太阳帽的长舌扩大到足够为母子二人遮阳使用呢？现在已经有人发明了这种长舌太阳帽，很受母亲们的欢迎。

4. 变一变

河南省洛阳市第二中学的王岩同学看到瓶口的漏斗灌水时常常憋住气泡，使得水流不畅。若将漏斗下端口由圆变方，那么往瓶里灌水时就能流得很畅快，也用不着总要提起漏斗了。

5. 改一改

一般的水壶在倒水时，由于壶身倾斜，壶盖易掉，而使蒸汽冒出烫伤手。成都市的中学生田波想了一个办法克服水壶的这个缺点。他将一块铝片铆在水壶柄后端，但又不太紧，使铝片另一端可前后摆动。灌水时，壶身前倾，壶柄后端的铝片也随着向前摆，而顶住了壶盖，使它不能掀开。水灌完后，水壶平放，铝片随着后摆，壶盖又能方便地打开了。

6. 缩一缩

石家庄市第一中学的王学青同学发现地球仪携带不方便，便想到，如果地球仪不用时能把它压缩、变小，携带就方便了。他想若应用制作塑料球的办法制作地球仪就可以解决这个问题。用塑料薄膜制成地球仪，用时把气吹足，放在支架上，可以转动，不用时把气放掉，一下子就缩得很小，携带很方便。

7. 联一联

澳大利亚曾发生过这样一件事，在收获的季节里，有人发现一片甘蔗田里的甘蔗产量提高了50%。这是由于甘蔗栽种前一个月，有一些水泥洒落在这块田地里。科学家们分析后认为，是水泥中的硅酸钙改良了土壤的酸性，而促使甘蔗增产。这种将结果与原因联系起来的分析方法经常能使我们发现一些新的现象与原理，从而引出发明。由于硅酸钙可以改良土壤的酸性，于是人们研制出了改良酸性土壤的"水泥肥料"。

8. 学一学

江苏省的学生臧荣华做了一个十分有趣的实验，让猫、狗害怕小鸡。这里十分巧妙地运用了"学一学"的方法。事情的经过是这样的，村子里许多人都养了猫和狗，这些猫和狗总是想偷吃小鸡。臧荣华的妈妈也买来了几只小鸡，但放在哪里都不放心。臧荣华想：要是能让猫、狗自动不来就好了。一天，他上学时，看到一群飞舞的蜜蜂。他想：人比蜜蜂大多了，可是人怕蜜蜂，因为怕蜂蜇，那么能不能学一学蜜蜂的办法，让猫、狗怕小鸡呢？他做了一项别出心裁的实验，右手抓起一只小鸡，让鸡头从手的虎口处伸出来，拇指与食指捏着一枚缝衣针，针尖在鸡的嘴尖处稍露出一点。然后，他抓来猫、狗，用藏在鸡嘴下的针尖去扎猫或狗的鼻子、嘴，每天扎十几次，连扎三四天后，他发现猫、狗见到小鸡就怕，他成功了。

9. 代一代

山西省阳泉市的小学生张大东的按扣开关正是用"代一代"的方法发明的。张大东发现家中有许多用电池作电源的电器没有开关，使用时很不方便。他想出一个用按扣代替开关的办法。他找来旧衣服和鞋上面无用的按扣，将按扣两边分别焊上两根电线头。按上按扣，电源就接通了；掰开按扣，电源就切断了。

10. 搬一搬

上海市大同中学的刘学凡同学在参加夏令营时，感到带饭盆不方便，他很想发明一种新式的便于携带的饭盒。他看到家中能伸缩的旅行茶杯，又想到了充气可变大、放气可缩小的塑料用品。他想按照这些物品制造的原理，可设计一种旅行杯式的饭盒，或是充气饭盒。可是，他又觉得这些设想还不够新颖。他陷入了冥思苦想之中。一天，他偶然看到一个铁皮匣子，是由十字状铁皮将四壁向上围成的。他想，也可以将5块薄板封在双层塑料布中，用时将相邻两角连起来，5块板就围成了一个斗状饭盒。这样，一个新颖的折叠式旅行饭盒创造出来了。

11. 反一反

"反一反"为逆向思考法，前面有较多的论述，请参见奥斯本检核表法中的逆向思考部分。

12. 定一定

在药水瓶上印上刻度，贴上标签，注明每天服用几次，什么时间服用，服几格；红灯停、绿灯行；学校规定上课时学生发言必须先举手，得到教师允许才能起立发言等，这些都是规定，有了这些规定我们的行为才能准确而有序。应该运用"定一定"的方法发现一些有益的规定并执行规定。

八、组合创新法

组合创新法是指按照一定的技术原理，通过将两个或多个功能元素合并，从而形成的一种具有新功能的新产品、新工艺、新材料的创新方法。例如，一堆砖堆放在一起只是一堆砖，若是按照一定的关系砌起来就可能组合成一座建筑物。组合创新法具有以下特点：

一是将多个特征组合在一起。

二是组合在一起的特征相互支持、相互补充。

三是组合后要产生新方法或达到新效果，有一定的飞跃。

四是利用现成的技术成果，不需要建立高深的理论基础和开发专门的高级技术。

组合创新法几乎覆盖了我们日常生活的各个领域，具体有以下几种实现方式：

（1）主体附加法。指以某事物为主体，在此基础上添加另一附属事物，从而实现组合创新的方法。主体附加法的创造性较弱，比较容易实现，只要应用得当，便可以产生巨大的效益。

（2）异类组合法。指将两种或两种以上的不同事物进行组合，产生新事物，这种方法被称为异类组合法。

（3）同物自组法。指将相同的事物进行组合，产生新事物的创新方法。如我们熟知的情侣表、情侣帽、情侣衫、子母灯、子母电话机等。同物自组法的前提是保持事物的原有功能和原有意义，仅是通过数量的增加来消除缺点，或产生新事物、新方法。

（4）重组组合法。将事物的构成要素，重新按照新方式组合，从而使事物的性能发生变化，这种方法被称为重组组合法。

九、逆向转换法

逆向转换法是指对事物或方法进行方向、过程、功能、原因、结果、优缺点、破立、矛盾的两个方面等的逆转，从而产生新事物或新方法及解决新问题的创新方法。

常用的逆向转换法有以下几种：

（1）原理逆向。从事物原理的相反方向进行的思考。意大利物理学家伽利略曾应医生的请求设计温度计，但屡遭失败。有一次他在给学生上实验课时，由于注意到水的温度变化引起了水的体积变化的现象，这使他突然意识到：倒过来，由水的体积变化不也能看出水的温度变化吗？循着这一思路，他终于设计出了当时的温度计。

（2）功能逆向。按事物或产品现有的功能进行反向的思考。现在我们看到的扑救火灾时消防队员使用的灭火器中有风力灭火器，风吹过去，温度降低，空气稀薄，火被吹灭了。一般情况下，风是助火势的，特别是当火比较大时，但在一定情况下，风可以使小的火熄灭，而且相当有效。另外，保暖瓶可以保热，反过来也可以保冷。

（3）过程逆向。对事物进行过程逆向思考。如小孩掉进水缸里，一般过程就是把人从水中救起，使人脱离水，而司马光的救人过程却相反，他采用的是打破水缸的方法。

（4）因果逆向。原因结果互相反转，即由果到因。

（5）结构或位置逆向。从已有事物的结构和位置出发所进行的反向思考。

（6）观念逆向。一般情况下，观念不同，行为不同，收获就可能不同。

案例分享

只借一美元

一位犹太富豪走进一家银行，到了贷款部前，举止得体地坐下来。

"请问先生，您有什么事情需要我们服务吗？"贷款部经理一边小心地询问，一边打量来者的穿着打扮：名贵的西服，高档的皮鞋，昂贵的手表，还有镶嵌着宝石的领带夹子……显然是一位很有实力和修养的人。

"我想借点钱"。

"完全可以，您想借多少呢？"

"一美元"。

"只借一美元？"贷款部的经理惊愕了。"我只需要一美元。可以吗？""当然，只要有担保，借多少，我们都可以照办。"

"好吧。"犹太人从豪华的皮包里取出一大堆股票、国债、债券等放在桌上，"这些做担保可以吗？"

经理清点了之后说："先生，总共50万美元，做担保足够了。不过，先生，您真的只借一美元吗？"

"是的。"犹太富豪不露声色地回答。

经理干脆地说："好吧，请到那边去办手续吧，年息6%，只要您付出6%的利息，一年后归还，我们就把这些股票、国债、债券等都还给您……"

"谢谢……"犹太富豪办完手续，便从容离去。

一直在一边冷眼旁观的银行行长怎么也想不明白，一个拥有50万美元的人，怎么会跑到银行来借一美元呢？

他从后面追了上去，大惑不解地说："对不起，先生，可以问您一个问题吗？""你想问什么？"

"我是这家银行的行长，我实在弄不懂，你拥有50万美元的家当，为什么只借一美元呢？要是您想借40万美元的话，我们也会很乐意为您服务的……"

"好吧！既然你非要弄个明白，那我就把实情告诉你。我到这儿来，是想办一件事情，可是随身携带的这些票券很碍事，不方便。我到过几家金库，要租他们的保险箱，租金都很昂贵。我知道贵行的保安很好，因此嘛，就将这些东西以担保的形式寄存在贵行了。由贵行替我保管，我还有什么不放心呢！况且利息很便宜，存一年才不过6美分……"

犹太商人在这里采用了反向思维，就取得了常人意想不到的效果。

十、移植创新法

在科学史上，许多重大的发明就是借用了别的领域的有关知识，才解决了本领域中长期未能解决的重大问题。例如，把计算机、激光技术移植到印刷领域，便带来了印刷出版行业的一次革命；把植物根系在土壤中的结构与原理移植到土木工程中发明了钢筋混凝土结构；把数控技术移植到普通机床上，加以改造融合后就发明了数控机床；把液压技术移植到机械工程领域后，极好地解决了远距离传动、简化机构及操纵方便等问题。随着科学技术的进步，虽然各行各业的分工越来越细化，但各行业之间的新技术、新思想的转移也不断加快。人们在某一领域取得的科学理论和技术成果，包括该成果诞生的环境、过程、思路、方法和手段，都可能在其他领域具有同等重要甚至更加重要的创新意义。

移植创新法，是指将某一领域中已有的原理、技术、方法、结构、功能等，移植应用到另一领域而产生新事物、新观念、新创意的构思方法。

移植创新法应用的必要条件如下：

（1）用常规方法难以找到理想的设计方案或解题设想，或者利用本专业领域的技术知识根本就无法找到出路。

（2）其他领域存在解决相似或相近问题的方式方法。

（3）对移植结果能否保证系统整体的新颖性、先进性和实用性有一个估计或肯定性的判断。

移植创新法具有以下几种类型：

（1）原理性移植，是指把某一领域的原理移植到另一个不同的领域，从而产生新设想的方法。

（2）方法性移植，是指把某一领域的技术方法有意识地移植到另一领域而形成创造性的方法。例如，20世纪60年代中期，美国一位数学家把经典数学、统计理论的研究方法移植到对模糊现象的研究中，便创立了一门新的数学分支——模糊数学。

（3）功能性移植，是指把某一种技术所具有的独特技术功能应用到其他领域，导致功能扩展的方法。如拉链过去用在衣服上，用在鞋上，近年来有人把拉链用在自行车外胎上，甚至用在外科手术伤口的缝合上。

（4）结构性移植，是指把某一领域的独特结构移植到另一领域而形成具有新结构的事物的方法。

（5）材料性移植，是指通过材料的替换达到改变性能、节约材料、降低成本的目的，从而带来新的功能和使用价值的方法。

移植创新法之所以对创意构思特别有用，是因为这种方法不受逻辑思维的束缚。当把一种技术或原理从一个领域移植到另一个领域时，并不需要在理性上有多么清楚的理解，往往是先做了再说，这就为新事物、新创意的形成提供了多种途径，甚至为许多外行搞发明创造提供了可能。但是，单靠移植创新法，并不能解决发明创造和创意构思的全部，它只是提供一个思维的突破口，通过这个突破口进而获得创新的思路。所以不要简简单单地认为，只要是移植就一定有创新成果，要真正获得移植的成功，还必须依靠许多具体的工程技术。

移植创新法的实质是人类思维领域中的一种嫁接现象，生物领域的嫁接或杂交可以产生新的物种，科技领域的移植、嫁接则可以产生新的科技成果。有一位著名的发明家是这样评价移植创意开发法的，"移植发明是科学研究最有效、最简单的方法，也是应用研究最多的方法之一，重要的科学研究成果有时也来自移植"。

案例分享

隐身衣

苏联卫国战争期间，列宁格勒遭到德军的包围，经常受到敌机的轰炸。在这紧急关头，苏军尹凡诺夫将军一次视察战地，看见有几只蝴蝶飞在花丛中时隐时现，令人眼花缭乱。这位将军随即产生联想，并请来昆虫学家施万维奇，让他们设计出一套蝴蝶式防空迷彩伪装方案。施万维奇参照蝴蝶翅膀花纹的色彩和构图，结合防护、变形和仿照三种伪装方法，将活动的军事目标涂抹成与地形相似的巨大多色斑点，并且在遮障上印染了与背景相似的彩色图案。就这样，使苏军数百个军事目标披上了神奇的"隐身衣"，大大降低了重要目标的损伤率，有效地防止了德军飞机的轰炸。

十一、TRIZ 理论法

TRIZ理论是一种发明问题的解决理论，由学者阿利赫舒列尔及他的同事于1946年最先提出，最初是从20万份专利中取出符合要求的4万份作为各种发明问题的最有效的解。他们从这些最有效的解中抽象出了TRIZ解决发明问题的基本方法，这些方法又可以普遍地适用于新出现的发明问题，协助人们获得这些发明问题的最有效的解。现在，国际上已经对超过250万项出色的专利进行过研究，并大大充实了TRIZ的理论和方法体系。如今TRIZ正成为许多现代企业创新的"独门暗器"，TRIZ可以轻易解决那些看似不可能解决的问题并形成专利，提升企业的核心竞争力，从"跟随者"快速成长为行业的技术"领跑者"，让创新就像做算术题一样轻松简单。

现代TRIZ理论法的核心思想主要体现在以下三个方面：

（1）无论是简单的产品还是复杂的技术系统，都具有相应的客观进化规律和模式。

（2）各种难题、矛盾和冲突的不断解决，是推动这种进化过程的动力。

（3）技术系统发展，其理想状态是使用尽量少的资源实现尽量多的功能。

创新从最通俗的意义上来讲，就是创造性地发现问题和创造性地解决问题的过程，TRIZ理论的强大作用正在于它为人们创造性地发现问题和解决问题提供了系统的理论和方法工具。TRIZ理论主要包括以下内容：

（1）创新思维方法与问题分析方法。TRIZ理论提供了如何系统分析问题的科学方法，如多屏幕法等。而对于复杂问题的分析，则包含了科学的问题分析建模方法，如，物—场分析法，它可以帮助快速确认核心问题，发现根本矛盾所在。

（2）技术系统进化法则。人们利用这些法则，可以分析产品的技术状态，并预测其未来发展趋势，开发新产品等。

（3）技术矛盾解决原理。TRIZ理论将发明创造的规律归纳成40条创新原理。

（4）创新问题标准解法。针对物—场模型的不同特征，分别对应有标准的模型处理方法，包括模型的修整、转换、物质与场的添加等。

（5）发明问题解决算法。其应用于复杂问题或不明确的技术系统。它是一个对初始问题进行一系列变形及再定义等非计算性的逻辑过程，以实现对问题逐步深入的分析、问题转化，直至问题的解决。

（6）构建知识库。基于物理、化学、几何学等工程学原理而构建的知识库，为技术创新提供丰富的参考资源。

案例分享

会飞的魔毯

埃及神话故事中会飞的魔毯曾经引起我们无数遐想，那么现在我们不妨一步一步地分析一下这个会飞的魔毯。

现实生活中虽然有毯子，但毯子都不会飞，原因是由于地球引力，毯子具有重量，而毯子比空气重。那么在什么条件下毯子可以飞翔？我们可以施加向上的力，或者让毯子的重量小于空气的重量，或者希望来自地球的重力不存在。如果我们分析一下毯子及其周围的环境，会发现这样一些可以利用的资源，如空气中的中微子流、空气流、地球磁场、地球重力场、阳光等，而毯子本身也包括其纤维材料、形状、重量等。那么利用这些资源可以找到一些让毯子飞起来的办法，比如毯子的纤维与中微子相互作用可使毯子飞翔，在毯子上安装提供反向作用力的发动机，毯子在没有来自地球重力的宇宙空间，毯子由于下面的压力增加而悬在空中（气垫毯），利用磁悬浮原理，或者毯子比空气轻。这些办法有的比较现实，但有的仍然看似不可能，比如毯子即使很轻，但也比空气重，对这一点我们还可以继续分析。比如，毯子之所以重是因为其材料比空气重，解决的办法就是采用比空气轻的材料制作毯子，或者使毯子像空中的尘埃微粒一样大小。

通过上面一个简单分析过程，我们会发现，神话传说中会飞的毯子逐渐走向现实，从中或许我们可以得到很多有趣甚至十分有用的创意。这个简单的应用展示了金鱼法的创造性问题分析原理：即它首先从幻想式构想中分离出现实部分，对于不现实部分，通过引入其他资源，一些想法由不现实变为现实，然后继续对不现实部分进行分析，直到全部变为现实，因此通过这种反复迭代的办法，常常会给看似不可能的问题带来一种现实的解决方案。

十二、5W2H 法

5W2H法又叫七何分析法，是第二次世界大战中美国陆军兵器修理部首创的。简单、方便，易于理解、使用，富有启发意义，广泛用于企业管理和技术活动，对于决策和执行性的活动措施也非常有帮助，有助于弥补考虑问题的疏漏。

发明者用5个以W开头和2个以H开头的英语单词进行设问，发现解决问题的线索，寻找发明思路，进行设计构思，从而搞出新的发明项目，这就叫作5W2H法。其具体内容包括：

（1）为什么（Why）？

（2）做什么用（What）？

（3）谁来使用（Who）？

（4）何时被使用（When）？

（5）被用于何处（Where）？

（6）起什么作用（How）？

（7）需要多少成本（How much）？

如果现行的做法或产品经过七个问题的审核已无懈可击，便可认为这一做法或产品可取。如果七个问题中有一个答复不能令人满意，则表示这方面有改进余地。如果哪方面的答复有独创的优点，则可以扩大产品这方面的效用。新产品已经克服原产品的缺点，扩大了原产品独特优点的效用。

（1）可以准确界定、清晰表述问题，提高工作效率。

（2）有效掌控事件的本质，完全地抓住了事件的主骨架，把事件打回原形思考。

（3）简单、方便，易于理解、使用，富有启发意义。

（4）有助于思路的条理化，杜绝盲目性。有助于全面思考问题，从而避免在流程设计中遗漏项目。

案例分享

用5W2H法改进机场超市

某航空公司在机场候机室二楼设立了超市，生意相当清淡。公司经理用5W2H法检查问题何在，结果发现"Who""Where"及"When"三方面存在问题。

（1）谁是顾客？机场超市应当把入境的旅客当成主顾，而这些客人不需要上楼。在二楼逗留的大部分是送客或接客的人，他们完全可以在市内大商场里挑肥拣瘦，不必到机场来买东西。

（2）超市设置在何处？原来旅客出入境，都是经海关检查后，直接从一楼左、右两侧走了，根本不需要走二楼。超市的位置没有设在旅客的必经之路上。

（3）何时购物？出境旅客只有通过海关检查将行李交付航空公司后，才有闲情光顾超市。而原来机场安排旅客临上机前才能将行李交运，这样就从时间上限制了旅客。

由此可见，超市生意不佳的原因是：①未把旅客当主顾；②超市的位置偏离了旅客的必经路线；③旅客没有购物的时间。

针对这三点，研究改进措施：以旅客为主顾，调整海关检查的路线与行李交付时间。此后，超市的生意兴隆了。

十三、创造需求法

创造需求法是指寻求人们想要得到的东西，并给予他们、满足他们的一种创新技法。人们需要什么，是非常难以捉摸的，如果找到了这一需求，尤其是当有这种需求的人很多时，就可以取得了不起的成就。创造需求的关键，就是要将人们内心模糊的希望和能消除不满的东西具体化。

创造需求法具体可以分为以下几种：

（一）观察生活法

只要留心自己和他人在日常生活中的不便、不满和希望，就会发现创新的机会。

案例分享

英国有位叫曼尼的女士，她的长筒丝袜总是往下掉，上街、上班时丝袜掉下来是很尴尬的事情。她询问了许多同事，她们也有同感。面对大家的需求，她灵机一动，开了一间专售不易滑落的袜子的店，大受女顾客的青睐。现在，曼尼设在美、日、法三国的袜子店已多达120多家。

日本人爱泡澡，但人泡在澡盆里无所事事，很浪费时间。一位企业家观察到这一现象，抓住时机，研制了一种不湿水的塑料书刊，可在泡澡时阅读。产品上市后，很受消费者欢迎，特别是受到学生的喜爱，因为这样他们就可以在泡澡时复习功课了。

做一个善于观察生活和捕捉机遇的有心人，并将日常观察与自己的创新意识结合起来，一定可以成就一番事业。

（二）顺应潮流法

这种方法是指顺着消费者追求流行的心理来把握创新机遇的技巧。生活中有很多新潮流，新的生活潮流使人们产生了种种希望和需求。观察社会，适应社会需求，遇到什么问题就研究什么问题，就能推出顺应潮流的产品。

案例分享

美图秀秀的诞生

随着手机日益进入人们的生活，机不离手已经成为生活常态，尤其是年轻人喜欢自拍，并且以此作为互动交流的方式方法，亟需一款向世人展示美好形象的图片处理软件，美图秀秀应运而生。

美图秀秀确实是一款很好用的免费图片处理软件，适合PS技术较低者。它独有的图片特效、美容、饰品、边框、场景、拼图、魔幻笔等功能，加上每天更新的精选素材，轻轻松松就可以做出优质照片。除此之外，美图秀秀还能做非主流图片、闪图、QQ表情、QQ头像等。以美图秀秀为原点，美图公司已经将产品从PC端拓展到移动端，从软件拓展到硬件及云。目前，美图公司拥有美图秀秀、美图看看、美颜相机、美图贴贴、美图GIF、美拍等知名互联网产品。值得一提的是美拍，2014年4月27日，美图公司正式宣布开启短视频拍摄软件美拍iPhone版公测。与其他短视频拍摄软件相比，美拍拥有全球首创的MV特效，可以将复杂的后期工作变成一键式的简单操作。美拍同时也是最新潮的短视频社区，用户可以把好玩的短视频分享到美拍，并一键同步到朋友圈、微博、Facebook，让更多好友看到。

今天，美图秀秀已经是中国最流行的图片处理软件之一，从最早的PC版到最新的移动版，美图秀秀已经覆盖八个平台，在Windows（PC）、苹果iOS及谷歌安卓三大平台的市场占有率均为同类产品第一。截至2017年1月底，美图秀秀用户数已经超过3亿，其中移动端用户数超过1亿，日活跃用户数超过560万。

（三）艺术升格法

对一些市场饱和的日用消费品进行艺术嫁接之类的深加工，以此提高产品的档次、形象和身价，以求在更高层次的消费领域里拓展新的市场的方法被称为艺术升格法。

蔬菜水果，是无地不产、货多价贱的东西。而一些手艺人在平凡无奇的西瓜上雕刻了各种各样的喜庆吉祥的图案后，西瓜立即就变成了抢手货。在成都，有一段时间萝卜滞销，以后出现萝卜雕花热，将红、白萝卜雕成牡丹、芍药、茶花、桃花等花样，并点染得五颜六色，插上青枝绿叶，十分新颖，销售势头立即转热。

给产品注入艺术形式，是比较容易入门的一种创新技法。将原有的产品艺术化，可以使消费者在得到物质满足的同时，又能得到精神上的享受，从而引发消费者潜藏在心底的某种消费需求。

（四）引申需求链条法

一种新产品诞生后，有可能带动若干相关或类似产品的出现。这种现象叫作"不尽的链条"，它表明产品需求具有延伸性。找出某一产品的延伸性需求进行创新活动，就是引申需求链条法。卖花草鱼鸟的地方，必有卖花盆、鱼缸、鸟笼的。反过来从"生意经"角度来讲，别人卖鱼，我就卖鱼缸。别人卖花，我就卖花盆。别人卖油，我就卖油桶。这种引申需求比较直观，有些需求则需要认真调查研究一番才能引申出来。创新者可以顺着"不尽的链条"获得很多新设想、新创意。

要想运用引申链条法取得成功，首要条件是找准"可以联结的链条"，然后展开联想，捕捉市场有所需求的新产品。

（五）预测需求法

预测需求法是指通过预测未来市场需求，积极提前准备，在需求到来时能满足需求的创新技法。明天的需求，潜伏在人们的心底里，不显山不露水，它在等待时间的推移和市场的变化。谁善于在浩如烟海的信息海洋中分析和预测出人们未来的消费需求，谁就能事半功倍地赢得市场和效益。可以用调查研究的方法，对各种各样的信息进行分析与预测，预见未来。

案例分享

乔布斯的用户需求观

1. 对用户体验"负全责"

IT产业的生命周期相对偏短,人才、技术和产品的更新迅速。这种环境下,传统保持公司优势的做法是微软模式,即技术不断升级,或以IBM为代表的模式,即服务不断升级。而苹果采用的是用户体验升级模式。

乔布斯高度重视用户体验的战略视野已经引起整个行业的变革,他的视野出发点是对用户体验的痴迷关注。"设计不仅体现在产品的外观和感觉,还要看产品是如何使用的。在我们生活的这个时代,我们的活动越来越多地依赖技术。我们拍照时无须胶卷,并且必须加以处理才能显现效果。我们从互联网下载音乐,并且使用便携式数字音乐播放器随身播放。在你的汽车中、厨房里都这样。苹果公司的核心强项就是把高科技转换成身边很普通的东西,并且能够让他们感到惊喜和兴奋,他们还能够方便地使用。其中,关键是有好的软件。事实上,软件其实就是用户体验。"

2. 溜向冰球要去的地方

"我溜向冰球要去的地方,而不是它在的地方。"

乔布斯坚信用户"不知道自己要什么""锁定特定族群来设计产品是很困难的。因为大部分时,人们都不知道自己想要的是什么,直到你展示给他们看"。

"我们有很多用户,我们对自己已拥有的用户基础做了大量研究。我们还非常小心地关注行业趋势。但最后,由于这一做法将某些事情复杂化了,因此要通过用户小组进行产品设计真的很难。很多时候,人们不知道自己想要什么,直到你展示给他们看,他们才弄清楚。"

很多企业喜欢声称他们是用户的向导,产品行销人员谦虚地使用问卷或焦点团体访谈来接触使用者,直接问他们到底需要什么。乔布斯不信这套,他只专注于观察使用者的经验,而且是他自己的使用经验。"你觉得达·芬奇在创作蒙娜丽莎时征求了观众的意见吗?""我们只是在搞明白我们自己需要什么。而且我认为,我们已经建立了一套良好的思维体系,以确保其他许多人都会需要这个东西""如果东西不在眼前,你怎么能去问别人想要什么""对苹果公司而言,能否成功的关键之一是我们能否产生出真正能够激发我们兴趣的产品。别问用户想要什么,企业的目标是去创造那些用户需要但表达不出来的需求""你不能问用户需要什么然后给他什么,因为等你按用户要求做出来以后,他们又有了新的要求""我并不需要调整自己去适应产品,它会主动适应我"。

3. 创新源自用户体验

乔布斯和苹果公司创新的源泉在哪里？它的来源有很多种，但创新很大程度上来自乔布斯对用户体验的细心关注。许多公司通过用户的反馈和焦点团体来进行创新。但是，乔布斯避开了这种把用户关在一个会议室来加以研究的繁重工作。他自己玩弄这些新技术，记录下自己的感受，将之反馈给工程师。

4. 把科技与用户需求完美结合

"如果那些又新又酷的产品不能够为你带来可观的利润，那不是创新，只是艺术""站在苹果的角度，我们面对每件事情都会问：怎么做能让使用者感觉方便？"产品的操作简单，表面上让我们会感觉到产品可爱与易用，其实是它从深处满足了我们"被尊重"的渴望，这是大多数普通用户都没意识到的。

5. 体验必须由精英生产

由于苹果骨子里是一家消费品公司，乔布斯认为，苹果的生死存亡掌握在用户的手中。而他认为，他的体验就是用户的体验，而只有公司的产品能够通过他这一关，才能成功。体验的产生是一个创造艺术的过程，并非机械化规模制造；产品可以由代工装配，但体验必须由精英生产。对于用户来讲，体验是一种情感；对于企业来讲，体验绝不是被动地满足用户需求，而是洞悉一代人、一个时代、敢于且能够引导用户的一种创造力、一种精神、一种文化。因为乔布斯要求设计人员在设计之前就要对用户体验有所把握。乔布斯亲身参与到创新实践的各个环节中去，甘愿做一个"看门人"，使员工亲眼看到公司领导层对创新目标和措施的投入和决心，这些都是激活创新文化的关键。

第三节 常用创新技巧

一、颠覆常识

常识一般是指日常知识、众所周知的知识、约定俗成的无须证明的知识，或者本能的学习和判断能力等。

常识在日常生活中具有非常重要的作用，可以帮助人们对事情或问题进行初步判断。但它也会束缚思维，让思维陷入僵化，不利于创新，因此，为了更好地创新，人们应勇于颠覆常识。颠覆常识的技巧，见表7-6。

表7-6　颠覆常识的技巧

序号	技巧	说明
1	不急于认同	不盲从常识，先经过思考再选择是否认同
2	辩证思考	从正反两面思考某一事物，不片面定性
3	左右脑并用	左右脑结合使用，不仅使用一种思维
4	回到原点	回到事物本身进行思考，不用经验思考
5	不盲从他人	有自己的独立思考意识，不盲从他人

（一）常识对创新的阻碍

（1）权威误导。常识一般是指已经约定俗成、被大家认可的知识，因而具有一定的权威性，人们在接受和认可这些常识时，一般不会进行过多的思考或质疑，从而限制了创新。

（2）经验误导。常识也是日常经验的积累，而且这些经验曾经给人们帮助，因此，人们会信任常识，轻易不会质疑常识。

（3）习惯误导。常识形成后，人们会习惯性地运用常识来解答某一问题，因此，容易陷入惯性思维。

（二）颠覆常识的误区

（1）全盘否定常识。人们也许会认为颠覆常识就是全面否定常识，但颠覆常识其实是跳出常识的束缚，选择新的角度和方式来审视问题。

（2）反方向寻找。人们也可能会认为，颠覆常识就是沿着与常识相悖的方向寻找灵感和顿悟。

案例分享

马云有一次去日本参加一个国际会议。有位日本朋友向马云抱怨：到中国来，他竟然发现上不了在日本的博客。于是，他甚至质疑：网络管理这么严，怎么做好电子商务？在一般情况下，常人的思维都是直接去解决这个问题，即网络监管与电子商务的"矛盾"，但这并不是马云能解决的，似乎这是一个在国内做电子商务的"阿喀琉斯之踵"，是很难回答的。但是，马云的反驳很绝，他说："即使有5%的网站上不了，我们何必死盯着这5%呢？我们为何不去开拓95%的市场？这个道理很明显，如果我们只埋怨5%，只会越来越消极，越来越痛苦。"马云接着还打了个比方，有时候被老师、同学误解很正常，但应该看到，大部分时候，大家的相处都是愉快的。所以，我们不要因为一时的误解，影响整个师生或同学感情。

这里，马云其实只是把5%和95%的关系颠倒过来，从日本朋友最关注的5%，转移到电子商务大市场的95%上来，这样，我们的态度和认识就截然不同了。

二、消除偏见

偏见一般是指人们由于一贯的错误认识或受事物表面现象蒙蔽、只看到事物的一面所引起的对事物的片面认识。

人们想要创新，就应学会消除对事物所持的偏见。只有这样才能正确认识事物，全面评价事物；也才能更好地掌握事物特性，获得灵感。

（一）偏见的形成

（1）受个体经验左右。人们常常倾向于用以往的经验和态度去看待某事物，形成刻板印象和认识，且难以改变。

（2）受个体人格和心理影响。如傲慢自大、固执己见、具有权威主义倾向的人容易对事物产生偏见。

（3）受"首因效应"影响。人们容易对事物产生先入为主的判断，通过"第一印象"最先输入的信息对以后的认知会产生深刻影响。

（4）受个人利益左右。人们以个人利益为出发点，对有利于自己的人或事持友好态度；反之，则持不友好态度。

案例分享

诺基亚的偏见

诺基亚手机曾经以接近手机市场40%的份额雄霸手机市场多年，在智能手机市场所占比例，甚至还要高出40%。要知道，即便在今天，全球手机市场份额最高的苹果、三星和华为，截至2016年年底，其占有的市场份额也仅为17.8%、17.7%和10.2%，也就是三者的市场份额加起来才能顶上当年的诺基亚。正是这种长年积累下的高处不胜寒的寂寞培养出了诺基亚的偏见，侵吞了诺基亚对市场的敏感嗅觉，让其对新兴的iPhone、android、黑莓等手机不屑一顾，狂妄自大，以自己为中心，难以接受外界变化，最终导致公司高管离职、手机销量断崖式下降，并在2013年被微软以72亿美元收购。

（二）如何消除偏见

（1）多角思考。看待事物不能只看事物的一面，要全面思考。

（2）换位思考。站在不同的立场思考事物，抛弃自我中心主义。

（3）反向思考。从事物的反面思考，立体化地把握事物。

（4）归零思考。清除对事物的原本认识，重新定位事物。

三、挑战权威

权威一般指人们自愿服从和支持的权力，也指使人信服的力量和威望。它在某些情况下是正确的，但它不等于真理，人们可以尊重权威，但不可以迷信权威。

（一）不敢挑战权威的原因

（1）权威力量强大。权威具有很普遍、很强大的基础，一般难以动摇。

（2）盲目信奉权威。认为权威是真理，是不可挑战和动摇的。

（3）害怕挑战失败。害怕挑战失败后引来麻烦和嘲笑。

（二）如何挑战权威

（1）敢于质疑。质疑是发现问题、挑战权威的第一步。

（2）相信创新的力量。相信创新终究能够战胜已经落后的权威，能够改变人们对权威的迷信。

（3）相信小人物也能创新。不要被拥有权威的代表人物吓倒，要相信小人物也有能力改变一切。

（4）实践出真知。想要创新，人们就必须在基于事实的基础上，付出努力和汗水，在实践中检验创新的力量。

四、打破规则

规则给人们提供了一定的依据，能够指导人们的思想和行为，但它在一定程度上也束缚了人们的思想和行动。

"规则是用来打破的。"当一种规则不适应新事物的发展时，我们要勇于打破规则，创立新规则。打破规则的方法，见表7-7。

表7-7 打破规则的方法

序号	方法	具体解释
1	转换视角	从不同的立场出发，往往能得出不同的结论和规则。 想要打破规则，便要学会转换视角，从不同的角度来评判规则
2	突破传统	敢于质疑传统规则的适用性和效用性
3	挑战权威	要敢于向权威挑战，不能盲信权威，要培养独立思考的意识
4	关注变化	密切关注行业的新动态，学会抓取具有变革意义的信息，并和旧信息、旧规则相比较

序号	方法	具体解释
5	接受新思想	积极接受新思想，有新思想作为理论武器，才能看清旧规则的局限性
6	寻找新点子	打破权威需要新点子，有了"立"才能"破"，有了新想法才能批判旧规则
7	突破行业限制	想要打破规则还需突破行业限制，站在新高度看待旧规则
8	不排斥外行	很多规则都是被外行人打破的。 要学会从外行人身上汲取新想法、新观点

五、领先时间

"得时间者得天下"，这个世界不再是大吃小，而是快吃慢，因此，创新要抢在第一时间，要敢为人先，和时间赛跑。

新时代的特征是加速度和非稳定，这就要求人们抓紧时间，在有限的时间内做更多的事。

（1）树立时间意识。龟兔赛跑，兔子输在轻敌，也输在忽视时间的重要性上，因此，心中要长存"时间就是生命"的意识。

（2）树立竞争意识。如果没有竞争，便谈不上创新和领先，因此，想要领先时间，就要和时间赛跑、和别人赛跑。

（3）设定目标和计划。有了目标和计划，才能按照目标和计划一步一步地去实现，才可避免方向不明所引起的时间浪费。

（4）设定时间节点。在每一项任务和计划上都设定时间节点，既可以提示自己，也可以监督自己。

（5）把每一天当成最后一天。把每一天都当作生命的最后一天来度过，这样便能最大限度地珍惜时间。

（6）借助时间管理工具。时间管理主要有四大工具，即时间管理矩阵、时间记录表、每日事项清单、时间管理审查表。

六、否定自我

否定自我是指人们勇于承认自己的不足，不满足已有的成绩，并勇于挑战自己的优势、敢于自我突破，最终实现自我超越。

否定自我既是一种方法和手段，也是一股动力、一次人生的跳跃。它能帮助人们突破固有的思维习惯，从而获得新点子和新方法，继而实现创新。

（一）否定自我的特点

（1）否定自我不是自卑。否定自我是不满足已有优势，自主寻找自身的弱点和局限，并非觉得自己一无是处。

（2）否定的目的是发展。否定的目的是发展，通过否定自己让自己进入新的阶段或境界。

（3）否定的实质是扬弃。否定自我不是全盘否定自己，而是既变革又继承，既克服缺点又保留优势。

（二）否定自我的方法

（1）自我诊断。全面分析自己，并进行自我评价和自我鉴定，可借助一定的工具，如九型人格分析、星座分析、血型分析等。

（2）对比他人。以他人为参照物，对照自己身上的优劣势，并借鉴他人的好的思维方法。

（3）听取意见。寻求他人的意见，以便更客观地看待自己。

拓展阅读

九型价格

九型人格相传源于中东地区，据说是两千多年前，印度苏菲教派的灵修课程是口口相传的理论，但实际源自何时何地，已无从考究。20世纪20年代，一位神秘主义和灵修的教师古尔捷耶夫将它传到欧洲，一直以秘密教学方式流传，直到20世纪60年代，在智利公开举办的一个灵性心理训练班上，才掀开了九型人格论这套学问的神秘面纱。20世纪70年代，九型人格正式传入美国，这一古老的理论既简单精确又深刻，它和现代的人格论述竟然不谋而合，引起广泛关注。1993年斯坦福大学率先正式开办这一课程。

如果你对自己够坦诚，学习完九型人格，通过自我探索，你就可以真正认识自己、了解别人，找到那条人生中暗自牵引你的命运之线。九型人格论今天已被演化成一种人际沟通的管理工具，广泛应用在企业管理的各个领域（表7-8）。

表7-8 九型人格

序号	类型	具体特点	代表人物	适合工作领域
1	完美型	重原则，不易妥协，黑白分明。对自己和别人均要求高，追求完美	包公	适合需要坚持原则与公正的所有领域。如法官、医生、质量检查、纪律检查、安全检查、财会等

序号	类型	具体特点	代表人物	适合工作领域
2	助人型	渴望与别人建立良好关系，以人为本，乐于迁就他人	雷锋	在营销推广的领域中拥有非比寻常的优势，如保险行业等。 所有跟人打交道的工作都能发挥其天赋与才能，如客服、教师、护士、工会主席、推销人员等
3	成就型	好胜心强，以成就去衡量自己价值的高低，是一名工作狂	武则天	充满弹性、擅长说服别人，又很有目标性，在具有挑战性和说服别人的工作中尤其能发挥天赋与才能。如在推销、保险、演讲等领域尤其容易成功，可充分发挥才华
4	感觉型	情绪化，惧怕被人拒绝，觉得别人不理解自己，我行我素	林黛玉	适合从事各类要求高度创意的工作，所有涉及美的工作都能发挥他们的天赋与才能。如美术、音乐、艺术、时装、戏剧、文学、装潢、广告、产品设计等领域。 幻想力丰富，对不同角色扮演的适应力强，亦可担任如律师、医生、工程师等。 富有同情心，凭着丰富的创意和与人为善的交际能力，也将成为优秀的市场策划和推广人员
5	思想型	喜欢思考分析，求知欲强，但缺乏行动，对物质生活要求不高	爱因斯坦	擅长将大量数据有条不紊地分门别类，有过人的洞察和分析能力，会成为某个特定领域的专家，适合科学家、咨询顾问、决策分析、数据分析整理、研究等岗位。 亦适合执行侦察、刺探情报等任务
6	忠诚型	做事小心谨慎，不易相信别人，多疑虑。喜欢群体生活，尽心尽力工作	曹操	在需要细心、耐心、警惕、忠诚的岗位上能发挥他们天赋的才能，如策划、规划、警察、情报人员、保卫人员等
7	活跃型	乐观，喜新鲜感，爱赶潮流，不喜承受压力	老顽童	一切能吸引这一类型兴趣的岗位，尤其是公关、社交、计算机等需要创意的工作
8	领袖型	追求权力，讲求实力，不靠他人，有正义感	乔布斯	需要勇气、智慧，在面对冲突时最能展现天赋；做领导者，带领一个团队或作为创业者

续表

序号	类型	具体特点	代表人物	适合工作领域
9	和平型	需花长时间做决策、怕纷争、难于拒绝他人，祈求和谐相处	拉·甘地	不需要面对冲突的、和人打交道的工作，最能发挥第九型天赋的能力，如教师、护士、咨询师、治疗师、服务人员等

七、扩展视角

视角是人们思考问题的角度、立场、方式、路线等。视角不同，得到的结论也不同，因此，想要创新，我们就应该扩展视角，学会多角度思考。视角的类型，见表7-9。

表7-9 视角的类型

序号	类型	具体解释
1	时间视角	对待时间的不同视角，影响着人们的思维。 可分为过去思维视角、当下思维视角、未来思维视角
2	立场视角	立场视角可分自我、他人、群体立场，即看待事物和世界是从自我立场出发、他人立场出发、全局立场出发
3	认知视角	可分为感性视角（看待事物以感知为标准）和理性视角（看待事物以理性判断为标准）
4	评判视角	评判事物的一种态度，包括肯定（从事物的优点出发）、否定（重在批判事物缺点）、存疑（先质疑事物，经过思考和判断后确认对事物的态度）
5	对比视角	看待事物时不但会观察事物本身，还寻找其他参照物，对比事物之间的异同，即求同或求异视角

八、解开枷锁

思维枷锁（见表7-10）一般是指随着经验的逐渐积累和思维方式的逐渐固定而形成的一种思维习惯。它使得人们倾向于按照常规思维去思考和行动。

表7-10 思维枷锁的类型和解锁方法

序号	枷锁类型	具体解释	解锁方法
1	自我中心型	坚持自我立场的正确性，排斥他人的思想	跳出自我主义，从他人和全局角度思考

序号	枷锁类型	具体解释	解锁方法
2	一根筋型	不懂得拐弯和迂回，缺乏想象力	不钻牛角尖，学会变通，进行辩证思考
3	随波型	随波逐流，以大众看法为准，没有自己的想法	学会独立思考，不盲从他人
4	权威型	盲从于权威，不敢挑战权威，缺乏质疑精神	培养质疑精神，敢于挑战权威
5	经验型	一味盲从于以往的经验，不肯改变	跳出经验主义，寻找新方法
6	定式型	习惯性地运用一种思维习惯进行思考	打破惯性思维，学会逆向思考
7	本能型	只按照自己本能思考，凭感觉进行判断和思考	养成多思考、多动手的习惯，学会理性分析

套上枷锁的思维特征具体表现在以下几方面：

（1）"要最完美的"。追求完美，总想着要思考出最完美的方法。

（2）"不能想太多"。当自己往别处想时，告诫自己不能想太多，从而停止继续思考。

（3）"大家都这样想"。把人家的标准当作自己的标准，随波逐流。

（4）"要符合规矩"。凡事都想着要符合规矩，不敢越雷池一步。

（5）"不能让别人笑话"。怕别人笑话，不敢多想多做。

（6）"我不擅长"。以自己不擅长、不具备天赋为由，拒绝思考。

思考与练习

1. 在下列课题中任选一个进行头脑风暴法训练。

（1）设计一个科技中介服务机构。

（2）本地区应该怎样进一步搞好投资环境建设？

（3）如何创业——完成原始积累？

（4）如何提高食堂服务水平和饭菜质量？

（5）如何向人们宣传环保知识？

（6）拓宽筹资渠道的方法有哪些？

（7）如何提高某产品的市场占有率？

（8）如何使一种商品投入少而影响大？

2．针对"怎样减轻城市用电负担"和"怎样改善城市交通状况"这两个课题，采用如下一些头脑风暴法组织技巧激发学生的思考。

（1）"停止—继续"法。提出问题后，先让学生思考3~5分钟，给出沉默思考、酝酿答案的时间，使学生不至于太紧张，能够从容不迫地想象、思考答案。

（2）"一个接一个"法。教师可任意指定一个人提出设想，接着往后轮流提出设想，如果有人当时不能提出设想，可跳到下一个人。如此一个接一个、一圈接一圈进行下去，会产生很多创意。

（3）"分组讨论"法。将学生分成若干小组，各组有主持人、记录员各一名。各小组分开讨论。最后，每组派代表宣布讨论结果。

（4）"分组比赛"法。将全部成员分成若干个小组，每一组选一位记录员，在黑板上划分各组记录的位置。教师一声令下，各组开始进行设想。各组将所提设想记录在黑板上，看哪一组的设想更多。

3．列举电子词典的各种缺点，开发一种新型电子词典。

4．尽可能多地列举出玻璃杯的缺点并进行改进。

5．列举你希望的生活状态和喜欢的食物。

6．尽可能多地说出你所知道的组合产品或事物。

7．用4根火柴组合成尽可能多的图形。

8．假如你是一家餐饮企业的经理，在元旦、春节期间，如何运用组合技法扩大销售？

9．用组合技法，设计或构思一个经组合而产生的工作中的新创意或新事物。

10．请从以下两个课题中选取一个，应用奥斯本检核表法进行分析并提出解决方案，填入表7-11中。

（1）对枕头进行改进。

（2）提出良好的公民道德操守培养方法。

表7-11 奥斯本检核表法所用表格

序号	检核项目	发散设想	初选方案
1	能否他用		
2	能否借用		
3	能否变化		
4	能否扩大		

续表

序号	检核项目	发散设想	初选方案
5	能否缩小		
6	能否代用		
7	能否调整		
8	能否颠倒		
9	能否组合		

11. 请运用5W2H法，从下列课题中任选一项进行研究并提出改进措施，见表7-12。

（1）策划在本城区开一家饮食店。

（2）挖掘本单位工作效率的潜力。

表7-12　5W2H法所用表格

提问项目	提问内容	情况原因	改进措施
为什么			
做什么			
何地			
何时			
何人			
怎样			
多少			

改进方案：

12. 下列课题任选一项，应用"和田十二法"进行解决。

（1）对自己的学习方法提出改进措施。

（2）对自己现在脚上穿的鞋子进行创意思考。

（3）对你所熟悉的一种考核制度进行改进思考。

13．有什么事物可以让自己模仿学习一下吗？改变它的形状、结构，会有什么结果？学习它的原理、技术，又会有什么结果？

14．巧接金链。某首饰店需要一条15环的金链，可是现在只有5截、每截3环的金链，这5截金链连起来的长度正好是所需要的。不过想把它们连起来就需要切断一些环，而每切断1个环就要损失一些。为了最大限度地避免损失原料，应该怎样切割呢？

15．颠倒的情况。为什么镜子能够颠倒左右，不能颠倒上下呢？

16．请找出一个你认为很讨厌的东西，说说它的用途。

17．有一块木板，把它切成两块做一个十字架。怎样做才能实现逆向创新？

18．为防止钢铁生锈，通常的做法是在钢铁表面涂上一层油漆以抗氧化，请分析讨论是否还有别的方法。

19．请留心和回想自己生活中有什么"不便"，再问问别人是否也存在这种"不便"。若有，请针对这种"不便"进一步思考，找出为了改进这种"不便"需要什么，并对其进行"定型"的构思和设计。

观察发现：＿＿＿＿＿＿＿＿＿＿＿＿＿

构思设计：＿＿＿＿＿＿＿＿＿＿＿＿＿

20．请观察分析人们在日常生活消费中有什么共同的需求和爱好，尽管这种需求或爱好尚未显山露水。能否构思设计出一种物品来满足人们这种共同的需求和爱好呢？

观察发现：＿＿＿＿＿＿＿＿＿＿＿＿＿

构思设计：＿＿＿＿＿＿＿＿＿＿＿＿＿

第 八 章

训练创新思维与培养创新能力

📖 本章导读

恩格斯曾经说过："思维是地球上最美丽的花朵。"每一个时代的思维总要凝聚为一定的思维方法，每一种新的思维方法的出现，都是对既定思维方法上的一种超越。思维领域中的创新，通常表现为思维方法的创新，人类的创新思维拥有无限的潜能，这就意味着现有的任何思维方法都可以处于不断创新的过程中，创意创新大师赖川生说："创新创意是可以'练'的！"这句话颠覆了人们普遍认为创新是一种天赋的想法，适当地进行全脑思维训练，多想、多看、多练、多做，在日常生活、学习和工作中善于运用正与反、前与后、里和外、合与分等思维习惯和方式，你也能掌握创新思维的原理，激发创新思维的潜能，实现个人的全面发展。

🔍 学习目标

1. 掌握柯尔特思维工具的用法。
2. 掌握训练创新思维的方法。
3. 掌握常用创新能力及其培养方法。

⚓ 导入案例

吉列与海尔

以生产男性刮胡刀著称的吉列公司，最新一项创新就是三片刮胡刀Mach3的接班产品M3Power，是世界上第一个三刀片振动刮胡刀，让男性在刮胡子的同时，也感受按摩的舒适。对于以创新自居的吉列来说，这项产品的创新实在谈不上轰轰烈烈，创新的规模大概只配得"防垢领带"的创新程度，与录放机的创新相比，相差甚远。

但是，吉列该项产品创新，却透露出一个重要的商业趋势：一鸣惊人的新产品已越来越难出现。在我国家用电器市场上，近年来一波又一波的价格战此起彼伏，只有海尔集团"无动于衷"。为什么呢？海尔不靠打价格战取胜，靠的是不断开发出的新产品占领市场。

海尔在搜集的用户信息上看到：农民兄弟提出，农村用洗衣机洗土豆、地瓜，虽然能洗，但是不太好用。海尔人并没有认为洗衣机不能洗地瓜，而是设计研究并生产出专门销往农村的大地瓜洗衣机。这款洗衣机推出后，又有人提出土豆洗出来后，削皮很费劲，海尔又推出削土豆皮洗衣机。之后，驻守海岛和边疆缺水地区的战士们提出，我们这儿没有干净水洗衣服，白衬衣都洗黄了，海尔接着专门为战士们生产能使黄泥水、海水变清的洗衣机。西藏地区爱吃酥油，可打酥油是个费力的活，藏民提出能否帮我们解决，海尔又研究出专门销往西藏的打酥油洗衣机。有人提出用搓板洗衣干净，洗衣机要像搓板那样就好了，于是又有了搓板式洗衣机……这样不断创新，推出多姿多彩的产品，还用去打价格战吗？海尔集团总裁张瑞敏曾说："当大家都在分市场的这一块蛋糕时，我们再另做一块如何？"

评析

海尔集团成功的例子告诉我们：任何一个产品、一个事物都不是完美的，只要把小事做好就是创新。

第一节　训练创新思维

一、柯尔特思维工具

创意大师、英国剑桥认知研究中心主任爱德华·德·波诺认为思维是一种技能，是可以通过有效的途径加以训练的。他在《柯尔特思维教程》中，阐析了一系列的思维技巧，每个思维技巧各代表一种思考操作的方法。掌握了这些思维工具，就可以更有效地分析、讨论问题。

柯尔特思维训练课程的理念是：简单、实用、清晰、集中和严肃。学习的重点在于实用性。柯尔特七个基本思维工具包括：考虑利弊（PMI），找出有关因素（CAF），推测后果（C&S），确定目标（AGO），权衡轻重缓急（FIP），探求其他选择（APC），参考他人的观点（OPV）。

（一）考虑利弊（PMI）

"考虑利弊"的英文代号是PMI，是取英文Plus、Minus和Interesting三个单词的第一个字母拼写而成的，即P代表Plus，优点或有利因素；M代表Minus，缺点或不利因素；I代表Interesting，兴趣点。对于一项事情或问题，对于一个主意或建议，在没有做判断以前，事先分析它的利弊得失、是非正反两方面的因素，以及找出无利也无弊但却有趣的因素，然后才做决定。这样就可以以冷静和客观的态度来处理事情，不至于因个人的好恶或因一时的冲动而妄下判断。

案例分享

爱德华·德·波诺课程的第一课就是考虑利弊PMI。这个简单的认知工具要求学生首先扫描正面因素，然后是负面因素，最后是兴趣点。

他授课的班级有30个学生，都是10~11岁的年龄，他问他们对上学获得报酬，比如一周5美元的想法有什么看法。

30个学生全都非常喜欢这个想法，说他们会购买糖果、口香糖和连环画册等。然后他介绍了PMI，并要求他们5人一组，系统地讨论PMI的每个部分。4分钟之后，他请他们说出自己的想法。有利因素和以前一样，但现在有了不利因素。不利因素包括：大一点的孩子可能欺负小一点的孩子，并抢走他们的钱；学校可能提高午餐收费；父母可能不再倾向于送他们礼物；这笔钱从哪里来；老师们的薪金会减少；等等。兴趣点是：如果在校表现不佳，这笔钱会拒付吗？年龄大一点的学生会拿得更多吗？

在训练最后，30个孩子中有29个改变了他们的看法，并认定这是个糟糕的想法。要注意的重要一点是，爱德华·德·波诺并没有和学生一起讨论或争辩这件事。他只是向学生介绍了认知扫描工具并要求他们运用。运用这个工具的结果是，他们获得了更宽阔的认知。结果是，他们改变了最初的判断。

这正是教授思维所应该做的：提供学生可以运用的、重要的工具。

PMI具体操作要领具体如下：

（1）先思考P（优点），再思考M（缺点），最后思考I（兴趣点）。注意：不是先全部写出来再来分P、M、I。

（2）既不算优点，又不算缺点，你就把它归到兴趣点。

（3）如果你觉得它既算优点，又算缺点，两个地方都算。

案例分享

把公共汽车上的座位都拆掉，请用PMI思维方法来分析这个观点。

1. P（有利因素）

• 每辆车上可以装更多的人。

• 上下车更容易。

• 制造和维修公共汽车的价格会更便宜。

2. M（不利因素）

• 如果公共汽车突然刹车，乘客会摔倒。

• 老人和残疾人乘车时会遇到很多困难。

• 上车携带挎包或者小孩会有诸多不便。

3. I（兴趣点）

• 可生产两种类型的公共汽车，一种有座位，另一种没有座位。

• 同一辆公共汽车可以有更多的用途。

• 公共汽车上的舒适度并不重要。

在泰国，上班时高峰期开来的公共汽车确实是无座的，目的是多拉一些乘客，因为此时人们最急迫的需要是按时上班而不是舒适度，路程近的人更是如此。

（二）找出有关因素（CAF）

"找出有关因素"的英文代号是CAF，由Consider All Factors缩写而成。

当你对某项事物必须做出选择、规划、判断或付诸行动的时候，总是有许多因素需要加以考虑。假如你忽略了某些因素，你的决定表面上看起来可能完美无瑕，但日后却发觉错误层出不穷。所以"找出有关因素"不但要考虑那些显而易见的因素，还要探寻那些隐藏不露的因素，这包括影响个人的因素、他人的因素和社会的因素。在进行考虑有关因素时，应把所有的因素罗列出来，而且经常这么问："还有遗漏其他什么因素吗？"概括说来，"找出有关因素"的要点是力求考虑周到，避免遗漏。

"找出有关因素"这个思维工程的重点是训练人们养成认真、细致和有系统地观察有关事物的各种因素的习惯。观察的方式可以从整体到部分、从主要到次要、从近到远、从上到下，或按时间的先后顺序等。

（三）推测后果（C&S）

"推测后果"的英文代号是C&S，是由Consequence和Sequel缩写而成的。对于一个行动、计划、决策、规则或发明等事项，要考虑它的后果或影响，这个思维工具就简称"推测后果"。

有些事情所产生的后果或影响是立竿见影的，有些则要经过一段时日才可看出它的结局。有些事物的后果，短期是好的，但长远的影响却是坏的。

对后果各个时期的划分，并没有固定的年限，应根据各事物的情况来斟酌，灵活处理。

案例分享

1. 把兔子介绍到澳洲供他的朋友作为打猎的对象

眼前的后果是好的，因为他的朋友可以享受猎兔的乐趣。

短期的后果仍然不错，因为兔子提供另一种肉类的来源。

中期的后果可变坏了，因为兔子繁殖得非常快，已变成有害的动物。

长期的后果则不堪设想，因为兔子繁殖到全澳洲，大量损害农作物。

2. 不朽的爱因斯坦

有人曾问爱因斯坦：第三次世界大战一旦爆发，地球上将会出现一种怎样恐怖的景象？他回答说不知道，但却断言：第四次世界大战爆发时，交战双方将只能用双手和石头。

为什么第四次世界大战时，人类只能用双手和石头交战呢？因为如果发生第三次世界大战，毫无疑问是一场惨绝人寰的核子战争，一切文明将在一夜之间全部被摧毁，人类将回到石器时代，所以只能用手和石头来作战。

3. 毛遂自荐

毛遂之所以能自我推荐，是因为他预测到只有赵国和楚国联合起来，才有足够的力量抗拒秦国的侵略，所以他以过人的胆识，挺身跟平原君一同去见楚王，机智地向楚王陈述联合抗秦的利害关系，结果楚王答应跟赵国订立盟约，共同抗秦。

（四）确定目标（AGO）

"确定目标"的英文代号是AGO，是Aims、Goals和Objectives三个英文单词的缩写。这个思维工具是为了确定做一件事情的目标。有时候，你做出某件事情或对某种情境做出反应，是出于习惯，因为人人都如此，所以是很自然的。但有时候你为了达到某个目标而做出一件事情，这是"为了……"或"以……为目的"而做，这两种情况都有各自的目标。如果你明确知道你的目标，对如何完成那件事情是很有帮助的；如果你对他人心目中的目标也清楚，对了解他人的行为或看法更有莫大的帮助。

"确定目标"这个思维工具的重点是要思考者确定一个行动的目的。所以要问清楚这个行动或这样做的目的是什么，要完成什么，要得到什么。有了明确的目标，有助于思考者做出决策、拟订计划，使一个行动所要达到的目标容易成功。

（五）权衡轻重缓急（FIP）

"权衡轻重缓急"，英文代号是FIP，由First Important Priorities缩写而成。有些事情比别的事情更紧急，有些因素比别的因素更重要，有些目标比别的目标更迫切，有些影响或后果比别的影响或后果更重大，当你面对这样的情况，对众多的观点经过分析后，就得衡量哪些是最紧急的、哪些是较次要的，以便从最重要的项目中开始处理有关问题。

案例分享

有人向你借钱，你得考虑这些因素：

（1）有那笔款项吗？

（2）可以借出那笔款项吗？

（3）信得过向你借钱的人吗？

（4）借款人什么时候能把钱还给你？

在这四个因素中，很显然，第一个因素是你应优先考虑的，如果你没有那笔钱，其他的因素就不必考虑了。

"权衡轻重缓急"是建立在前面论述过的四个思考方法之上的，即对一件事情，应先"找出有关因素"，在众多因素中"考虑利弊"，然后"确定目标"或"推测后果"。

案例分享

在选择职业时，你也许会考虑这些因素：

（1）薪金和津贴。

（2）发展或晋升的机会。

（3）要和怎样的人相处。

（4）工作环境。

（5）下班的交通问题。

（6）工作的兴趣或满足感。

这六个因素，你也许不能样样都满意，但可从你认为最重要的三个因素中做出决定。

一件事情的重要性，并没有绝对的标准，要看实际情况。某个人认为是最重要的，可是在另外一个人看来，也许是无关紧要的。

"权衡轻重缓急"这个思维工具的重点就是要人们对一种情况的某些因素或意见做出评估，把这些因素或意见按照重要性排列，优先处理你认为最重要的，以免凭个人的喜恶做出片面的、主观的判断。

（六）探求其他选择（APC）

"探求其他选择"的英文代号是APC，是取Alternative Possibilities和Choices三个英文单词的第一个字母拼写而成的。在你做出抉择或采取某项行动之前，可能觉得已经想得非常周到和很完美，再也没有其他更好的办法可以选择了。但是，如果你再仔细想想，也许还可以想出其他可行的办法。对一个事件的看法也是一样，也许你觉得一切解释都很明显，一目了然。但是，如果你再仔细研究一下，可能发现还有更多其他的解释。

案例分享

在沟渠里有一辆汽车，司机死在座位上，你认为有以下各种可能：

（1）司机心脏病猝发。

（2）轮胎被戳破。

（3）机件失灵。

（4）司机喝醉酒。

（5）司机为了闪避一辆车。

（6）司机突然被蜜蜂蜇伤而失去平衡。

（7）司机睡着了。

（8）司机被人谋杀后连人带车被推入沟渠。

但如果你再想一下，你也许会认为：可能是司机自杀，才发生了严重的车祸。

"探求其他选择"是要人们集中精力，去探索其他可能的选择、解释、办法等，特别是那些不是显而易见的事情。当一件很明显的事情，要你再做深一层的思考，不是一般人愿意去做的，这需要苦心孤诣、乐此不疲地去进行。那些越是不明显的情形，越可能是最佳的选择。只有打破砂锅问到底和不断地穷源探索，才能达到最佳境界。

总之，前面提到的第二个思考工具"找出有关因素"，是要人们力求考虑周全，避免遗漏，而"探求其他选择"是要人们从众多明显的、完美的解释或选择中，继续探求更佳的解释或选择，力求尽善尽美，精益求精。

（七）参考他人意见（OPV）

"参考他人意见"的英文代号是OPV，由Other People's Views缩写而成。在许多思考的情况中都包括了其他人，其他人在某情况中对有关因素、后果或目标，都有他们不同的看法和不同的观点。有时候他人和我们在同一个情况下，看法也会悬殊，因此，能够了解他人的想法或对事物的看法是很重要的。

"参考他人意见"就是要你设身处地站在别人的立场来考虑有关问题。大家在思考时，也许考虑不同的因素，看出不同的后果或影响，确定不同的目标，权衡轻重缓急，了解他人的想法，对解决问题是很有帮助的。事实上，所有思考操作都可以站在不同人的立场来进行。

案例分享

一位父亲禁止他的13岁女儿抽烟，若站在他女儿的立场，她可能认为：

（1）她只是想尝试，因为她所有朋友都会抽烟，她不甘示弱，也要表现一下。

（2）她迟早要拿定主意，抽烟还是不抽烟，她想替自己做个决定。

（3）她认为抽烟并没有多大害处。

但是，站在父亲的立场，他却认为：

（1）抽烟危害健康。

（2）浪费金钱。

（3）味道难闻。

（4）表示他没有好好地教育自己的女儿。

（5）她年龄太小，还不能像成人一样由自己做主。

以上的问题，如果做父亲的能站在女儿的立场想想，或做女儿的能站在父亲的立场想想，问题就比较容易解决，因为"参考他人意见"可以把双方的看法拉近，增进互相了解，避免武断和自私。

"参考他人意见"可以扩大一个人的视野，避免钻牛角尖，训练人们对于某个问题或某件事情，从不同的角度或层面去探讨，这样虽然不一定能够找出共同的结论，但却能够了解他人各种不同的观点，就能比较客观地判断问题或处理事情。

二、训练创新思维的方法

（一）发散思维

发散思维是指从一个目标出发，沿着各种不同的途径去思考，探求多种答案的思维，好比自行车轮胎一样，车轮的辐条以车轴为中心向外辐射，发散思维就是沿着多条"思维线"向四面八方发散，多方向、多角度地扩展思维空间。不少心理学家认为，发散思维是创新思维最主要的特点，是测定创造力的主要标志之一。

人的发散性思维能力是可以通过锻炼而提高的，发散思维的训练要注意思维的流畅、灵活和新颖三个度，即①流畅是在一定时间内产生观念的多少；②灵活是能产生不同类别属性的观念；③新颖是思维新奇独特的程度。发散思维的培养方法，见表8-1。

表8-1　发散思维的培养方法

序号	方法	具体解释
1	考虑所有因素	尽可能周全地从各个方面考察和思考一个问题，这对问题的探索、解决都有很大的帮助

序号	方法	具体解释
2	预测各种结果	我们思考一个问题时应考虑各种"结果"或最终可能出现的结局,这有利于对事物的发展有较明确的推测,并从中寻求最佳方案
3	尝试思维跳跃	当解决某个问题遇到困难时,我们可以采用思维跳跃的方法,即不从正面直接入手,而是另辟蹊径,从侧门突破
4	寻求多种方案	思考问题时,可快速"扫描"并指向事物或问题的各个点、线、面、立体空间,寻找多种方案,从而找到全新的思路与方法

课堂活动

发散思维

(1)尽量多地列出铅笔的用途,至少列出10种(3分钟内完成)。

(2)列出30种以上交通工具的名称(5分钟内完成)。

(二)聚合思维

聚合思维是一种有方向、有范围、有条理的收敛性的思维方式,它通过思考去解决问题,实现创新。

在使用聚合思维解决问题时,我们可以参考以下三个步骤:

第一步:多收集信息

(1)收集大量的信息。

(2)信息收集得越多,越有利于聚合出正确的结论。

第二步:认真选择

(1)对收集到的信息去粗取精、去伪存真。

(2)通过抽象、概括、比较和归纳的方法找出最本质的东西。

第三步:获得思维目标

(1)以信息为证据得出科学结论。

(2)获得思维目标。

(3)实现创新。

案例分享

在日本丰田汽车公司,曾经流行一种管理方法,叫作"追问到底",以便找出最终的原因。如某台机器突然停了,那就沿着这条线索进行一系列的追问。

问：机器为什么不转了？

答：因为保险丝断了。

问：为什么保险丝会断？

答：因为超负荷而造成电流太大。

问：为什么会超负荷？

答：因为轴承枯涩不够润滑。

问：为什么轴承枯涩不够润滑？

答：因为油泵吸不上来润滑油。

问：为什么油泵吸不上来润滑油？

答：因为抽油泵产生了严重磨损。

问：为什么油泵会产生严重磨损？

答：因为油泵未装过滤器而使铁屑混入。

追问到此，最终的原因就算找到了。给油泵装上过滤器，再换上保险丝，机器就正常运行了。如果不进行这一番追问，只是简单地换上一根保险丝，机器照样立即转动，但用不了多久，机器又会停下来，因为最终原因没有找到。

⚙ **课堂活动**

聚合思维

（1）用0、1、2、3这几个数字能表示的最大的数是多少？

（2）尽可能多地说出形状与扇形相似的东西。

（3）与你的伙伴一起用4张扑克牌算24点。

（三）灵感思维

根据国内外的专家研究与实践证明。灵感思维是完全可以有意识地加以训练和培养的。下面介绍一些常用的训练方法和技巧，每个人通过一段时间的训练，久而久之，灵感就会日益增多，创新思维的作用就会越来越明显。

1. 灵感思维的训练方法

（1）每天上下班（或上下学）选择条不同的路线。

（2）每天在不同的餐馆（或地方）吃早餐或午餐。

（3）听听音乐、做做白日梦。

（4）给你的创造力找个出口。

（5）改变风景。

（6）创建私人日记。

（7）玩需要创造的电脑游戏。

（8）涂鸦。

2．活跃灵感思维的技巧

（1）事物关联性。主要从相反的、相近的、相关的三个方面入手。如当我们接触到"火"这样的题材时，对应地我们可以想"水""光""热"。

（2）五感。人与生俱来的视、听、嗅、味、触五感，其实就是相当好的工具。如果对一个事物实在没有任何想法，不妨从五感入手，或许你就能发现灵感的源泉会不断地在脑子里涌现。

（3）5W3H。如果前面两种方法都不奏效，还有一招撒手锏——5W3H分析法，又称"八何分析法"，在商业和市场分析中会被常常用到，而其用在活跃思维上也是相当奏效的。其中5W是指why（为何）、what（何事）、who（谁）、where（在哪）、when（时间），3H是指how（怎么做）、how many（有多少）、how feel（感受）。

课堂活动

灵感思维

所谓实践出真知，我们不妨通过以下练习，看看大家掌握的程度如何。如果大家在思考的过程中真碰到了头脑堵塞，可以多回顾上面的内容，也顺便验证上述方法是否奏效。

问题具体如下：

（1）物体描述：请说出与"热情"相关的10样事物。

（2）两两关联：请找出"咖啡杯"和"玩具火车"这两个物品的15个共通之处。

（3）联想接龙：请以"雪山"为题干，进行接龙式的联想，让大脑进行随意的联想，唯一的要求是后一样事物与前一样必须有一定关联。

如：雪山 – 水 – H_2O……

（四）直觉思维

直觉思维是一种心理现象。它不仅在创造性思维活动的关键阶段起着极为重要的作用，还是人生命活动、延缓衰老的重要保证。直觉思维是完全可以有意识地加以训练和培养的。

1．直觉思维的训练方法

（1）松弛。把右手的食指轻轻地放在鼻翼右侧，产生一种正在舒服地洗温水澡的感觉，或仰面躺在碧野上凝视晴空的感觉，以此进行自我松弛。这有利于右脑机能的改善。

（2）回想。尽量形象地回想以往美好愉快的情景，这对促进大脑中负责贮存记忆的海马的功能有积极效果。训练时间以2~3分钟为宜。

（3）想象。根据自己的心愿去想象所希望的未来前景，接着生动活泼地浮想通过哪些途径才能得以成功。开头闭眼做，习惯之后可睁眼做。

以上三种方法应一日一次地坚持三个月左右。

2．直觉思维的训练技巧

（1）主动获取广博的知识和丰富的经验。

（2）学会跟着感觉走，用心去倾听直觉的声音。

（3）培养敏锐的洞察力和观察力。

（4）要客观地认识直觉，避免个人感情的干扰。

（5）拒绝客观环境的干扰，真诚地看待直觉。

（五）联想思维

联想思维是由一事物的概念、方法、形象想到另一事物、概念、方法和形象的心理活动。比如，由此及彼，由表及里。红铅笔到蓝铅笔，写到画，画圆到印圆点，圆柱到筷子。联想可以很快地从记忆里追索出需要的信息，构成一条链，通过事物的接近、对比、同化等条件，把许多事物联系起来思考，开阔了思路，加深对事物之间联系的认识，并由此形成创造构想和方案。

案例分享

德国气象学家、地球物理学家魏格纳有一次在看地图时，发现大西洋两岸的海岸线十分吻合，只要非洲方面有一个凹进去的海湾，对岸的巴西海岸就有一个凸起来的地方与之对应，几乎完全可以拼到一起。这就引起了他的联想：难道大西洋两岸原来是在一起的吗？

于是，他开始收集必要的理论依据。经过将大西洋两岸的地形地貌、地质结构、山川山脉、植被植物、海滨生物、爬虫化石等的比较和研究，终于形成了一套关于大陆漂移学说的科学理论。

下面介绍两种简单的跳跃联想训练方法：

1．自由联想训练

即随便找一个词汇起头，在规定的时间内快速联想，要求想到的词组概念越多越好，这是训练思维联想的速度，如第一个词汇是"电"，由此快速展开联想，在三分钟内联想到的词汇越多越好，我们可以想到：电—电话—电视—电线—电灯—电冰箱—食品—鸡蛋；电—闪电—雷鸣—暴雨—彩虹—太阳—宇宙—外星人。

2．强制联想训练

即随机找两个不相关的事物，要求尽可能多地想出它们之间的相关联系或相同点，比如"大海"和"羽毛球"有什么联系，有哪些相同点。这种训练可以帮助我们提高大脑思维的跨度。

对于一般人来讲，如果能按照这两种方法坚持训练一个月，就基本上可以达到提高思维速度和跳跃性的目的，为创新思维打下坚实的基础。当然，如果想进一步提升，还需要学习掌握一些专业的思维工具来辅助思考，因为专业的思维工具像撑杆一样可以帮助我们的思维达到凭本能无法企及的高度。

课堂活动

（1）看到北京奥运会主会场鸟巢，你会联想到什么？

（2）仰望星空，你有什么样的联想？

（3）看到熊猫可爱的样子，会引起什么样的联想？

（4）你看到高速公路上发生车祸时，会引起什么样的联想？

（5）你看到纸片上密密麻麻的黑点时，会联想到什么？

（六）逻辑思维

逻辑思维能够帮助人们做出正确的判断，是创新必不可少的思维方式之一。那么，我们应该如何提高自身的逻辑思维能力呢？

下面介绍几种逻辑思维的技巧：

（1）辩证地看待问题。准确把握事情发展方向，辩证地看待问题，不能只站在自己的立场上思考。

（2）灵活地使用逻辑。正确、灵活地使用逻辑，技巧性地解决问题。

（3）努力地汲取知识。努力汲取知识，不断总结，让自身逻辑思维水平再上一个新台阶。

（4）积极地参与辩论。辩论可以促进思考、催生新观点，提高逻辑思维能力。

（5）大胆地进行质疑。当某些个人的结论和权威观点在逻辑上解释不通时，我们要敢于大胆质疑。

课堂活动

1. 对应数字

下面算式中的字母分别代表数字0、1、2、3、4、5、6、7、8、9，且分别代表不同的数字，其中D对应的是数字5，请找到其他字母所对应的数字。

算式：DONALI+GREALD=ROBERT

2. 逻辑思维故事

传说古代有位残暴的国王，有一次抓到一个反对他的人，一定要将这个人处死。

国王虽然心里要将反对者处死，但表面上还装出仁慈的样子："让上帝来决定这个可怜人的命运吧，我允许他在临刑前说一句话，如果他讲的是真话，那么他将受刀斩；如果他讲的是假话，那么他将被绞死；只有他的话使我缄默不言，那才是上帝降下旨意让我赦免他。"在国王这番冠冕堂皇的话语背后，有他的如意算盘；尽管话是由你说的，但判定真假还是由我，所以，该刀斩还是绞死不就是凭我一句话嘛。

请你想一想，反对者应该说句什么话，才能救自己一命呢？

第二节　培养创新能力

一、培养创新能力的方法

创新其实就是一个发现问题、构思创意、解决问题的过程，培养一个人的创新能力应从这三个方面入手。

（一）学会发现问题

善于发现问题是科学精神的重要表现。人类科技进步的历史表明：科学发现和技术发明都是始于问题的发现，都是出自带着发现的问题进行观察、思考。只有问题才能激发人们的好奇心，从而激发人们科学探索和技术研究的兴趣。

案例分享

20世纪初，在剑桥大学，维特根斯坦是大哲学家穆尔的学生，有一天大哲学家罗素问穆尔："谁是你最好的学生？"穆尔毫不犹豫地回答："维特根斯坦。""为什么？""因为在我的所有学生中，只有他一个人在上我的课时老是流露出迷茫的神色，老是有一大堆问题。"后来，维特根斯坦的名气超过了罗素。有一次，有人问维特根斯坦："罗素为什么落伍了？"他回答说："因为他没有问题了。"

（二）随时构思创意

每一次成功的背后，都有"另辟蹊径"的创意，它是解决问题的"加速器"。如今，创意在社会生活，尤其是市场经济中的地位显得愈加突出，遍布经济领域里的每一个角落，成为一个人取得成功的重要因素。

案例分享

美国的迪士尼曾一度从事美术设计，后来他失业了。原来他和妻子住在一间老鼠横行的公寓里，但失业后，因付不起房租，夫妇俩被迫搬出了公寓，这真是连遭不测，他们不知该去哪里。有一天，二人呆坐在公园的长椅上，正当他们一筹莫展时，突然从迪士尼的行李包中钻出一只小老鼠。望着老鼠机灵滑稽的面孔，夫妻俩感到非常有趣，心情一下子就变得愉快了，忘记了烦恼和苦闷。这时，迪士尼头脑中突然闪过一个念头。对妻子惊喜地大声说道："好了！我想到好主意了！世界上有很多人像我们一样穷困潦倒，他们肯定都很苦闷，我要把小老鼠可爱的面孔画成漫画，让千千万万的人从小老鼠的形象中得到安慰和愉快。"风行世界数十年之久的"米老鼠"就这样诞生了。

（三）善于解决问题

创新始于问题的提出、创意的出现，终于问题的解决，创新要把研究和解决问题作为创新的出发点和落脚点，只有创意得到实施、问题得到解决，才能实现创新的价值。问题的解决有流程、有方法。只有掌握了解决问题的流程与方法，创新的成果才更容易出现。

当问题出现后，要对问题的属性、影响、规模、现状及解决问题所需的时间和资源全面了解，并直接或对照以往经验对问题进行描述。对解决问题的价值和意义进行评估，然后决定是回避这个问题还是要解决它，并预期要达成的目标。

案例分享

美国华盛顿广场有名的杰斐逊纪念堂，因年深日久，墙面出现裂纹。为能保护好这幢大厦，有关专家进行了专门研讨：最初大家认为损害建筑物表面的元凶是酸雨，专家们进一步研究，却发现：

对墙体侵蚀最直接的原因，是每天冲洗墙壁所含的清洁剂对建筑物有酸蚀作用。

而每天为什么要冲洗墙壁呢？是因为墙壁上每天都有大量的鸟粪。

为什么会有那么多鸟粪呢？因为大厦周围聚集了很多燕子。

为什么会有那么多燕子呢？因为墙上有很多燕子爱吃的蜘蛛。

为什么会有那么多蜘蛛呢？因为大厦四周有蜘蛛喜欢吃的飞虫。

为什么有这么多飞虫？因为飞虫在这里繁殖特别快。

而飞虫在这里繁殖特别快的原因，是这里的尘埃最适宜飞虫繁殖。

为什么这里最适宜飞虫繁殖？因为开着的窗阳光充足，大量飞虫聚集在此，超常繁殖。

由此发现解决的办法很简单：只要关上整幢大厦的窗帘。此前专家们设计的一套套复杂而又详尽的维护方案只能成为一纸空文。

二、常用创新能力

（一）逻辑思考能力

逻辑思考能力与一个人的创新能力有着极为密切的关系。因为无论何种形式的创新，都必须建立在逻辑思维的基础之上。

逻辑思考能力可以为创新提供必要的工具，使人们在创新时能独立判断和推理、有效进行分析与决策，以提高工作效率。

提高逻辑思考能力的途径主要有以下三种：

（1）建立辩证的思维观点。用普遍联系的观点看待问题；用辩证思维的发展观来考虑问题；用全面的思维来解决问题。

（2）掌握科学的思维方法。首先，采取分析和综合方法，在认识中把整体分解为部分，并把部分重新结合成整体。其次，采取归纳与演绎方法，从个别性事实概括出一般性知识，从一般性原理到个别性结论。

（3）培养良好的思维品质。思维品质反映了个体智力或思维水平的差异。良好的思维品质应该是深刻、灵活、独创、批判、敏捷和系统的。

课堂活动

在一起凶杀案中，有4个犯罪嫌疑人，分别是王一、赵二、张三和李四。警察询问了他们，他们的回答如下：

王一说："赵二是凶手。"

赵二说："李四是凶手。"

张三说："我没有杀人。"

李四说："赵二在撒谎。"

假如这4个人中只有一个人说的是真话，那么谁是凶手？

（二）无限想象能力

无限想象能力是创新必不可少的一种能力，它可以帮助人们超越已有的知识经验，使思维达到新境界。想象不需要逻辑，但它是创新的火种和出发点，是创新思维的核心能力（见表8-2）。

表8-2　想象的常见形式

序号	常见形式	含义
1	充填式想象	认识了事物的某些组成部分后，依次想象，把不完整的东西补足

序号	常见形式	含义
2	组合式想象	将现有的技术、物品、现象等，进行适当的组合或重排，获得具有统一整体功能的新技术、新产品、新形象
3	纯化式想象	抛开关系不大的某些因素或部分，以构成反映本质的简单化、理想化形象
4	取代式想象	设身处地，通过揣摩他人的思想感情或事物的具体情景，来寻找顺利解决问题的办法
5	科学幻想	通过幻想各项活动的前景，并设想和预见可能遇到的困难及后果，然后再采取相应的有效行动

案例分享

空中温泉

现在，泡温泉已成为一种时尚。但是，边坐缆车边泡温泉，有这种惬意的事情吗？

是的，有。在日本，大阪南郊的有田观光饭店近年来对旅游业做了一系列市场调查。

他们发现，大多数喜欢到郊外山水风景区旅游的游客，除了希望能欣赏到大自然的山清水秀外，还希望能痛痛快快地泡温泉，以消除工作的疲劳及遗忘尘世的烦恼。

饭店的总经理宇野了解到这些情况后，就产生了想象：如果能边泡温泉边欣赏风景，该有多好！于是，他就请人在饭店旁的两座山间，安装离地20米高的电缆，电缆上悬吊着一个个温泉澡池，用电缆车将它们连接起来。操纵电钮，温泉澡池便随电缆车上下飞驰，每个空中澡池可容纳两人。

客人泡在澡池中，可一边洗温泉澡，一边"抬首望红日，低头看青山"。这个绝招一问世，有田观光饭店几乎天天客满，就连附近的小客栈、小饭居也沾了大光，生意红火得很。

人们纷纷追问他的经营诀窍，宇野笑着回答："满足人们的好奇心和提供最佳服务，是服务行业两个不可缺少的着眼点，它们的关系就像一枚钱币的两面，缺一不可。如果既能享用到全身浸泡温泉之中的惬意，又能领略到半空中饱览山水风光的新奇，那么顾客即使多花一点钱也心甘情愿。"

课堂活动

如果让你设计一种新式鞋，你认为下面这些功能可以实现吗？

（1）鞋可以吃。

（2）鞋可以说话。

（3）鞋可以扫地。

（4）鞋可以指示方向。

（5）鞋一磨就破。

除以上功能外，你还有其他的想法吗？

（三）换位共情能力

换位共情能力是人们设身处地地认同和理解别人的处境与感情的能力。换位共情能力要求人们站在别人的立场上换位思考，用别人的角度来看待事物，体验他人的感受。

换位共情能力具有以下优点：

（1）换位共情是有想象力的表现。

（2）可以看到不同观点的另一面。

（3）更容易发现问题，真正了解他人需求。

（4）感同身受更容易促进思考、激发创造潜能。

（5）为满足他人需求而激发创意，使创新更人性化，更具人情味。

（6）树立人们的自我意识，体验他人的喜怒哀乐而不是妄加评论。

培养换位共情能力方式主要有：利用科学方法测试自己的情商；多学习、多观察、多询问和多尝试。用一句完整的话总结，就是以尊重的态度向他人表达自己的不同见解；若有机会做一名志愿者，为那些与自己经历不同的人服务，了解他们的处境，增强自己的换位共情能力。

（四）自我超越能力

自我超越能力是指突破极限、自我实现的一种能力。自我超越是一个过程，一种终身的修炼，随时随地要求人们自己改进。自我超越的价值在于学习和创造，不断发展、完善自我，向成功的目标迈进（见表8-2）。

表8-2　自我超越的常见形式

序号	常见形式	含义
1	起点超越	对于空间的超越
2	时间超越	对于过去和将来的超越
3	性质超越	对具体事务、具体现象、具体物品等的超越
4	境界超越	对"有"与"无"的超越以及对"传统"的超越

拓展阅读

自我超越的技巧

（1）要想实现自我超越，除了拥有宏远的目标外，还需要有达成目标的决心、毅力和勇气。

（2）思维定式是实现自我突破的天敌，如果不打破思维定式，人们也许就永远无法超越自我、发挥潜能。

（3）实现自我超越有时候必须做出困难甚至是痛苦的决定。只有敢于抛弃阻碍自己发展的惯性和传统，才能迈出继续前进的步伐。

（4）自我超越需要不断自我激励，只有自己给予自己战胜困难的信心和勇气，才能使身心激发出无穷的能量。

（5）追求永无止境，但需要一步一步地完成。

（五）方法运用能力

方法运用能力是指在解决问题时，人们对创造性方法的寻找、筛选以及实践的能力。创新方法的运用能力是创新能力的一个重要体现。只有不断提高创新方法的运用能力，人们才能以更加高效的方式解决问题，更快地实现既定目标。

人们要想提高创新方法的运用能力，就要清楚创新方法运用的过程（见表8-3、图8-1）。

表8-3　方法运用的过程

序号	过程	内容
1	进行问题分析	1. 搜集关于问题的信息 2. 界定问题的范围 3. 分析问题可能导致的后果 4. 分析问题出现的原因
2	找出创新方法	1. 头脑风暴：让参与者各抒己见，使各种设想在相互碰撞中激发大脑的创造性 2. 德尔菲法：以书面形式广泛征询专家意见来预测某项专题或某个项目未来发展的方法
3	快速展开行动	1. 创新方法能够成功运用的秘诀就在于快速行动 2. 在实践中逐渐完善创新方法

提高

创新
方法

失败

提高

提高

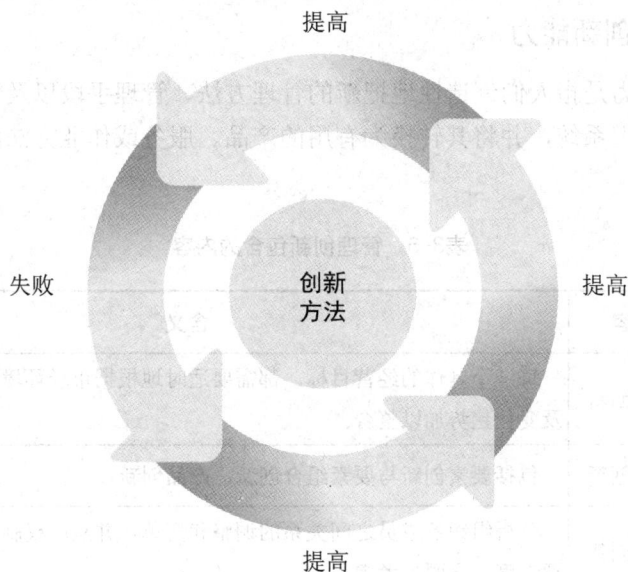

图8-1　创新方法运用的过程

创新方法只有经过尝试才能不断完善，而尝试是有风险的，很可能会遭遇失败，因此，在运用创新方法时，必须做到坚持不懈，否则只能前功尽弃、一事无成。

（六）学习创新能力

学习创新能力是指人们通过对特定对象进行分析和研究来获得新观点、新创意和新成果的能力（见表8-4）。

表8-4　学习创新的过程

序号	过程	内容
1	选择学习对象	1. 一般环境中的学习对象 2. 行业环境中的学习对象 3. 以竞争对手为学习对象 4. 以身边人为学习对象；以客户为学习对象
2	加工和改造学习对象	1. 感觉系统：从感觉开始认识学习对象 2. 记忆系统：记忆会留存过去感知的问题和体验 3. 分析处理系统：用分析、抽象、综合等方法对记忆系统中的信息进行分析和处理
3	获得创新成果	1. 结果的表现形式是多种多样的，如创新的技术、生产制度、组织结构、环境等 2. 获得创新成果代表了一个学习创新获得的终结，同时也意味着新的学习创新活动的开始

（七）管理创新能力

管理创新能力是指人们创造性地把新的管理方法、管理手段以及管理模式等管理要素引入组织管理系统，并将其转换为有用的产品、服务或作业方法的能力（见表8-5）。

表8-5　管理创新包含的内容

序号	内容	含义
1	目标创新	每一个具体的经营目标，都需要适时地根据市场环境、消费需求特点以及变化趋势加以整合
2	技术创新	包括要素创新与要素组合创新、产品创新
3	制度创新	分析组织各成员之间关系的调整和变革，并从产权制度、经营制度、管理制度三方面去考虑
4	组织创新	在不同时期，对企业组织形式进行调整和变革
5	环境创新	通过积极的创新活动去改造环境，引导环境朝着有利于企业经营的方向发展

对于创新者来说，问题意识相当重要。要创新，首先要善于发现问题，管理创新也不例外。要做到管理创新，就需要善于经常性地发现管理工作中存在的问题——企业是个永远有问题的组织。

那么怎样运用创新思维发现管理工作中的问题呢？一般有两个要点：一是一定要用批判的眼光。二是合理应用所学到的思维方式。比如，可以从以下两个问题开始：难道只能这样吗？还能做哪些改变？

案例分享

某 IT 公司考勤制度创新

北京某IT公司学习了创新的课程后，对照本企业的工作加以应用。他们时刻不忘提这两个问题：难道只能这样吗？还能做哪些改变？很快他们就发现了"问题"：考勤制度存在问题，不完全符合人本管理的思想。

原来，这家公司的考勤制度和其他公司一样，迟到了是要被处罚的，迟到一次罚一次钱，如果一个月迟到几次的话，当月的奖金就会受到严重影响。

而地球人都知道，北京的交通是最糟糕的，塞车很严重，常常会出现预想不到的堵塞，从而造成被动性迟到。

结合北京这一实际状况，公司做出了一个大胆的创新举措，即允许每人每个月合理迟到三次，这三次不受任何处罚，第四次才开始处罚。

没想到，这样人性化的管理制度出台后，受到许多"80后员工"的热烈赞赏，非但没有出现大量的迟到现象，反而促进了公司凝聚力和员工积极性的提升。可见，一个小创新，可以带来大改变。

课堂活动

有一座庙，三个和尚，如何解决吃水问题？

（八）营销创新能力

营销创新能力就是把创新理论和市场营销有机地结合起来，在产品、定价、渠道和促销上开展改善与革新活动的一种能力。

市场营销中，只有不断提升营销创新能力。在营销理念和营销手段上出奇制胜，才能在复杂激烈的市场竞争中脱颖而出。营销创新的方法见表8-6。

表8-6 营销创新的方法

序号	方法	内容
1	产品创新	1. 产品标准创新 2. 产品品牌创新 3. 产品服务创新
2	定价创新	1. 阶段性调整产品的价格 2. 根据对手动态调整自己的定价 3. 根据不同地域的市场特征调整定价
3	渠道创新	1. 渠道设计创新 2. 渠道管理创新
4	促销创新	1. 事件营销：借助有影响力的事件提高品牌知名度，强化营销 2. 柔性营销：调整营销活动来适应并满足个性化需求 3. 网络营销：在互联网上开展营销活动 4. 无缺陷营销：产品无缺陷，销售无缺陷，服务无缺陷

（九）服务创新能力

服务创新能力是指通过对服务意识、服务方式进行创新，从而提高服务效率的能力。

服务创新是针对服务活动进行的创新，是贯彻客户导向的服务理念的一个重要方面。它通常包括服务意识、服务方式、服务效率等方面，见表8-7。

表8-7 5S服务创新理念

理念	含义	具体解释
Smile	适度微笑	发自内心的真诚微笑
Speed	动作迅速	尽量快速工作,不让客户久等
Sincerity	态度诚恳	心怀诚意,服务于客户
Smart	精明、整洁、利落	以干净利落的方式接待客户
Study	研究学习	努力研究客户心理,学习客户服务技巧

服务创新具有以下优点:

(1)为客户提供优质的服务,提高服务品质。

(2)满足客户的新需求或创造客户的新感受。

(3)使服务适应现代社会的要求,推陈出新。

(4)改善企业内部流程和企业与客户的关系。

(5)形成核心竞争力,促进企业发展。

思考与练习

1. 陶行知先生在他的《创造宣言》中说:"处处是创造之地,天天是创造之时,人人是创造之人。"我们如何理解这句话?

2. 创新能力培养:我的创意环境。与使自己感到有创意之环境或物进行亲密接触。也许是某种香味(如季节的变化,肉桂味,烤面包味)景色(如日出,山脉,假日图片,花卉),也许是某种声音(如海浪声,爵士音乐,寂静)味道(如巧克力,橘子,卡布奇诺)或者某种感觉(如凉爽的玻璃,舒服的汗衫,春风拂面)。什么能使你变得更有创意呢?请列出您创意环境里的必要元素。如一天里的什么时段你最有创意?

(1) _____

(2) _____

(3) _____

(4) _____

(5) _____

讨论交流：

（1）什么颜色会让你觉得心情愉快？

（2）空间的大小会对你的心情造成怎样的影响？

（3）何种饮料会让你平静下来？

3．巧排队列：24个人排成6列，要求每5个人为一列，请问应该怎么排列最好？

4．升斗量水：一个长方形的升斗，它的容积是1升，有人也称之为立升或公升，现在要求你只使用这个升斗，准确地量出0.5升的水，请问应该怎样办才能做到这一点？

5．违纪开车：在意大利城市街道的交叉路口上，明文规定着，有步行者横过公路时，车辆就应停在人行道前等待。可是偏偏有个汽车司机，当交叉路口上还有很多人横过马路时，他却突然撞进人群中，全速向前跑，这时旁边的警察看到了，并没有责怪他，你说这是为什么？

6．变换方位：在桌子上并排放有3张数字卡片组成三位数字216。如果把这3张卡片的方位变换一下，则组成了另一个三位数，这个三位数恰好用43除尽。是什么数？怎样变换？

7．月球飞鸟：月球上的重力只有地球上的1/6。有一种鸟在地球上飞20公里要用1小时，如果把它放到月球上，飞20公里要多少时间？

8．诚实与说谎：A、B、C、D四个孩子在院子里踢足球，把一户人家的玻璃打碎了，可是当房主人问他们是谁踢的球把玻璃打碎的，他们谁也不承认是自己打碎的，房主人问A，A说："是C打的。"C则说："A说的不符合事实。"房主人又问B，B说："不是我打的。"再问D，D说："是A打的。"已经知道这四个孩子当中有一个很老实，不会说假话；其余三个都不老实，说的都是假话，请你帮助分析一下这个说真话的孩子是谁，打碎玻璃的又是谁？

9．最后一个字母：英语字母表的第一个字母是A，B的前面当然是A，那么最后一个字母是什么？

10．沉船：某人有过这样一次经历，他乘坐的船驶到海上后就慢慢地沉下去了，但是，船上所有的乘客都很镇静，既没有人去穿救生衣，也没有人跳海逃命，却眼睁睁地看着这条船全部沉没。

11．火车过隧道：两条火车轨道除了在隧道内的一段外都是平行铺设的。由于隧道的宽度不足以铺设双轨，因此，在隧道内只能铺设单轨。一天下午，一列火车从某一方向驶入隧道，另一列火车从相反方向驶入隧道。两列火车都以最高的速度行驶，然而，它们并未相撞，这是为什么？

12．车祸：一场车祸发生后不久，第一批警察和救护车已赶到现场，发现翻覆的车子内外血迹斑斑，却没有见到死者和伤者，为什么？

附　录

霍兰德职业索引代码
——职业兴趣代号与其相应职业的对照

R（现实型）：木匠、农民、操作X光的技师、工程师、飞机机械师、鱼类和野生动物专家、自动化技师、机械工（车工、钳工等）电工、无线电报务员、火车司机、长途公共汽车司机、机械制图员、修理机器（电器）师。

A（艺术型）：室内装饰专家、图书管理专家、摄影师、音乐教师、作家、演员、记者、诗人、作曲家、编剧、雕刻家、漫画家。

I（研究型）：气象学家、生物学家、文学家、药剂师、动物学家、化学家、科学报刊编辑、地质学家、植物学家、物理学家、数学家、实验员、科研人员、科技工作者。

S（社会型）：社会学者、导游、福利机构工作者、咨询人员、社会工作者、社会科学教师、学校领导、精神病院工作者、公共保健护士。

E（企业型）：推销员、进货员、商品批发员、旅馆经理、饭店经理、广告宣传员、调度员、律师、政治家、零售商。

C（传统型）：记账员、会计、银行出纳、法庭速记员、成本估算员、税务员、核算员、打字员、办公室职员、统计员、计算机操作员、秘书。

下面介绍与三个代号的职业兴趣类型一致的职业、对照方法。首先，根据你的职业兴趣代号，找出相应的职业，如果你的职业兴趣代码是RIA，那么牙科技术员、陶工等是符合你兴趣的职业，而且其他与由这三个字母组合成的编号（如IRA、IAR、ARI等）相对应的职业，也较适合你的兴趣。

RIA：牙科技术员、陶工、建筑设计员、模型工、细木工、制作链条人员。

RIS：厨师、林务员、跳水员、潜水员、染色员、电器修理员、眼镜制作员、电工、焊接工。

RIE：建筑和桥梁工程技师，环境工程技师，航空工程、公路工程技师，电力工程、信号工程、电话工程、一般机械工程、自动工程、矿业工程、海洋工程、交通工程技术人员，制图员，家政经济人员，计量员，农民，农场工人，农业机械操作员，清洁工，无线电修理工，汽车修理工，手表修理工，管工，线路装配工，工具仓库管理员。

RIC：船上工作人员、接待员、杂志保管员、牙医助手、制帽工、磨坊工、石匠、机器制造者、机车（火车头）制造者、农业机器装配工、汽车装配工、缝纫机装配工、钟表装配工、电动器具装配工、鞋匠、锁匠、货物检验员、电梯机修工、托儿所所长、钢琴调音员、装配工、印刷工、建筑钢铁工、卡车司机。

RAI：手工雕刻人员、玻璃雕刻人员、制作模型人员、木工、制作皮革品者、手工绣花者、手工钩针纺织者、排字工人、印刷工人、图画雕刻者、装订工。

RSE：消防员、交通巡警、警察、门卫、理发师、清洁工、屠夫、锻工、开凿工人、管道安装工、出租汽车驾驶员、货物搬运工、送报员、勘探员、娱乐场所的服务员、装卸机操作员、灭害虫者、电梯操作工、厨房助手。

RSI：纺织工、编织工、农业学校教师、某些职业课程教师（如艺术、商业、技术、工艺课程）雨衣上胶工。

REC：抄水表员、保姆、实验室动物饲养员、动物管理员。

REI：轮船船长、航海领航员、大副、试管实验员。

RES：旅馆服务员、家畜饲养员、渔民、渔网修补工、水手长、收割机操作工、搬运行李工人、公园服务员、救生员、登山导游、火车工程技术员、建筑工作者、铺轨工人。

RCI：测量员、勘测员、仪表操作员、农业工程技术员、化学工程技师、民用工程技师、石油工程技师、资料工、煅烧工、烧窑工、矿工、保养工、磨床工、取样工、样品检验员、纺纱工、炮手、漂洗工、电焊工、锯木工、刨床工、制帽工、手工缝纫工、油漆工、染色工、按摩工、木匠、农民建筑工、电影放映员、勘测员助手。

RCS：公共汽车驾驶员、一级水手、游泳池服务员、裁缝、建筑工人、石匠、烟囱修理工、混凝土工、电话修理工、爆炸手、邮递员、矿工、裱糊工人、纺纱工。

RCE：打井工、吊车驾驶员、农场工人、邮件分类、铲车司机、拖拉机司机。

IAS：普通经济学家、农场经济学家、财政经济学家、国际贸易经济学家、实验心理学家、工程心理学家、心理学家、哲学家、内科医生、数学家。

IAR：人类学专家、天文学专家、化学家、物理学家、医学病理学家、动物标本制作者、化石修复者、艺术品管理者。

ISC：侦察员、电视播音室修理员、电视修理服务员、验尸室人员、编目录者、医学实验室技师、调查研究者。

ISR：水生生物学者、昆虫学者、微生物学家、配镜师、矫正视力者、细菌学家、牙科医生、骨科医生。

ISA：实验心理学家、普通心理学家、发展心理学家、教育心理学家、社会心理学家、临床心理学家、目标学家、皮肤病学家、精神病学家、妇产科医师、眼科医生、五官科医生、医学实验室技术专家、民航医务人员、护士。

IES：细菌学家、生理学家、化学专家、纺织技术专家、医院药剂师、工业药剂师、药房营业员。

IEC：档案管理员、保险统计员。

ICR：质量检验技术员、地质学技师、工程师、法官、图书馆技术辅导员、计算机操作员、医院听诊员、家禽检查员。

IRA：地理学家、地质学家、声学物理学家、矿物学家、古生物学家、石油学家、地震学家、声学物理学家、原子和分子物理学家、电学和磁学物理学家、气象学家、设计审核员、人口统计学家、数学统计学家、外科医生、城市规划家、气象员。

IRS：流体物理学家、物理海洋学家、等离子体物理学家、农业科学家、解剖学家、食品科学家、园艺学家、植物学家、细菌学家、动物病理学家、作物病理学家、药物学家、生物化学家、生物物理学家、细胞生物学家、临床化学家、遗传学家、分子生物学家。

IRE：化验员、化学工程师、纺织工程师、食品技师、渔业技术专家、材料和测试工程师、电气工程师、土木工程师、航空工程师、行政官员、冶金专家、原子核工程师、陶瓷工程师、地质工程师、电力工程师、口腔科医生、牙科医生。

IRC：飞机领航者、飞行员、物理实验室技师、文献检查员、工商业规划人员。

ERI：建筑物管理员、工业工程师、农场管理员、农业经营管理人员。

ERS：仓库管理员、房屋管理员、货栈监督管理员。

ERC：邮政局长、渔船船长、机械操作领班、木工领班、瓦工领班、驾驶员领班。

EIR：科学、技术和有关周期出版物的管理员。

EIS：警官、侦查员、交通检验员、安全咨询员、合同管理员、商人。

E1C：专利代理人、鉴定人、运输服务检察员、安全检查员、废品收购人员。

EAR：展览室管理员、舞台管理员、播音员、驯兽员。

EAS：法官、律师、公证人。

ESR：家具售货员、书店售货员、公共汽车驾驶员、日用品售货员、护士长、自然科学和社会工程的行政领导。

ESI：博物馆管理员、图书馆管理员、古迹管理员、饮食业经理、地区安全服务管理员、技术服务咨询者、超级市场管理员、零售商店店员、批发商、出租汽车服务站调度员。

ESA：博物馆馆长、报刊管理员、音乐器材售货员、广告商、售画营业员、导游、（轮船或班机上的）乘务长、飞机上的服务员、船员、法官、律师。

ESC：理发师、裁判员、政府行政管理员、财政管理员、工程管理员、职业病防治人员、售货员、商业经理、办公室主任、人事负责人、调度员。

ECI：银行行长、审计员、信用管理员、地产管理员、商业管理员。

ECS：信用办事员、保险人员、各类进货员、海关服务经理、售货员、购买员、会计。

ASE：戏剧导演、舞蹈教师、广告撰稿人、报刊和专栏作者、记者、演员、英语翻译。

ASI：音乐教师、乐器教师、美术教师、管弦乐指挥、合唱团指挥、歌星、演奏家、哲学家、作家、广告经理、时装模特。

AER：新闻摄影师、电视摄影师、艺术指导、录音指导、丑角演员、魔术师、木偶戏演员、骑士、跳水员。

AEI：音乐指挥、舞台指导、电影导演。

AES：流行歌手、舞蹈演员、电影导演、广播节目主持人、舞蹈教师、口技表演者、喜剧演员、模特。

AIS：画家、剧作家、编辑、评论家、时装艺术大师、新闻摄影师、演员、文学作者。

AIE：花匠、皮衣设计师、工业产品设计师、剪影艺术家、复制雕刻品大师。

AIR：建筑师、画家、摄影师、绘画员、环境美化工、雕刻家、包装设计师、陶器设计师、绣花工、漫画工。

SEC：社会活动家、退伍军人服务官员、工商会事务代表、教育咨询者、宿舍管理员、旅馆经理、饮食服务管理员。

SER：体育教练、游泳指导。

SEI：大学校长、学院院长、医院行政管理员、历史学家、家政经济学家、职业学校教师、资料员。

SEA：娱乐活动管理员、国外服务办事员、社会服务助理、一般咨询者、宗教教育工作者。

SCE：部长助理、福利机构职员、生产协调员、环境卫生管理人员、戏院经理、餐馆经理、售票员。

SRI：外科医生助手、医院服务员。

SRE：体育教师、职业病治疗者、体育教练、专业运动员、房管员、儿童家庭教师、警察、传达员、保姆。

SRC：护理员、护理助理、医院勤杂工、理发师、儿童学校服务人员。

SIA：社会学家、心理咨询者、学校心理学家、政治科学家、大学或学院的系主任、大学或学院的教育学教师、大学农业教师、大学工程和建筑课程的教师、大学法律教师、大学数学教师、医学教师、物理教师、社会科学和生命科学教师、研究生助教、成人教育教师。

SIE：营养学家、饮食学家、海关检查员、安全检查员、税务稽查员、校长。

SIC：描图员、兽医助手、诊所助理、体检检查员、监督缓刑犯工作者、娱乐指导者、咨询人员、社会科学教师。

SIR：理疗员、救护队工作人员、手足病医生、职业病治疗助手。

SAC：理发师、指甲修剪师、包装艺术家、美容师、整容专家、发式设计师。

SAE：听觉病治疗者、演讲矫正者。

SAR：图书馆管理员、小学教师、幼儿园教师、学前儿童教师、中学教师、师范学院教师、盲人教师、智力障碍人的教师、聋哑人的教师、学校护士、牙科助理、飞行指导员。

CRI：簿记员、会计、记时员、铸造机操作工、打字员、按键操作工、复印机操作工。

CRS：仓库保管员、档案管理员、缝纫工、讲述员、收款人。

CRE：标价员、实验室工作者、广告管理员、自动打字机操作员、电动机装配工、缝纫机操作工。

CIR：校对员、工程职员、海底电报员、检修计划员、发报员。

CIS：记账员、顾客服务员、报刊发行员、土地测量员、保险公司职员、会计师、估价员、邮政检查员、外贸检查员。

CIE：打字员、统计员、支票记录员、订货员、校对员、办公室工作人员。

CSR：运货代理商、铁路职员、交通检查员、办公室通信员、簿记员、出纳员、银行财务职员。

CSA：秘书、图书管理员、办公室办事员。

CSE：接待员、通信员、电话接线员、卖票员、旅馆服务员、私人职员、商学教师、旅游办事员。

CER：邮递员、数据处理员、办公室办事员。

CEI：推销员、经济分析家。

CES：银行会计、记账员、法人秘书、速记员、法院报告人。

参 考 文 献

[1] 张亚群. 中国近代大学通识教育与创新人才培养[M]. 福州：福建教育出版社，2015.

[2] 郑朝卿. 拔尖创新人才选拔培养[M]. 重庆：西南师范大学出版社，2014.

[3] 梁良良. 倒立看世界：创新思维训练[M]. 长春：吉林文史出版社，2012.

[4] 苏振芳. 创新思维方法论[M]. 北京：社会科学文献出版社，2013.

[5] 宋玉萍. 创新思维心理学[M]. 北京：电子工业出版社，2012.

[6] 宋宝萍，魏萍. 创新思维心理学：培养与训练[M]. 北京：电子工业出版社，2012.

[7] 何名申. 创新思维与创新能力[M]. 北京：中国档案出版社，2004.

[8] [美]杰弗里·蒂蒙斯，小斯蒂芬·斯皮内利. 创业学[M]. 6版. 周伟民，吕长春，译. 北京：人民邮电出版社，2009.

[9] 王振宇. 创新思维与发明技法（修订版）[M]. 北京：中国工人出版社，2013.

[10] 李岩. 创新与创业[M]. 青岛：青岛出版社，2012.

[11] 张发群. 创新的思维：使我们变聪明的思维方法[M]. 广州：广东高等教育出版社，2013.

[12] 王壮. 思维与创新[M]. 重庆：西南师范大学出版社，2014.

[13] [英]伦纳德，[英]安布罗斯. 创新设计思维[M]. 北京：中国青年出版社，2014.

[14] 余时飞，何兴强. 微观经济学中的创新思维[M]. 北京：清华大学出版社，2015.

[15] 池丽华. 商业创新思维[M]. 上海：立信会计出版社，2015.

参考文献

[1]
[2]
[3]
[4]
[5]
[6]
[7]
[8]
[9]
[10]
[11]
[12]
[13]
[14]
[15]